孩子沟通心理学

姚欢华◎著

台海出版社

图书在版编目（CIP）数据

孩子沟通心理学 / 姚欢华著 . -- 北京 : 台海出版
社 , 2021.8
　　ISBN 978-7-5168-3036-9

　　Ⅰ . ①孩… Ⅱ . ①姚… Ⅲ . ①儿童心理学②儿童教育
—家庭教育 Ⅳ . ① B844.1 ② G782
　　中国版本图书馆 CIP 数据核字（2021）第 114583 号

孩子沟通心理学

著　　者：姚欢华

出 版 人：蔡　旭　　　　　　　　封面设计：华业文创
责任编辑：王慧敏

出版发行：台海出版社
地　　址：北京市东城区景山东街 20 号　　邮政编码：100009
电　　话：010-64041652（发行，邮购）
传　　真：010-84045799（总编室）
网　　址：www.taimeng.org.cn/thcbs/default.htm
E - m a i l：thcbs@126.com

经　　销：全国各地新华书店
印　　刷：三河市华润印刷有限公司
本书如有破损、缺页、装订错误，请与本社联系调换

开　　本：710 毫米 × 1000 毫米　　　1/16
字　　数：230 千字　　　　　　　　　印　　张：16
版　　次：2021 年 8 月第 1 版　　　　印　　次：2021 年 8 月第 1 次印刷
书　　号：ISBN 978-7-5168-3036-9

定　　价：48.00 元

"我家的孩子特别不像话，小时候还好，大点儿之后自己的主意一下子多了起来，给他讲道理，他道理比你还多，动辄就嫌你唠叨，一脸不耐烦。"

"每次和孩子说话，都像是我一个人的'独角戏'，我这边说了半天，他一头扎在游戏里，压根就没听到我说什么，更不用说给出什么反应了，简直是气死人了。"

……

实际上，父母在吐槽、抱怨孩子各种不听话、难沟通的同时，孩子们对此也是怨声载道。在湖南卫视一档名为《少年说》的节目中，很多孩子说出了自己在父母面前不敢说出的真心话：

总被拿来与身边学霸做对比的女孩，上台前就预感到情势不妙，吐槽说："我妈待会儿在台下肯定会撑死我。"她在节目中讲述了母亲总是打压自己的辛酸事，忧伤地说："我妈妈老是说，你看你成绩这么差，为什么她会和你做朋友？可是妈妈，孩子不是只有别人家的好，你自己的孩子也很努力！为什么你不看一下？"

一个男孩在台上大声喊出："我再也不想吃苹果和鸡蛋了。"他精确地算出了自己吃了多少个苹果和鸡蛋。不难想象，他肯定为此与父母抗争，甚至争吵过，但显然他并没能说服父母，在父母的逻辑里，正是一直吃苹果和鸡蛋，才让你现在长这么高。

……

关于沟通，为什么父母在抱怨孩子不听话，孩子也在抱怨父母听不进自己的想法呢？这究竟是哪里出了问题？

在父母们看来，孩子变得不听话、难沟通，似乎是伴随着孩子不断长大冒出来的问题，但实际上，并不是孩子越长大问题越多，而是父母越来越关注孩子的学习成绩好不好、对待他人是否有礼貌、生活上是否讲卫生等行为上的表现，却忽视了孩子的内心想法，从而导致了"沟而不通"的现象。

不少家长，只看到了孩子的外在行为一面，却对孩子行为背后的心理视而不见，殊不知正是这种"自以为是"的思维让亲子沟通偏离了正常方向，导致了"鸡同鸭讲"的沟通局面。

孩子贪玩，并不一定就会玩物丧志，有时候玩耍背后也有对成长积极的因子，比如美国长岛的维克多，2岁开始打游戏，父亲不仅没有制止，还陪着他一起玩并进行引导，9岁时，维克多已经成为美国游戏巡回赛的正式选手，甚至还有自己的赞助商，获得了不菲的经济收入。

孩子撒谎，也并不一定就是品德有问题，比如有的幼儿园孩子会和父母撒谎说获得了老师的表扬，实际上撒谎行为背后隐藏着孩子希望自己更优秀、更受老师关注的正向目标，不了解孩子撒谎的真实心理原因，就武断地给孩子贴上"不道德""不诚实"的标签，又怎么可能实现顺畅沟通呢？

孩子遇到人不打招呼，并不一定就是不讲礼貌，有可能是孩子性格内向、胆子小，害怕和陌生人交流，也有可能是孩子和某个人有什么过节、矛盾，父母不分青红皂白地训斥孩子没礼貌，孩子自然会当作耳旁风。

……

各位家长，不妨细想以下几个问题：

你的话，孩子听吗？

孩子的话，你能听进去吗？

孩子会和你说自己的心里话吗？

实际上，亲子沟通是否顺畅、有效的判断标准很简单，孩子愿意听父母的话，愿意和父母说自己的心里话，父母也能听进孩子的话，这就是顺畅而高效的沟通；反之则是低效甚至无效的沟通。

父母究竟如何与孩子沟通？从某种程度来说，孩子的行为可以看成是一扇门，孩子行为背后的心理则是关着门的房间，我们站在孩子的门外与他们沟通，自然效果不好，唯有打开门，走进房间里，才能真正实现无障碍的高效沟通。

需要注意的是，打开这扇门并不是一件容易的事情，心理防卫是人的本能，每个人都会对试图探索自身心理世界的人进行防卫，那么如何才能获得打开孩子行为大门、走进他们内心的"心灵钥匙"呢？

《孩子沟通心理学》一书就是我们通往孩子心理世界的好帮手。父母只有了解了孩子的心理，才能找到最适合孩子的沟通方法和技巧，才能真正实现与孩子的无障碍沟通。为了让广大父母能与孩子实现高效沟通，本书从心理学角度出发，详细剖析了儿童心理，介绍了多种多样的沟通方法，可以有效帮助家长解决亲子沟通的各类难题。

目 录
contents

第十六章 读心术：针对孩子焦虑提出应对之法

第十七章 非语言沟通，无声抚慰孩子的心灵

第一章

读懂孩子的心，是正确沟通的前提

1．请一定要坦然接纳你的孩子

不管孩子的实际性格是怎样的，有哪些比较严重的不足和缺陷，请一定要坦然接纳你的孩子。父母是孩子最亲近、最值得信任的人，同时也是最依赖的人，父母长期的"批评否定式"教育对孩子的影响是"毁灭"性的，会严重打击孩子的自信心，损伤他们的安全感，促使其性格朝着畏畏缩缩、胆小、自我否定、懦弱、缺乏独立性的方向发展，这绝对不是我们所愿意看到的结果。

让男孩子穿花衣服，留长发梳小辫子；让女儿穿男式服装，当"假小子"养；只要考试成绩差，就大发雷霆；孩子性格跳脱，安静不下来，非要让孩子去学围棋、书法……这些现象在我们身边其实很常见。实际上，这样的教养方法并不恰当，而且很真实地反映出，相当一部分父母不具备接纳孩子的能力。

所谓"接纳"，即不管孩子身上的优点还是缺点，都能坦然接受，不因其缺点而发火训斥孩子，也不怕丢面子一味地否认掩饰，而是能客观平静地看待孩子和自身的问题。"我希望我所爱的，能够按自我的意愿，依其自我的方式生长和发展，而不是服务于我的目的。"弗洛姆所倡导的这种接纳精神，正是如今我们很多父母身上所欠缺的部分。

小丁是一个九年级的初中学生，性格活泼好动，平时上课也爱调皮捣蛋，所以学习成绩一直不太好。

为了小丁的学习问题，小丁妈可谓操碎了心，监督小丁写家庭作业，花大价钱请家教，隔三岔五和老师们交流……总之办法用了一大堆，可没一个管用，这不眼看孩子就要考高中了，小丁妈急得不得了。

拿到儿子的期中考试成绩，一看竟然好几科都没及格，小丁妈火冒三丈，立马气势汹汹地拧着小丁的耳朵训斥道："你是闭着眼睛考的吗？你看看，总共才几科？竟然有这么多科不及格……"

这种场景，相信我们并不陌生，也许我们自己的父母就是这样，也许我们正扮演着这样的父母角色，也许身边的同事、同学、邻居、亲戚就是这样教育孩子的。

其实，上述故事中的"小丁妈"就没有做到真正地接纳孩子。很多家长最喜欢比孩子的成绩，很多时候考试分数的高低更多代表着大人的面子，很少有父母会去关心孩子自己的意愿和想法。

每个人都是一个单独的个体，尽管孩子还没有成年，但随着年龄的慢慢增长，他早已经有了自己的思想，连幼儿园几岁的孩子都会有"我喜欢穿这件衣服，不喜欢那件""我不喜欢吃胡萝卜"等独立想法，更何况大一些的孩子呢？

不要试图去控制孩子，不要试图让孩子按照你的想法和规划去成长。孩子不是我们实现未完成愿望的"工具"，如果爱孩子，请允许他们有自己的想法和主意，允许他们按照自己的意愿去成长。

金无足赤，人无完人。性格太过于活泼好动的孩子，注意力就很难在一件枯燥的事情上集中太久；性格太过于内向的孩子，就无法成为嘴甜的"社交"小能手。不管孩子高矮胖瘦、成绩好坏、性格外向还是内向，请坦然接受他们，不因其考试成绩不好而过多责备，不因其没有特长而讽刺挖苦，不因其太胆小而大声训斥。只有接纳了孩子，能情绪平静地面对孩子的缺点，我们才能走进他们的内心，听到他们真实的心声。

"天生我材必有用"，每个孩子都有天分，只有接纳孩子才能保护他们与生俱来的天分，才能培养出一个自信的孩子。

值得注意的是，"接纳"并不是说孩子做了错事，也要坦然接纳而不予纠正。接纳不仅意味着接受孩子的性格与个性，还意味着尊重和关注。如果孩子犯了错，请心平气和地蹲下来，拉着孩子的手，耐心地告诉孩子哪里做错了，为什么不能这样做，是不是会伤害到他人等。这种接纳与尊重的教育方式，远远要比劈头盖脸地训斥孩子有效得多。

2．建立亲子之间互相联结、信任的健康关系

早在半个多世纪之前，我国的教育家陶行知先生就说过：教育孩子的所有秘密就在于相信孩子，解放孩子。作为家长，喜欢孩子，想要把孩子培养得出类拔萃，这毋庸置疑。但是说到信任孩子，许多家长却无法做到，或者说只是有折扣地对其信任。

不管孩子长多大，在父母眼里永远都是个孩子。因此，父母总是觉得孩子什么都不懂，什么都不明白，孩子的事情必须要由父母来决定，这样才能让孩子少走弯路。在这种心理的支配下，父母就要求孩子的言行必须符合自己的标准。

当孩子成绩下降了，父母就会想当然地认为孩子贪玩，没有把心思全部用到学习上。如果孩子和异性交流多了，父母就会想当然地认为孩子早恋了，却不会去倾听孩子的心里话。时间久了，孩子也就不愿意再同父母交流，双方之间也就没有了沟通。没有了沟通，也就没有了信任，教育当然也就无从谈起。

所以，作为父母，要想真正地教育好孩子，就要给予孩子充分的信任。要知道，真正应该信任的就是孩子，因为他们还没有步入社会，他们的纯真还没有受到冲击，他们真诚、坦率，没有沾染到社会上的那些不良习气。如果父母能够从小给予孩子信任，那么他们的关系就会很和谐，即便是孩子长大了，他们之间的信赖依然会很牢固。而且很多事例也证明了，没有真正的信任，就没有真正的教育，也就没有了健康的关系。

虽然这样的道理许多家长都懂，但并不是每个家长都能做到充分信任自己的孩子。前两年，天津市曾做过一项关于"父母的哪些做法最受孩子欢迎"的调查，调查结果显示，在接受调查的中小学生中，有近七成的学生表示"父母信任自己"最受欢迎，同时他们也表示最让他们难以接受的就是"父母的不信任"。在这些接受调查的学生中，有八成学生表示不愿意将心事分享给父母，反而愿意向同学倾诉，还有同学选择在网上诉说。

从这份调查结果中不难发现，父母和孩子之间的信任危机是普遍存在的。

记得在《中国妇女报》上曾刊载过一篇关于父母和孩子之间信任关系的文章。文章介绍说，家长和孩子之间的信任危机，是最困扰双方关系的因素。这篇文章还举了一个例子来介绍父母与孩子之间的信任危机。

高二的学生柳越平日里会在 QQ 上和朋友、同学聊聊天。柳越的妈妈一直想知道儿子和同学聊哪些内容。就这样，这个对电脑并不精通的母亲，在儿子上网的时候总是会端一盘水果去儿子的房间，然后看儿子输入密码。几次之后，柳越的妈妈便记住了儿子 QQ 号的密码。

这天，在柳越上学之后，柳越的妈妈偷偷登录了儿子的 QQ 号，把儿子的聊天记录翻了一个遍。并且，她还按照聊天的内容，将儿子的同学分出了"危险等级"。对于那些和儿子聊天比较多的女同学，柳越的妈妈冒充儿子发去了"绝交"的信息，并把她们拉进了黑名单。

柳越知道这件事情之后，非常生气，同妈妈大吵了一架。他觉得妈妈的做法就像是把自己"扒光了一样"，觉得自己一点隐私都没有。

这件事情之后，柳越和妈妈的交流变得越来越少，回到家之后就把自己锁进房间里。如果没有必要，他好像不愿意同妈妈多说一句话。

其实，很多父母和孩子的冲突都是源于父母对孩子的不信任，他们不信任孩子与异性同学有纯洁的友谊，不信任孩子有能力处理好学习、生活和人际关系。有的父母为了证明自己是正确的，就会千方百计地搜集"证据"，来证明孩子的不诚实。父母的这些做法无疑会刺伤孩子的自尊心，而且父母的不信任也让他们特别反感，这些都会让他们疏远父母。

其实，父母要想让孩子相信自己，首先要做的就是信任孩子。要知道，信任也是相互的，如果父母给予了孩子充分的信任，孩子也会愿意相信父母，把自己的秘密、心事和父母分享，征求父母的意见。

所以说，父母要想教育好孩子，首先就要建立起互相信任的、健康的亲子关系。

3. 赋予孩子积极的品质

　　培养孩子正确的价值观，对于孩子日后成人成才、报效国家至关重要。由于孩子正处于身心健康发展的重要时期，正确的价值观对于孩子今后发展的重要性便不言而喻了，下面我们将着重讨论如何帮助孩子树立正确的价值观。

　　现实生活中经常会看到这样的场景：有的孩子明显缺乏自信，总以为生活中的一切快乐都是留给那些受老师欢迎、讨家长喜欢的孩子的，总以为自己在各个方面都不够优秀，别的孩子拥有的长处是自己怎样也学不会的，也有的孩子虽然只有四五岁，但是却流露出这个年龄段孩子不应当有的悲伤，他们害怕生人，害怕交流，害怕做错事。在幼儿园里，热闹的地方找不到他的身影；在家里，也很少与父母讲话，总喜欢一个人待在自己的小房间里。这类孩子长大后极有可能变得对这个世界悲观失望，甚至患上精神方面的疾病。相反，乐观的孩子活泼可爱、思维活跃，将来可能成为事业上的成功者，幸福家庭的组织者。

　　所以，父母一定要帮助孩子养成积极的品质：自信。

　　自信是孩子产生人生兴趣的基础，只有对自己有了自信，他们才能够更好地面对这个世界，不会因为些许的挫折就否认自己，讨厌自己；只有对自己有了自信，他们才会勇敢地与人交流，而不是躲在角落里哭鼻子。为了培养孩子的自信，父母可以帮助孩子培养自己的兴趣爱好，比如唱歌、跳舞、画画、弹琴等，独特的兴趣能够帮助孩子树立良好的自信，从而更加积极乐观地面对生活中的挫折。

　　小明是个很悲观的孩子，不论什么事，他都会想到最坏的结果，然后自己就因此而忧伤起来。有一次，小明养了一只宠物小兔，有一天小明发现兔笼子被打开了，小兔子不见了，他立马就伤心地哭了。妈妈看到后问他怎么了，他说："我的小兔子死了。"妈妈就很奇怪，怎么死了呢？小明说："兔笼子被打开了，它一定是死了。"妈妈听后就笑了，说："小兔子不是生病了吗，爸爸带它去看医生了。"小明哭得更厉害了："小兔子生病了，一定活不了了……"

所以，父母一定要帮助孩子建立积极的品质：乐观。

一个孩子能否健康、快乐，心智是一个很重要的因素。而对于多数孩子来说，乐观积极的性格更是决定他们人生成败的关键。在这方面，很多教育专家、心理学家都认为，一个人对人生和社会的观念并不是先天的，而是在其自身的成长经历和体验中逐步塑造形成的，所以作为孩子最亲近的人，家长不仅有必要而且有责任帮助他们培养乐观积极的人生态度。而孩子的成长阶段，更是培养他们乐观积极人生态度的关键时期，因此，家长应该把握好这个阶段，让孩子从小养成乐观积极的性格，这样才能为其日后拥有健康快乐的人生打好基础。

现今的父母大都把孩子当成手心里的宝，舍不得骂，舍不得打，更舍不得让孩子做家务，所以不管自己多累，都要把家务全部包揽在身上。孩子吃饭时把桌子上的碗碰翻了，妈妈就怪自己没放好；孩子去上学，妈妈会替孩子整理书包，即使孩子大了，也不放心让孩子自己去上学……也许很多父母认为这很正常，但从教育的角度来说，父母这是在剥夺孩子的责任感，会让孩子逐渐丧失责任意识，逐渐变得冷漠。一位西方儿童心理学家针对这一现象，曾经感慨道："我不能理解父母们为什么要教育他们的孩子推卸责任。一个不懂得承担责任的人是不会有任何出息的！"

所以，父母一定要帮助孩子建立积极的品质：责任感。

所谓责任感，是指个人对自己和他人、对家庭和集体、对社会和国家负责任的认识、情感和信念，以及与之相应的遵守规范、承担责任和履行义务的自觉态度。通俗地说，就是做好自己分内的事，对自己所负责的事情尽心尽力，认真负责地完成，出现问题的时候要勇于承担责任，不推诿。帮助孩子树立责任感，有助于孩子养成勇于担当的品格，在面临问题的时候，不逃避，不推卸，能够勇敢地面对，从而更好地适应未来的社会，成为有用的人。

当然，人生中有很多正确的价值观需要孩子学习，所以父母应当时刻注意，帮助孩子在遇到的各种各样的事情中学会学习，为塑造自己的良好品格而不断努力。

4. 了解孩子的心理需求

每个人都有想向别人证明自己能力的渴望，而在孩子身上，这种渴望更加强烈。通常情况下，孩子们需要父母对他们的行为、思想表示出认可和赞许。当这种心理需求得不到满足时，孩子就会产生挫败感。这种挫败感会影响亲子关系，大大阻碍亲子沟通。因此，父母要了解孩子的心理需求。

阳阳今年六岁了，是个十分聪明的孩子。从四岁起爷爷就开始教阳阳识字，现在阳阳已经认了六百多个字，可以独立阅读一些简单的书籍了。

不知从何时起，阳阳喜欢每天晚上临睡觉前看一会儿书。但是妈妈经常阻止他，认为躺着看书会伤害孩子的眼睛，也会影响孩子休息。一天晚上，阳阳躺在床上正在兴致勃勃地阅读《安徒生童话》，妈妈推开门走了进来，说道："阳阳，别再看了，已经很晚了，赶快睡觉。"说着，妈妈就要动手去关掉台灯。

"等一下，妈妈，我再看十分钟。"阳阳连忙阻止妈妈。

妈妈根本没有理睬阳阳的要求，依然关掉了台灯。结果阳阳因为看不成书觉得很郁闷，一直到深夜还在翻来覆去。

第二天，看到阳阳因为没有睡好而红肿的眼睛，妈妈问道："昨天不是早就让你睡觉了吗，今天怎么还一副没有休息好的样子呀？"

"没有，我一直到深夜还没有睡着。"阳阳无精打采地回答道。

后来，妈妈经过仔细观察发现阳阳是真的喜欢阅读，于是，妈妈选择尊重孩子的喜好，支持孩子读书。但是妈妈提出了一个要求：每天晚上只能看二十分钟的书，并且要坐着看，不能躺着看。阳阳答应了妈妈。令妈妈欣慰的是，阳阳非常自觉，说到做到，每天只读二十分钟的书，到时间就主动上床休息。

事实上，孩子的心理非常简单，他们希望得到父母的尊重和认可。只要满足孩子这两点心理需求，孩子就会表现得非常好。正如事例中的阳阳，对于母亲不尊重自己的行为非常难过，以至于直到深夜都没有睡着。而当母亲对自己的兴趣表示支持时，他同样也遵守了自己的承诺。

生活中，还有很多的父母不了解孩子的心理需求，单纯地从自认为对孩子好的角度出发，忽略了孩子的心理感受，导致好心办坏事，弄得亲子关系紧张、疏远，亲子沟通举步维艰。其实，只要父母能够了解孩子的心理需求，通过恰当的方式满足孩子，孩子还是非常愿意与父母交心的。

（1）只有了解孩子的心理需求，才能走进孩子的心里

孩子的世界是纯粹的，他们所有的行为无非是想要父母满足自己的某种心理需求。如果父母对孩子缺乏关心与爱护，忽视孩子的心理需求，那么孩子会因为某种心理需求得不到满足而冷淡、疏远自己的父母，甚至还会产生叛逆心理和父母对着干。因此，父母只有了解孩子的心理需求，才能拉近与孩子的距离，走进孩子的心里。

（2）让孩子感受到父母的关爱

孩子在成长阶段需要父母的关爱。只有沐浴在父母的爱中，孩子才愿意向父母敞开心扉，吐露心声。父母才能因此更加了解孩子的心理需求，从而理智应对，及时调整自己的沟通方式。

（3）给孩子足够的认可与赞许

事实上，不同时期的孩子会产生不同的心理需求，例如：幼儿时期孩子需要父母的爱；年长一些后，孩子开始需要父母的认可；等到再成熟一些，孩子更需要父母的尊重；等等。但是不管什么时间段，孩子都有得到父母认可和赞许的心理需求。因此，父母要在给予孩子足够的认可和赞许的前提下，根据具体的情况及时调节沟通方式。

5. 理解，化解亲子间的代沟

所谓代沟，指的是两代人在思想方法和心理品质上的不同。美国著名的未来教育学家丹尼尔·贝尔说过："一代人为之艰苦奋斗的事情在另一代人

眼里往往平淡无奇。"的确如此，由于时代背景、教育、生活环境、经历等的不同，两代人很容易产生心理和思想上的差异。所以如何正确面对亲子间的代沟，就成了亲子沟通中需要认真解决的问题。

涛涛读小学六年级了。十三四岁的孩子正是想法多的时候，教育起来困难重重呀。这不，涛涛想在家里办一个派对，要请几个关系好的同学一起吃吃饭、聊聊天。于是，他将自己的想法告诉了父母。没承想还没把话说完，就遭到了父母的齐声反对。

"什么，请客吃饭？你搞什么，你现在是学生，主要任务是学习，社会上吃吃喝喝的那一套跟谁学的，好的不学，歪门邪道你倒是学得挺快。"爸爸说道。

"什么叫歪门邪道呀，这叫必要的人际交流。无论是朋友之间，还是亲人之间，所有的人都需要经常交流，只有经常交流别人才知道你想什么呀，你才能从别人的话里获取更多的信息呀。难道都和你一样只知道低头苦干，和谁都不多说一句话，那样就好呀？"涛涛不服气地问道。

"爸爸怎么了，低头苦干才是真理，这叫脚踏实地。"妈妈说道。

"妈妈，我没有否认爸爸，爸爸的确脚踏实地，而且做人也必须这样。可是，做人还需要交流呀。这一点我觉得爸爸做得不好。"涛涛说道。

爸爸终于忍耐不住了："太没有礼貌了，最基本的孝道都没有了，你知道自己在干什么？你在指责你父母的不是，这是做儿子应该做的事情吗？再说了，要那么多人际关系干什么？只要你是好的，领导和同事们自然知道，人人心里有杆秤，多说无益。"

涛涛看着父亲生气的样子，无奈地摇了摇头，说："好，我们之间沟通不明白，你说的都对，我说的都错。人人心里有杆秤，爸爸你知道现在的生活节奏多快了吗？谁有时间去称量别人呀，都在忙着自己的事情。如果你不去交流，别人怎么了解你呀？你又怎么去了解外面的世界呀？还有，我觉得领导更忙，因此多和领导沟通也不是一件坏事情，让领导了解你，从而更好地展示你的才华，你这也是在为别人提供方便呀。"

"什么？你竟然还学会了溜须拍马，你简直想气死我……"

正如事例中的情景一样，生活中有太多的父母和孩子无法达成思想和观念上的一致。他们之间产生了很深的代沟。代沟成了父母与孩子之间最大的沟通障碍。但是，代沟不是不能化解。只要父母和孩子之间相互理解，多站在对方的角度思考，相互尊重，多看到对方身上的优点，相互学习，根本就没有所谓的"代沟"。

（1）正确看待代沟

代沟只是父母与孩子思想方法和心理品质上出现了差距。父母和孩子因为生活的时代不同，成长和奋斗的背景不同，经历不同等，导致了在思想上存在着很大的差距，这是很正常的现象。不光是父母与孩子，即使是同龄人之间，也不可能做到思想和心理上完全一致。是人就会有思想，就会与他人的想法有所出入。因此，父母与孩子在思想和心理品质上存在差异也是很正常的事情。父母和孩子要正确认识这一点，不要将"代沟"强化。

（2）理解是化解代沟的最好方法

人与人之间如果都能多一份理解，很多误会都会烟消云散。父母要包容孩子在成长过程中的稚嫩行为与想法，宽容地对待孩子的错误。这样，孩子也更愿意和父母沟通，聆听父母的教诲。在孩子成长的过程中，父母是最大的责任人，理解孩子是父母必须做的事情。

（3）站在孩子的角度看世界

为了消除代沟，与孩子更好地沟通，父母需要站在孩子的角度思考问题，不要主观地按照自己的思维模式思考。站在父母的角度和成人的角度上看，孩子的很多想法和行为都是行不通的。但是站在孩子的角度上，你会发现孩子的真正用心，从而真正理解孩子的行为。

6．家长们的烦恼：说什么孩子都不听

随着年龄的增长，孩子的心智也会越来越成熟。孩子在心理成熟的过程中有一个重要变化，那就是从什么都依赖父母变得越来越独立。不过这个过程不是一帆风顺的，中间总会有不如意的地方。

在孩子的成长时期，在他建立新的生活方式的转变时期，孩子的心理也会有各种变化，主要表现就是对父母的反抗，对父母说的话听不进去，只想按照自己的意愿来行事。这个时期孩子的表现会比较古怪，这是因为他们虽然想要独立，但是自己又没有能力，在处理事情上就会有些一厢情愿。

这个时期孩子的主要表现是把父母的话当耳旁风，自己会做的事不去做，而是要去尝试那些自己做不了的事情，就是我们平时经常说的"会干的不干，不会干的瞎张罗"。而且经常会和父母顶嘴、斗气，有时甚至对长辈不尊重。

这个时候，父母就会经常抱怨自己的孩子不听话，总是和自己拧着干。有的父母对怎么说都不听的孩子就会采取简单粗暴的方式——大声呵斥，甚至是打孩子。这种方式不仅对解决问题没有帮助，反而会激化双方的矛盾，让孩子变得更加叛逆。

小美是两个孩子的妈妈，女儿3岁，儿子7岁，两个孩子的日常表现让小美焦头烂额。小美一度觉得自己是这个世界上最倒霉的妈妈，摊上了两个最不听话的孩子，总是和自己对着干。

小美每天的大部分时间都在围着这两个孩子转，她要不止一遍地叮嘱这两个孩子"把衣服穿好""要认真吃饭""不要乱跑""不要看电视了""赶紧去睡觉"，但是两个孩子却听不进去，继续做自己的事。

为了让两个孩子听话，小美用了各种方法，循循善诱，威逼利诱，讲各种道理，各种好话说了无数遍，但是却一点效果都没有。后来说话的声音越来越高，说的话也越来越狠，有时甚至还会动手，只有靠这种方式才能偶尔驯服两个"小魔怪"。事情过后，小美也觉得自己很过分，对这样的自己非常讨厌，觉得自己是一个很失败的妈妈。

这天，小美又带着两个孩子去逛超市。在超市，两个孩子跑来跑去，不停打闹，吵得小美头昏脑涨。小美的坏脾气一下就上来了，大声地说道："安静！你们要是再吵闹就不逛超市了，你们的玩具也别想买了，晚上回家也别想吃饭。"一边说，一边把两个孩子用力拉到身边，引得周围的人纷纷侧目。但是两个孩子没安静多久，就又开始打闹起来了。无奈之下，小美只能带着两个孩子提前回家。

回到家里，小美无力地瘫在沙发上，想着自己为什么会变成这样，为什么脾气变得这么差。后来，小美的一个同事告诉她，自己也遇到过这样的情形，并告诉她，其实并不是孩子不听话，而是她的教育方法出了问题。最后，这位同事给小美推荐了几本书，并给了她不少建议。

在这之后，小美开始有意识地克制自己的脾气，不再动不动就发火，而是认真倾听两个孩子的心声，努力去理解孩子的想法，理解孩子的心情。对孩子也不再无休止地唠叨，而是让沟通变得更直接、更简单。

比如，针对吃过饭之后洗碗的问题，以往她会反复地唠叨让儿子收拾碗筷，而且她说的话也确实有道理，但是效果却并不理想。

现在吃完饭之后，她只会微笑着对儿子说："碗筷就麻烦你了，宝贝。"然后儿子就会乐颠颠地把碗筷收拾了。其实，孩子并不是不知道自己要做些什么，他们需要的是简单的、有礼貌的提醒，而不是无休止的、反复的唠叨与训斥。

另外，孩子犯了错，小美也不再简单地进行惩罚，而是多了一份耐心，给他们解释为什么错了。其实，孩子犯了错也会内疚，此时他们更希望父母能够对自己宽容一些、耐心一些。相对来说惩罚只能加强孩子的反抗，解释则会让他们觉得自己受到了父母的尊重，也就能更容易听从安排。当然，孩子犯了错误，做父母的在和孩子沟通的时候最好能够站在孩子的角度思考一下，这样沟通起来就会更容易。

总之，孩子在成长的过程中总会有一个叛逆阶段。在这个阶段，父母不应该简单粗暴地阻止孩子、否定孩子，而是应该站在孩子的角度，了解孩子的想法，了解孩子叛逆背后的原因，这样在沟通的时候才能有的放矢，让双方的关系和谐起来。

第二章

先理解再教导：没有不会表达的孩子，只有
不会倾听的父母

1. 聆听，叩开孩子的"心灵之门"

聆听是一门艺术，一门学问，只有专心倾听孩子讲话的父母才能真正走进孩子的世界，与孩子的心灵对话。

在现实生活中，大部分的家长在孩子小的时候只顾着忙工作，没有留意到孩子的沟通需求。渐渐地，他们发现，孩子已经和自己无话可说了。当父母意识到这个问题时，恐怕孩子的心门早已关紧，再也敲不开了。

玲玲上大班了，每天上学、放学都是妈妈接送。可是妈妈最近好像特别忙，每天都早出晚归的，根本没有时间听玲玲说话，就连接送孩子上学放学的任务都交给了奶奶。

一天早上，玲玲刚刚睁开眼睛就看到妈妈收拾东西准备出门了。

"妈妈，你过来一下。"玲玲说道。

"妈妈赶时间，有什么事情你和奶奶说吧。"妈妈没有停下，继续收拾东西。

"不嘛，你过来一下。"玲玲噘着嘴巴，非常不满意妈妈的态度。

"好吧，什么事情？"妈妈终于走了过来。

"一会儿你能送我上学吗？"玲玲问道。

"不行，还是奶奶送你，妈妈有事情。"妈妈说道。

玲玲扑上去，亲了妈妈一下，然后用乞求的眼神看着妈妈，说："那你去吧，但是晚上你会来接我吧。"

妈妈这才意识到已经好久没有和女儿好好聊聊天了。

生活中，父母可能没有留意到，自己的孩子也曾不止一次地像事例中的玲玲一样呼唤自己。那其实是孩子们发出的沟通信号。曾几何时，孩子们已经学会了注意观察父母是否在认真听自己说话。当他们发现父母并没有认真听他们说话时，他们会提醒父母"妈妈，听我说"，"妈妈，你先别说话，听我说"，"妈妈，你看着我"，等等。这些提醒是孩子们的抗议，他们需要父母的倾听和关注。

（1）聆听孩子的委屈

孩子受了委屈，希望向父母倾诉。这时父母一定要耐心倾听，不要打断孩子，要让孩子把委屈的情绪发泄出来。在孩子倾诉的过程中，他们也在思考、判断，时刻关注着父母。此外，孩子哭泣也是一种发泄委屈的方式。父母要允许孩子哭泣，不管是男孩还是女孩，切忌斥责孩子道："不许哭！"否则孩子会封闭自己，不再向父母敞开心扉。

（2）当孩子闹情绪时，父母要保持沉默

美国家庭教育专家帕蒂·惠芙乐认为，孩子的每一个"非正常"表现的背后都有一个正当的理由，他们是在发泄精神或是身体上的创伤所引起的负面情绪。因此，在孩子发泄情绪时，父母不要打断孩子，保持沉默，静静倾听孩子的倾诉，因为此时此刻孩子根本听不进去什么大道理。

（3）耐心听孩子讲话，不要打断孩子

很多父母在聆听孩子讲话时，孩子还没有说完就迫不及待地打断孩子，说出自己的观点和看法。这是对孩子不尊重的表现，孩子想说的话没有说完，憋在心里会很不舒服的。如果父母总是打断孩子说话，孩子就会丧失表达的积极性和信心。所以，在孩子讲话时，父母要克制住想插嘴的冲动，耐心听孩子讲完。

（4）主动聆听孩子说话

聆听是父母给孩子最大的关注与尊重。因此，父母的态度应该是积极主动的而不是被迫的，也不能敷衍孩子。要知道，父母的身份不光是高高在上的长辈、老师，更是孩子心灵上的朋友。父母要经常蹲下身来，用心聆听孩子的心里话。

2．让孩子多谈谈自己的感受

由于生活的压力，很多父母很难做到不把负面情绪传递给孩子，例如，对孩子没有耐心、急躁，总是控制不住地吼孩子、抱怨孩子。事实上，父母应该设身处地地想一想，孩子怎么可能完全听从他人的安排呢？他们是一个独立的个体，有思想、有感觉、有欲望……所有成年人有的，他们都有。他们不是父母的私有物品，他们只属于他们自己，而非父母。面对这样一个有血、有肉、有思想的孩子，父母毫不顾及孩子的感受，盲目要求孩子听话，根本就是一件不可能的事情。

扪心自问，身为父母，对自己的孩子到底了解多少？生活中的亲子沟通随处可见，对于孩子而言，自己语言表达能力不足，又处于"弱势"，被父母"镇压"着，说出心里真实的感受成了难事。而父母通常习惯了"填鸭式"地将自己的观点、要求灌输给孩子，然后强制孩子接受，从不肯多听孩子的心声。久而久之，亲子沟通变得越来越不顺畅，孩子们越来越封闭自己，亲子间，你不知我，我不知你，无话可说。

兰兰的妈妈是一名会计。财务特殊的工作性质，要求工作人员时刻保持谨慎、专注，不能出一点差错。兰兰的妈妈每天都保持着注意力高度集中的状态，一天下来，早已精疲力竭，提不起半点精神，回到家里，只想静静地放松一下。可是，一天没见妈妈的孩子，总是黏着妈妈，纠缠着让妈妈讲故事。

"妈妈，妈妈，你陪我一会儿嘛，给我讲个故事吧。"兰兰摇着妈妈的胳膊，乞求道。

"好孩子，听话，自己玩一会儿。妈妈工作一天了，有些累了。"妈妈勉强睁开眼睛，对孩子说道。

"不嘛，不嘛，就让妈妈讲故事。"兰兰开始执拗起来。

妈妈开始急躁起来："有完没完，能不能安静会儿，都和你说了我很累，你怎么这么不懂得体谅别人呢？去，自己玩。"

看着生气的妈妈，兰兰安静了下来，小声地说道："那好吧，妈妈你休息吧。"说完，孩子红着眼圈走开了。

看着孩子委屈的样子，妈妈有些后悔自己刚才的行为。她提起精神，起身走到孩子身边，说道："宝贝，对不起，妈妈不应该那样大声吼你。一天没有见到妈妈了，想让妈妈陪你一会儿，对吧？"

"嗯，我就是喜欢妈妈，才想让妈妈陪的。"孩子委屈地说道，眼泪也吧嗒吧嗒地掉下来了。

妈妈笑了笑，将孩子抱到腿上，说："妈妈知道，其实妈妈只是有些累了，想休息一下再和兰兰玩的。"

"是吗？妈妈，你刚才那样吼我，我还以为你不喜欢我呢。"兰兰说道。

听到孩子这样说，妈妈吓了一跳，她怎么也没有想到自己吼了孩子几声，孩子竟然产生了这样的想法，幸亏今天主动和孩子谈心，不然时间长了，不知孩子的心理会扭曲成什么样子。

想到这里，妈妈连忙解释道："宝贝，你是妈妈唯一的孩子，妈妈永远都喜欢你。即使妈妈对你吼叫了，心里也是喜欢你的。这一点，你要记住了，永远不要怀疑。"

"是的，妈妈我知道了。可是我如果不听话了，也是喜欢我的。"兰兰语无伦次地表达着自己内心的感受。虽然语句不通，但是妈妈听得懂孩子的意思。

例子中的兰兰在妈妈的引导下，说出了内心的真实感受，孩子的感受让兰兰的妈妈大吃一惊，她怎么也没有想到孩子的感受竟然是这样的。生活中，由于孩子主动表达内心感受的能力和意识不强，想要知道孩子的感受，加深对孩子的了解，父母需要引导孩子，让孩子多谈谈自己的感受。孩子说得越多，家长对孩子的了解就越深刻，从而对孩子的关心和教育就会更具体，亲子沟通也就会变得更顺畅。

引导孩子说出感受的方式有很多，父母们可以参考以下两种方式：

方式一：提问

孩子不愿意主动说，家长们可以主动地提问。在提问的环节，父母需要注意不能问孩子回答不上来的问题，由浅入深，慢慢进行。除此之外，家长们还需注意提问的语气，不要用质问的语气，要自然、温和地向孩子提问。

方式二：抛砖引玉

很多孩子不愿意和家长沟通，源于对家长的戒备心理。面对这样的孩子，父母可以主动与孩子交心，分享自己的感受，抛砖引玉，以诚心打动孩子，引导孩子放下戒备、紧张的心理，主动打开话匣子。

3. 多听：引导孩子合理释放情绪

父母想要聆听孩子的心声，最先要做的就是尊重孩子。当孩子感到被尊重了，才会把情绪宣泄出来，而聆听就是一种尊重。

但是很多父母却认为，孩子是自己的私有物品，孩子必须听自己的。这样的教育方式无疑是错误的，尤其是当孩子有了自己的主见后，父母继续采取一言堂的教育方式只能让孩子越发不满。所以，父母要想多了解自己的孩子，就要学会聆听，把孩子当作一个独立的个体，而不是自己的私有物品，这样孩子才愿意同父母进行深入的交流，父母也才能了解孩子真实的想法。

成长中的孩子，喜欢把自己的成功分享给父母，也渴望父母可以分担自己的痛苦。同时，他们也希望父母能够静下心来听一听自己的理想及目标。不过，很多父母却并不理解孩子，他们只想从孩子那里听到"好消息"，而不愿听到"坏消息"。

比如孩子的成绩下降了，父母不是和孩子一起分析成绩下降的原因，而是不断指责、训斥。"成绩为什么下降了这么多？""早就告诉你，把心思用在学习上，不要想那些乱七八糟的事情，你就是不听！""给你报了那么多补习班，看看你的成绩，对得起爸爸妈妈给你花的那些钱吗？"这样的话相信很多父母都说过，这些话在孩子听来是非常刺耳的。

父母的这些话会让孩子觉得他们只是一个考试工具，时间久了，孩子会认为父母只关心考试分数而不关心自己，自然也就不愿意同父母交流了。久而久之，各种情绪都压抑在他们幼小的心灵里得不到宣泄与化解，这些负面情绪积累到一定程度就会爆发。到那个时候，孩子就会产生对抗情绪，父母要想再和孩子沟通就更加困难了。

所以，父母在和孩子沟通的时候要学会倾听孩子的心声，让孩子的负面情绪能够宣泄出来，这样才有助于孩子的健康成长。

当然，倾听不是简简单单坐在那里听孩子讲话，倾听孩子说话也有许多要注意的地方。

首先，和孩子沟通的时候，对孩子说的话不能敷衍，要表现得很感兴趣，这样孩子才会愿意继续说下去。诚然，孩子的很多话题在父母看起来很幼稚，但这些幼稚的话题在孩子那里也许是非常大的事情。所以，父母对孩子诉说的事情一定要表示重视，这样他们才会觉得自己受到了尊重。

其次，和孩子沟通的时候不要随意打断孩子的话，要让他们把话说完，充分表达其意见。孩子的思维不像大人那么敏捷，有时候他们对父母说的话需要想一会儿才能理解，这个时候父母要耐心一点，等孩子表达完自己的想法。不要一直催孩子，随意打断孩子的思考，因为随意打断孩子的话不仅是不尊重孩子，而且有可能让孩子关闭心门，拒绝再同父母沟通。

如果父母能够耐心等待孩子，等着他们把自己的想法说出来，孩子会觉得父母很尊重自己，自然就愿意把心里的话说给父母听了。

另外，还要倾听孩子的委屈、烦恼。成长中的孩子会遇到许多烦恼的事情，这个时候父母要做一个认真的倾听者，只有认真地倾听才能了解孩子真实的想法，也才能知道孩子真正的烦恼在哪里，才能帮助他们解除烦恼。但是很多父母却认为孩子年龄小，不会有那么多烦恼，当孩子找父母诉说自己的烦恼时，他们就会说："你一个小屁孩，哪来那么多烦恼！"硬生生把孩子的话打断了。久而久之，孩子就算有什么心事也不会找父母诉说了。当沟通的渠道被关闭，父母对孩子也就无从了解了。

孩子的心灵比较脆弱，可能会因为一点小事就觉得受了委屈，这些小事在父母看来不算什么，但是孩子却不会这么觉得。这个时候，父母要有认真聆听的准备，听孩子把事情的经过讲清楚，并把他们的感受说出来。这个时候孩子会觉得父母理解自己，刚才的委屈也就忘记了。其实，孩子不会把委屈记太久，他们只是希望有人能够听听自己的委屈，对自己表示一下关心。这个时候，父母要做的也仅仅是倾听而已。

孩子在成长中会遇到各种各样的问题，他们的情绪也很容易受到干扰，我们经常能够看到一个孩子一会儿哭、一会儿笑，其实这些都只是他们情绪的表达。而且，对于自己的问题，他们很希望有人能够倾听，能够理解他们的感受。这个时候他们需要的是能倾听自己心声的父母，而不是评论家、指挥者。

所以，那些高明的父母往往不是能说会道的父母，而是能够认真倾听孩子心声的父母。

4．父母的信任，孩子成长的动力

父母的信任，是孩子成长的动力。亲子间的沟通更需要以父母的信任作为前提。那么，信任是什么呢？教育学家孙云晓说："信任是父母给孩子最好的礼物，是一种成长的动力。同时信任是心理的安定剂。一个人得到别人信任的时候，心理会变得宁静、稳定、自然。它能使人变得自信起来，而且使他心理上处于一种活跃状态，这对他的发展是非常有利的。一个人如果得不到信任，会增加很多的猜测、自卑、自责、自愧，就会消磨斗志，瓦解信心。"

佳佳和邻居家的俊俊经常一起玩耍。俊俊比佳佳大三岁，有很多的小心眼儿。佳佳则很稚嫩，没有俊俊那么多的心眼儿。

一天，俊俊来找佳佳玩耍。佳佳妈妈为两个孩子榨了两杯果汁，就转身去菜园里忙自己的事情去了。没过一会儿，只听屋里传来"啪"的一声，像是什么东西被打碎了。佳佳妈妈连忙跑了进去，只见奶奶正在大声呵斥佳佳："怎么这么不懂事呀，什么东西都敢砸，电视那么贵重的东西，怎么能砸呢……"妈妈一看，果然电视机的屏幕被砸破了。

受到训斥的佳佳，撇了撇嘴，眼泪在眼圈里打转儿，生气地说："哼，我再也不理你了，坏奶奶！"说完，佳佳跑进了卧室。一旁的俊俊此时并没有闲着，而是绘声绘色地描述着佳佳砸电视机的经过："我一直告诉他不能用球砸电视机，他不听，非要砸电视机，结果……"

妈妈相信自己的孩子不会这么胡闹，于是她走进卧室，看见孩子正站在床边生气呢。妈妈走过去，轻轻地将佳佳拉到身边，问道："刚才奶奶说你，你觉得对吗？"

佳佳委屈地答道："不对，电视机不是我砸的，是俊俊砸的。"

　　妈妈笑了笑，说道："我觉得也是，妈妈相信你。但是，当时你为什么不告诉奶奶真相呢？"

　　佳佳生气地答道："俊俊说是我砸坏的电视机，还没等我说话，奶奶就大声吼我。我生气了，不想理奶奶了。"

　　妈妈这才明白，原来让孩子生气的真正原因是奶奶的不信任。于是，妈妈对佳佳说道："佳佳，奶奶看到电视机坏了，有些着急，所以就误会你了。如果你现在走出去说出真相，奶奶就会知道错了，一定会向你道歉的。但如果你不去说明真相，奶奶会一直认为是你做了错事。你想让奶奶觉得做错事的是你吗？"

　　佳佳思考了一会儿，走出了房间……

　　生活中，当孩子做了错事，家长先不要急着训斥孩子，要听听孩子的解释，要相信自己的孩子是不会成心做坏事的。上例中的佳佳，就是因为奶奶对自己的误解而产生了叛逆情绪，拒绝说出真相。幸亏妈妈信任自己的孩子，耐心地和孩子进行沟通，最终消除了孩子的小情绪，正确引导了孩子。

　　这就是信任的力量，在孩子的眼中，父母是最重要、最亲近的人。得到父母的信任，孩子会觉得自己被认可了，心情就会很舒畅，从而愿意和父母深度沟通，说出心里话。因此，父母们要学会信任自己的孩子，给孩子最大的成长动力。

　　（1）父母的信任，是对孩子最好的鼓励

　　"妈妈相信你，一定可以。""宝贝，这件事情交给你，我放心。""放手去做吧，那点困难对你而言不叫事。"……聪明的父母会经常这样对孩子说。因为他们知道：信任才是对孩子最好的鼓励。

　　（2）相信自己的判断，父母永远是最了解孩子的人

　　对于他人对孩子的评价，不要偏听偏信，因为最了解自己孩子的人是父母。很多父母总是喜欢从侧面了解孩子，当有人向他们打小报告时，就开始怀疑自己的孩子，摆出一副兴师问罪的架势去和孩子进行沟通。结果不言而喻，沟通一定会充满火药味。面对父母的责问，孩子就会一声不吭。事实上，孩子的内心在滴血，因为父母的怀疑。因此，当有人和你诉说孩子的不

是时，先不要急着给孩子下定论，要和孩子聊聊，问清缘由。

（3）支持孩子的决定

"妈妈，我决定了参加校体操队。请相信我可以安排好时间，不耽误学习。"这时，父母们的答案应该只有一个："你的决定，我支持。"是的，这样就可以了，不要再操心别的了。孩子既然做出了决定，也做了保证，作为父母，一定要信任孩子。事实证明，正是因为父母的信任，孩子们的决定才坚定不移：不管付出多少努力，也要说到做到，只为不辜负父母的信任。

5．少说：压住火气的对话技巧

在和孩子沟通的时候，许多家长都有过这样的困惑：为什么孩子不愿意和我说话呢？为什么我和孩子的沟通总是以失败告终呢？为什么我总是无法同孩子平静地对话呢？相信这是许多父母都会遇到的难题。

其实，不管是什么样的家庭，父母与孩子的沟通出现问题，多数都是因为父母没有考虑到孩子的感受，只是站在自己的角度上阐述问题，甚至用粗暴的态度来对待孩子。面对父母充满火气的话语，孩子就会越来越沉默，不愿意和父母沟通。

但是许多父母却意识不到问题出在自己身上，他们觉得自己一直都在为孩子付出，却得不到孩子的理解，而不去想是因为自己的态度出了问题，才导致孩子不愿意同自己交流。

前一段时间，我的一位朋友说他的儿子曾有一个学期都不愿意同他说话。事情是这样的：

有一天，朋友的儿子放学回家，书包还没有放下，这位朋友就对儿子吼道："今天上课的时候为什么和同学说话，不是跟你说过不要在上课的时候说话吗？如果不是今天老师给我打电话，我都不知道你添了这样的坏毛病。"

朋友的儿子听了他爸爸的话，张了张嘴想要说什么，不过最后什么都没说，转身便回了自己屋。转身的时候，朋友的儿子脸上有些失望，也有些委屈。

后来，这位朋友参加家长会，朋友儿子的班主任对朋友说："你怎么不给孩子买把尺子呢？你的孩子上课经常找同学借尺子。"

回到家里，这位朋友就问儿子为什么不让自己给他买尺子，反而要借同学的。他的儿子说："那次老师给你打电话说我上课说话，其实是我找同学借尺子，可是你不问清原因就骂我，我就不想说了。"直到这一刻，这位朋友才知道是自己的坏脾气让儿子整整一个学期都不愿意同自己多说话。

其实，生活中很多家长就像我这位朋友一样，他们在与孩子沟通的时候总是喜欢摆出高高在上的姿态，认为孩子是自己的，就要听自己的。所以，在和孩子交流的时候，说话也是用高高在上的语气。当孩子犯了错误，或者出现差错的时候，就会大发脾气，训斥孩子。这样的说话态度，只能使孩子不愿意与他们过多交流。

所以，父母在与孩子交流的时候一定要想好了再说，切忌在愤怒的时候说过头话，因为这样做只能让孩子离你越来越远。

要想不在愤怒的时候说出伤害孩子的话，就应三思而"言"，也就是少说话，等到没有火气的时候再同孩子耐心交流。这个时候的沟通才能被孩子接受，家长的话孩子也才能听得进去。

这个道理家长其实都知道，不过在生活当中，很多家长总会忘记控制自己的情绪，在同孩子交流的时候，尤其是心情不好的时候，总喜欢提高"分贝"，大声训斥孩子，仿佛自己的声音越高，就越能让孩子听话一样。不过在孩子看来，爸爸妈妈这个时候只是把自己当成了出气筒。面对这样的父母，孩子也会采取措施，他们或者用沉默来表达自己的不满，或者也会提高自己的声音同父母大吵一架。无论采取哪种方式，孩子都是在表达自己的不满，都是在向父母进行抗议。

另外，除了大声训斥孩子外，有的家长还会在不知不觉间对孩子施加其他"语言暴力"，比如恐吓孩子。父母对孩子进行恐吓，会让孩子感到焦虑、恐惧、敏感。如果经常被恐吓，孩子的心理承受能力会降低，严重的还会出现神经衰弱、偏执等等。

有的父母会拿别人家孩子的优点来刺激自己的孩子，这在父母那里可能觉得是在鼓励孩子，但是在孩子那里却会转化成压力，会让他们觉得很受打击。其实，每个孩子都想表现出自己优秀的一面，也都想让父母肯定自己。但是，父母用其他孩子与自己做比较，而且是拿其他孩子的优点和自己的缺点做比较，会让他们觉得自己被父母否定了。在这种情况下，孩子的自尊心也会受到打击。

作为父母，在和孩子交流的时候一定要少说那些伤害孩子自尊心的话，在和孩子交流之前一定要先控制好自己的情绪，避免在情绪激动的时候口不择言，伤了孩子的自尊心。

6．保护好孩子的好奇心和求知欲

爱因斯坦说过："对于一切来说，只有热爱才是最好的老师。"因为热爱，才会产生兴趣，才会产生好奇心和求知欲，才会将被动学习转化为主动学习。主动学习和被动学习这二者之间的区别很大，产生的学习效果也有很大差别。在主动学习的过程中，孩子的注意力会高度集中，思维更敏捷，潜在的能力会被调动起来，学习效果会更好，进步会更明显。因此，保护好孩子的好奇心和求知欲是维护孩子学习热情、引导孩子主动学习的最好方式。

9岁的迪克跟随父母来到美国，迪克的父母对孩子学习环境的大变化充满了担忧，害怕孩子不能适应，影响到学业。

不一样的是，以前孩子一放学就会拿出作业本专心致志地写作业，而现在孩子一放学就会跑到图书馆，抱回很多书籍，一边看书一边写作业。迪克的父母有些疑惑。一次，迪克的爸爸趁孩子不注意的时候，看了一眼孩子的本子。"我的昨天与今天"——迪克的本子上赫然写着这几个字。爸爸有些哭笑不得，一个9岁的孩子竟然写出了这样的题目。于是，迪克爸爸决定和迪克沟通一下：

"迪克，我能不能了解一下，你现在在做什么？"

"可以的，我正在准备写本书，书名我都想好了，《我的昨天与今天》。"迪克答道。

　　果然不出迪克爸爸所料。迪克爸爸觉得这样的题目有些大，一个9岁的孩子哪有那么多故事呀，恐怕连大学校园里的博士也不一定敢用这样的口气。于是，爸爸想表示否定，准备阻止迪克做这件事情。但否定的话语已经到了嘴边，又被迪克爸爸生生咽了回去。

　　"好的，孩子，我觉得很好。爸爸有个请求，希望等你大功告成的时候，我能有幸做第一个读者，可以吗？"一百八十度大转弯，连迪克爸爸自己都有些惊讶了。

　　过了两个月，迪克的大作完成了，是一本200多页的小册子。这里面写得五花八门、热热闹闹的：从婴儿时期，迪克还只是一个细胞起，到独立行走，到牙牙学语，再到第一次和小朋友握手、第一次去幼儿园、第一次和小朋友吵架、第一次给妈妈端水、第一次上小学……最后，书本后面还列出了参考书。迪克的爸爸有些吃惊："这是我的孩子写出来的吗？太神奇了吧。"

　　看着9岁的孩子兴致勃勃地完成了自己的大作，迪克爸爸意识到了自己最初的决定是对的。不管结局如何，首先，保护孩子的好奇心和求知欲的初衷是非常正确的。迪克爸爸在心里悄悄地为自己点了一个赞。

　　由此可见，教育不应该只是让孩子学习课本上的知识，而应该更多地关注孩子的心理。对于孩子的好奇心和求知欲，家长应小心保护。孩子养成一种良好的学习习惯不容易，而且对孩子而言可以说是终身受益。任何一位成功者都需要有一份纯粹的热情，如果没有了好奇心，那么，无数个苹果落地也砸不出万有引力定律来。

　　保护孩子的好奇心和求知欲应从生活中的点滴做起：

　　（1）孩子爱问为什么是一个好现象，家长要鼓励

　　孩子们的好奇心很重，到了一定年龄总是喜欢问为什么。这是孩子爱动脑、勤思考的表现，是一个非常好的现象。作为家长，一定要给予孩子鼓励和表扬，不要因为嫌烦就斥责孩子，否则，孩子还以为问问题是错误的行为，会本能地减少提问，进而减少对于外界的好奇心。

　　（2）尽量回答孩子的问题

　　对于孩子提出的铺天盖地的问题，很多家长都会觉得有些招架不住。对

此，家长们一定要认真对待，不可乱说，实在不会的可以查资料找到正确的答案。如果家长们确实无法回答，可以让孩子自己去寻找答案。从孩子提问到寻找答案的过程，同样可以促进孩子求知欲的培养。

（3）不要让孩子看到你对提问的负面情绪

妈妈正忙着洗碗，孩子跑了过来，问道："妈妈，为什么我不能变成怪兽？"对于这个孩子问了一个晚上的问题，妈妈终于发脾气了："有完没完，再问我这个问题，我就生气了。"孩子惊恐地看着已经生气的妈妈——"难道妈妈不喜欢我问问题？"类似这种场景生活中随处可见，孩子们天真的问题时常搞得家长不知该怎样回答，最后恼羞成怒，粗暴地让孩子闭上嘴巴。家长这种行为，会大大削减孩子的好奇心和求知欲。这一点，家长一定要重视。不要因为回答不上来，觉得没面子，就粗暴地制止孩子的提问。

每个孩子都是带着一颗好奇心来到世界上的，他们像一个个探险家，企图了解、探知他们不知道的神秘世界。正因为有了这种原始的、本能的好奇心和求知欲，人类才能不断进步，社会才能不断前进。好奇心是孩子们渴望获得更多知识的动力，是孩子们不畏艰辛探索更高领域的勇气支撑，是孩子们快速成才的先天优势。因此，家长们一定要小心保护好孩子的好奇心与求知欲。

7. 请不要直接给孩子答案

"妈妈，如果那个小朋友还动手推我怎么办？"

"妈妈，如何才能提高人际交往的能力？"

"妈妈，我长大了要学什么专业，考哪所大学呢？"

"可是妈妈，如果他一直不向我道歉，我应该生他的气吗？"

……

孩子们的问题可真多呀，没完没了的。面对孩子的提问，聪明的家长该怎么办呢？

阳阳上幼儿园已经一年多了。在这一年多的时间里，阳阳有了很大的进步。尽管孩子一天天地长大，可是阳阳妈妈却依然不放心，每天孩子放学回到家里，总是想方设法地了解孩子在幼儿园里所遇到的事情。

"妈妈，我的裤子湿了，不是我尿裤子了，是老师刚刚擦完地，地面还很湿时，我们班里的陈思远推了我，我一下子就摔倒在地上，结果就把裤子弄湿了。"阳阳一见到妈妈，小嘴巴就开始唠叨个不停。

"然后呢，你怎么办的？"妈妈问道。

"老师批评了他，可是我还是很生气，因为他没有对我说对不起。"看着阳阳一本正经的样子，妈妈有些想笑。

"妈妈，如果明天那个小朋友还推我该怎么办？"阳阳有些担心。

"他推你，你就推他，不怕他。"还没等阳阳妈妈说话，阳阳姥姥就急着回答，她可是一把屎一把尿给阳阳从小带大的，最见不得自己的外孙子被人欺负。

有一次，阳阳姥姥带着阳阳去游乐园玩耍。为了保持园里的卫生，孩子们可以直接进园，家长则需要在栅栏外面的等候区等候。不一会儿，只见阳阳和另一个小朋友因为玩具吵了起来。那名小朋友一着急打了阳阳一下，这可急坏了栅栏外面的阳阳姥姥。阳阳姥姥顾不上什么规矩不规矩的，一个箭步，干净利索地跳过栅栏，冲到了阳阳的身边，惊得游乐园里的工作人员目瞪口呆，这位70多岁、满头白发的老太太刚刚做了什么，是跳过了80厘米高的栅栏吗？从那以后，整个游乐园的工作人员都认识了阳阳姥姥。每一次，见到她带着阳阳来游乐园玩，都会开玩笑说："老太太，我们一定好好照顾您外孙子，您可别再一着急就跳栅栏啦。"搞得阳阳姥姥也有些不好意思。

"可是，我打不过他怎么办？"阳阳接着问道。

"打不过，那就……"姥姥立即答道。

"妈，"阳阳妈妈有些埋怨地打断了阳阳姥姥的话，"不要告诉他怎么办了，孩子大了，让他自己学着处理吧，咱们不要管了。"

事例中的姥姥代表着一大部分家长。当孩子遇到问题时，他们总是以爱孩子的名义直接给出解决的方案，使得孩子根本就不用独立思考，直接照做就可以了。这样的教育方式非常不好，不利于孩子独立思考习惯的养成。而明智的家长是不会替孩子解决任何问题的，因为他们非常清楚，未来的生活需要孩子独自面对，因此，应从小就注意培养孩子独立思考问题的能力，留给孩子足够的思考空间。

独立思考的能力对孩子一生的发展都非常重要。它可以帮助孩子应对生活中的各种困难，适应陌生的环境，独立解决各种问题。因此，家长一定要注意培养孩子独立思考问题的能力，不要事事都直接给孩子答案。

(1) 当孩子提出问题、寻求帮助时，家长应鼓励孩子自己解决。在孩子独立解决问题的过程中，孩子的思考能力、动手能力、交往能力、心胸等都会得到锻炼。事实上，孩子就是在这样一个个实践中不断磨炼自己的。因此，家长不要总是过度担心，而要放手让孩子去做，孩子只有经历了风雨才能茁壮成长。

(2) 面对孩子的提问，家长不妨反问回去，把问题甩给孩子。孩子对父母的依赖性从出生那一刻便产生了，因而在遇到问题和困难时向父母求助也是合情合理的。但是，为了孩子的未来，父母要让孩子自己学会飞翔。因此，当孩子向父母提出问题时，父母不妨用反问的方式引导孩子慢慢学会独立思考。

(3) 当孩子的问题确实超过了其能力范围，需要家长提供一些帮助时，家长同样不应直接给出答案，要循序渐进、环环相扣，慢慢引导孩子自己找到解决的方法。时时刻刻都要让孩子记得：必须通过自己的智慧解决问题。

第三章

循循善诱：主动激发孩子的表达欲

1．对孩子要循循善诱

四岁的阳阳正在津津有味地看着动画片。为了保护孩子的眼睛，阳阳的父母规定孩子每天看电视的时间不能超过四十分钟。可是孩子只有四岁，自控力还很差，经常需要父母监管。

"阳阳，到时间了，关掉电视机。"爸爸一脸严肃地说道。

"不嘛，我还要再看一集。"孩子说道。

"赶紧关闭电视机，否则我再也不让你看了。"爸爸很强硬。

阳阳的眼睛紧紧盯着电视，全部注意力都被正在播放的动画片吸引住了，根本没有听见爸爸说的话。

爸爸见好好说没有效果，走了过来，二话没说直接把电视机关掉了。孩子"哇"的一声哭了起来，红着小眼圈儿，直接冲到爸爸身边，打了爸爸几下。虽然孩子还很小，没有太大的力气，但是阳阳的行为却激怒了爸爸。

"你再打我一下试试，反了你，我非要好好教训教训你。"说着，爸爸照着孩子的屁股狠狠拍了两巴掌。

孩子哭得更厉害了，瞪着小眼睛看着爸爸。的确有效果，孩子不敢再胡闹了，可是眼神里却充满了对爸爸的仇恨。

妈妈听到声音，走了过来，问阳阳："阳阳，你知道爸爸妈妈为什么不让你一直看电视吗？"

孩子哽咽着，摇了摇头。

"因为你的小眼睛现在正在成长，电视上发出的光会伤害到它。你有没有感觉，看电视时间长了，眼睛就想要流泪呀？"妈妈问道。

孩子点了点头。

妈妈接着说道："那就说明小眼睛已经很难受了。如果你的小眼睛受伤的话，你就会看不见东西了，看不见你喜欢的小伙伴，还有可爱的小动物，小鱼、小乌龟之类的，就连动画片也看不见了，平时走路的时候也会因为看不见而摔跤的。"

阳阳听完，连忙说道："好的，妈妈，我不看电视了，我要保护好小眼睛。"

看着妈妈不费吹灰之力就劝服了孩子，一旁的爸爸忍不住对妈妈竖起了大拇指。

控制，隐藏在每一个有思想的物种体内。其中，人类的控制欲望最为强烈。在很多家庭中，父母总是希望控制自己的孩子，这种本能性的思维表现在对孩子的强制教育上面。可是，所有人包括孩子，都不希望被人控制，因为他们同样也有思想。于是，面对父母的强制，孩子们即便敢怒不敢言，却也在心里埋下了叛逆的种子。一旦时机成熟，它们就会发芽。最终，父母恐怕再也无法控制孩子。

事例中的爸爸，试图用强硬的方式制止孩子，虽然收到成效，却也引起了孩子强烈的不满。相对于爸爸的强硬教育方式，妈妈的引导式教育则更有效果。妈妈通过为孩子讲述看电视的危害，引导孩子独立思考，做出正确的决定，让孩子心服口服，没有丝毫被强制的感觉，轻轻松松地解决了问题。

由此可见，孩子终究是孩子，自控力很差，的确需要家长给予一定的约束。但是，这种约束不能带有强制性，要对孩子循循善诱，将道理讲明白。孩子们虽然小，却也能分清好坏。绝对不能在孩子什么也不懂的情况下，强制孩子去做某些孩子不愿意做的事情。这样，即使孩子们慑于父母的权威，被迫按照父母的要求去做事，在他们的心里也充满了排斥、愤怒。时间久了，孩子心中积攒的不良情绪终究会彻底爆发，那一定是一个不可收拾的局面。只有父母耐心引导，用孩子听得懂的话，循循善诱地给孩子讲道理，孩子才会变得通情达理，最终心甘情愿地往正确的方向走。

2. 寓教于乐，做个幽默的家长

幽默的沟通引导方式可以激发孩子活泼可爱的天性，影响孩子对生活的态度，也是与孩子沟通最有效果的方式。所以，在教育孩子的过程中，做个幽默的家长，寓教于乐，让孩子在欢声笑语中接受父母的教诲。相信所有的孩子都会愿意接受的。

一天放学后，姨妈带着玲玲的小表妹来家里做客。玲玲妈妈为小客人准备了蛋糕和水果。可是，还没等小表妹吃，玲玲竟然一口气把蛋糕吃光了。小表妹没有吃到蛋糕，委屈地哭了起来。

面对这样的情景，玲玲妈妈并没有当众批评孩子，而是微笑着问道："蛋糕是我为小客人准备的，现在是不是被一只淘气的米老鼠偷吃掉了？"

玲玲有些不好意思，说道："可能是那只米老鼠也想吃蛋糕了。"

妈妈顺着孩子的话，接着说道："嗯，那你再看到它时，告诉它不能抢客人的东西吃，如果它也想吃的话，告诉妈妈，妈妈也可以为它做一块蛋糕。"

玲玲听完，钻进妈妈的怀里咯咯地笑了起来："妈妈，我告诉你一个秘密，其实不是米老鼠偷吃了蛋糕，而是我吃了妹妹的蛋糕。妈妈，你再帮妹妹做一块吧。"

"原来你才是那只馋嘴的淘气包。你吃了妹妹的蛋糕，妹妹没有蛋糕吃了，急得哭了起来，你觉得妹妹很可怜，所以让妈妈再给妹妹准备一块，对吗？"妈妈问道。

玲玲用力地点了点头。

故事中的妈妈，用了一句非常简单的玩笑，就让玲玲主动承认了错误，达到了教育孩子的目的。妈妈的这种教育方式就是寓教于乐，让孩子愉快地认识自己的错误并积极地改正。

生活中，有的父母对孩子非常严厉，经常板着一张脸，吓得孩子浑身发抖，却不能与孩子进行很好的沟通。相反，那些富有幽默感的家长，经常和孩子打成一片，笑在一处，却能很好地教育、引导孩子。一个是剑拔弩张、伤透脑筋，另一个是轻轻松松，大家一起开心。相比之下，做一个幽默的家长才是父母们最好的选择。

当然，想要做一个幽默的家长也并非一件容易的事情，这要求家长有较高的修养和较强的心理承受力，还要有一定的文化知识。有一定的文化知识，可以丰富家长的谈话内容，提高谈话技巧。而良好的心态和修养是指家长在与孩子沟通的过程中，保持冷静理智，不做出冲动莽撞的举动，学会站在孩子的角度，以幽默的方式，正确引导孩子。

俗话说"良药苦口利于病"，对于现在的孩子，这句话明显不适用。药再好，再能治病，可是太苦了，孩子们不肯喝下去，终究还是会导致病情加重。因此，父母们必须找到美味的良药，让孩子心甘情愿、高高兴兴地喝下去。幽默不仅仅是一种艺术手段，更是一种沟通方式。无论是孩子还是大人，都喜欢和幽默的人交流，原因只有一个——觉得愉快。当然，如果人们能够在快乐中知晓一些实实在在的道理，那又是幽默的更高境界了。

（1）开朗、乐观的心态

幽默不仅仅是一种沟通的方式，更是一种生活的态度。有幽默感的人，其心理基础一定是开朗、乐观的。没有这样的心理基础，根本做不到幽默，也不可能带给他人欢乐。因此，想要成为一个富有幽默感的家长，首先需要调整自己的心理状态，心理美，才能展示美。

（2）尝试幽默的表现风格

有一种人，似乎生来就有幽默细胞。他们一说话，无论面目表情多么认真，总是让人觉得很幽默，气氛很愉快。这种天赋是可以后天培养的。作为父母，不妨尝试一下，从说话时的神情、语态和肢体动作开始，首先做到大大方方、自信满满地展示自己，不要拘束。熟能生巧，尝试一段时间，就会形成习惯，久而久之就会越来越风趣。

（3）多说幽默的语言

将一本正经的道理用幽默的语言说出来，更容易被人接受。同理，在亲子沟通中，父母应尽量多地采用幽默的语言表述问题，孩子们接受起来会更容易，从而使亲子沟通更顺畅。

（4）幽默也要有分寸

成功的有幽默感的父母，既要保持适度的幽默，同时又不能失了分寸。有些正式的场合，不适合随便开玩笑，需要郑重的时候就要郑重。亲子沟通也是如此，不能失了分寸，成为一个"傻乐"的父母。

3. 激发孩子说话的兴趣

但丁曾说："语言作为工具，对于我们之重要，正如骏马对骑士的重要。最好的骏马适合于最好的骑士，最好的语言适合于最好的思想。"意大利著名教育家玛利亚·蒙台梭利也曾说过："一个孩子的智力发展和形成概念的方法在很大程度上取决于语言。"可见，从小培养孩子的语言表达能力，激发孩子的说话兴趣，是亲子沟通的主要目的之一。

"妈妈，我回来了！"女儿露露铜铃般的声音响了起来。

"宝贝，你回来啦，来，妈妈亲一下。"露露妈妈也赶忙表达自己的爱。

这对母女感情很好，女儿活泼可爱，母亲也开朗乐观。可最近，妈妈发现女儿对说话不怎么感兴趣了。她和其他几个家长了解了一下，她们的孩子也是如此。对此，她们决定见面，好好研究一下，找找原因。

"我家孩子从幼儿园放学回来，就一头扎进自己的世界里，玩起玩具来，根本不愿意和我说话。每当我问他'在幼儿园里学了什么？'他的回答总是'没什么'。我再问他'在幼儿园里吃了什么饭？'人家的答案更直接——'忘了。'你说，这样的谈话还怎么往下进行？"东东妈妈抱怨道。

"是呀，是呀，你说的这种情况，我家也是，搞得我根本了解不到孩子在幼儿园里的状态，真是急人。"丁丁妈妈附和道。

露露妈妈想了一会儿，说道："你们说是不是我们提问的方式有问题呀？孩子们那么小，根本没有能力把在幼儿园里一整天发生的事情全都说出来。我们的问题这么笼统，孩子们不知道该怎么回答了，于是就不愿意多说了。"

东东妈妈表示赞同："你说得也对，好像是有些不好回答。"

妈妈们你一言我一语，最后都觉得露露妈妈说得对。于是，大家约定改变一下提问的方式，再看看效果。

第二天，露露从幼儿园回来。妈妈蹲在孩子身边，说道："宝贝，今天在幼儿园里玩得挺开心呀。妈妈看你蹦蹦跳跳地走出幼儿园，好像心情很好啊。"

"是的，是的，今天小狼老师带着我们一起做游戏，小狼老师扮演大鳄鱼，抓我们。每一次我都能顺利逃脱，躲进森林里。可是，佳佳总是跑得很慢，被抓到，我们还要返回去救他。"孩子兴奋地说道。

"是嘛，原来你们今天上的是体能课呀。露露喜欢小狼老师吗？"妈妈问道。

"喜欢，小狼老师可好了，总是和我们玩。"露露认真地回答道。

"那小狼老师中午和你们一起吃饭了吗？"妈妈接着问道。

孩子摇了摇头说："没有，我没有看到小狼老师，他不和我们一起吃。"

"是吗？中午吃了什么呀，是不是小狼老师不爱吃，才没有和你们一起吃呀？"妈妈问道。

"馒头和蔬菜还有汤，挺好吃的，小狼老师可能是去别的班吃了……"

至此，妈妈想知道的信息都知道了，孩子却停不下来了，将幼儿园大大小小的事情，全说了个遍。

同样是妈妈想要了解孩子在幼儿园里的情况，采用了不同的引导方式，结果竟然如此不同。之所以会有这样的差异，除了孩子们自身的表达能力有差异之外，父母的引导方式也起到了很大的作用。

语言是人与人沟通时的主要工具。语言能力是孩子智力能力和社交能力的核心。所以，在孩子成长的阶段，父母一定要采用行之有效的引导方式，激发孩子说话的兴趣，从而锻炼孩子的语言表达能力。

（1）采用正确的提问方式

提问，通常作为沟通开始的第一环节，对顺利开展有效的沟通，起到了关键性的作用。正确的提问方式，能顺利开启沟通，打开对方的话匣子，激起对方说话的兴趣。相反，糟糕的提问方式，不仅不能开启沟通，还会让已经进展顺利的沟通戛然而止。因此，作为父母，在和孩子沟通的过程中，不可以采用质问、审问的方式，要多站在孩子的角度，体会孩子的感受，找到孩子的兴趣点，提出能够激发孩子说话兴趣的问题，从而促使亲子沟通高效展开。

（2）注意提问的技巧

孩子终究是孩子，主动说话的能力不足。如果父母提出的问题过于笼统，那么他们的回答就会很简单。例如：父母问"今天过得好么？"那么孩子的回答只能是"还不错"之类的话。因此，父母要注意提问题的明确性、针对性，从而提高孩子说话的主动性。

（3）多给孩子创造说话的机会

客人面前、公共场所、家庭宴会上、学校活动中等等，这些都是锻炼孩子说话能力的大好时机。父母们要多多鼓励孩子在这些场合讲话。孩子的能力是无限的，练什么有什么。只要有足够的锻炼机会，孩子们一定可以成为"小外交家"。

4．转移注意力，适当躲开僵局

"我家孩子很烦人，你越不让干啥，他偏干啥，死犟死犟的……"很多父母都这样评价过自己的孩子。言外之意就是在某一件事上陷入了亲子沟通的僵局，没有很好地解决僵局。

事实上，不光是孩子，成人也是如此，如果你正兴致勃勃地做着自己感兴趣的事情，就不容易听进别人阻止的意见。但是，孩子的问题则相对简单很多，他们的注意力非常容易被分散，这就给亲子沟通提供了很大的便利。当亲子沟通即将陷入僵局时，父母不妨尝试一下转移孩子的注意力，说不定能迅速解困，避免陷入沟通的僵局。

天天今年四岁，是个倔小孩。只要是她想做的事情，父母就必须按照她的想法做，否则她就能哭上一整天。这不，正在忙着工作的妈妈接到了奶奶的电话。

"哎呀，你快回来吧，我可是弄不了这孩子了。"奶奶那边急得快哭了。

"怎么了，妈，您先别着急，慢慢说。"天天妈妈连忙安慰老人。

"早上我带着天天来商场里，想买点青菜，所以就没有带太多的钱。结果，天天看上了一个学习机，非要买，两千多块钱。我说让你爸妈了解一下，看看适合不适合你再买。她说什么也不听，哭着闹着非要买。闹得实在不像话了，我妥协了，说回家取钱再来买。可是这孩子就是不答应，就要立即买，抱着人家的学习机坐在地上哭闹。哎呀，我真是管不了了，你快回来吧。"奶奶气喘吁吁地说着，显然是被孙女的行为气坏了。

天天妈妈听到这里，顿时火冒三丈，一个小姑娘，坐在地上又哭又闹，成何体统！于是，妈妈火急火燎地从单位赶到奶奶说的商场里。果然，女儿还在那儿哭闹。当时，天天妈妈恨不得立即冲上去，狠狠地揍孩子一顿。最终，理智控制住了愤怒的情绪，天天妈妈强忍着胸中的怒火，思考着怎样扭转眼前的僵局。

"天天，你想买学习机了是不是，我们自己动手做一个学习机好不好？"妈妈问道。

"还能自己做吗？和这个一样吗？"天天停止了哭声，问道。

"是的，比这个还要好。我们现在就回家去做。"说完，妈妈拉着天天离开了。回到家里，妈妈拿出橡皮泥和天天一起捏了起来。天天专心致志地玩着橡皮泥，再也不提买学习机的事情了……

身为父母，经常会遇到孩子不讲理的时候。这个时候，你是想和孩子执拗到底，最终上演一场亲子大战，还是希望扭转话题，巧妙躲避僵局呢？答案不言自明。正如事例中的天天妈妈，面对孩子和奶奶的僵局，她并没有一边倒地站在奶奶那边指责孩子，也没有向孩子妥协，而是成功转移了孩子的注意力，巧妙地化解了僵局。这种引导式沟通方式，值得家长们借鉴。

事实上，成功转移孩子的注意力非常简单，而且孩子年龄越小注意力越容易被转移。对此，父母不妨采用以下两种方法转移孩子的注意力：

第一，折中法。在孩子的成长过程中，亲子沟通每天都在进行。孩子们提出的要求越来越难以搞定。答应孩子吧，父母觉得没有必要，而且有些力不能及；不答应孩子吧，父母又觉得没有给孩子足够的尊重。于是，父母陷入了两难的境地中。这时候，父母和孩子不妨各让一步，采取折中的办法。既能成功转移孩子的注意力，又不会让自己太为难。

第二，温和引导法。当亲子沟通陷入僵局时，孩子的情绪会很激动，会产生叛逆心理，做出故意激怒父母的举动。这时，父母不要被孩子的举动激怒，要保持理智，宽容孩子的行为，给孩子平复情绪的时间和空间，直到孩子平静下来，再慢慢引导。很多时候，孩子之所以固执，不是因为非要那样做，而是和父母较上劲儿了。当他们冷静下来之后，固执的劲头自然就不那么强了。

5. 借事或情景与孩子沟通

阳阳今年四岁了，经常听妈妈讲故事。

一天晚上，讲故事的时间到了，妈妈问："阳阳，你喜欢听什么故事呀？"

阳阳回答道："小熊、电视机、雪橇。"

妈妈一愣，心想："哪儿和哪儿呀，哪有这种故事呀？"忽然妈妈灵机一动，可以编一个这样的故事呀，借此纠正孩子长时间看电视的坏毛病。

于是，妈妈讲了起来：

从前有一只可爱的小熊，雪橇滑得非常棒。其他小朋友都很羡慕他。熊妈妈也为他感到骄傲，并在他四岁生日那天，送给他一只非常漂亮的雪橇。小熊非常喜欢，每天都带着他到森林深处的山坡上滑雪。就这样，小熊每天都生活得很开心。

直到小熊迷上了看电视。电视里的动画片真好看，小熊看起来就停不下来，一看就是一整天，眼睛眨都不眨地盯着电视机的画面。电视机强烈的光线伤害到了小熊的眼睛，他开始觉得眼睛不舒服了，总是流眼泪，渐渐地看东西越来越不清楚了，稍稍远一点就看不见。熊妈妈带着小熊去看医生。医生告诉他们，小熊的视力正处在发展期，这个时候造成的伤害是永久的，不能恢复。也就是说，小熊的眼睛治不好了。

从那以后，小熊再也不能滑雪橇了，连平时走路也经常会因为看不清脚下的路而摔倒。看着其他小动物们依然快乐地滑着雪橇奔驰而过，小熊后悔极了……

在妈妈讲的过程中，阳阳听得非常认真。等到妈妈讲完之后，阳阳说道："妈妈，我以后也不能经常看电视了。不然我的小眼睛也会看不见东西的。"

在这个故事中，妈妈将阳阳的一些事情，转移到了故事主人公小熊的身上，对孩子起到了很大的教育作用。

不光是运用小故事，父母还可以灵活运用身边的任何事物和情景教育引导孩子，如农民辛苦劳作的情景、贫苦地区的小朋友的生活和学习情景、威武庄严的大会堂、充满学术气息的象牙塔等，这些都可以成为家长们引导和教育孩子的工具。让孩子亲眼见识农民劳作的辛苦，从而引导孩子珍惜粮食，珍惜他人的劳动成果；让孩子亲身感受贫苦地区小朋友生活的艰辛，从而引导孩子学会感恩，学会节省，还可以培养孩子的爱心；让孩子亲自到向往已久的大学校园里走走、看看，从而激发孩子努力学习的决心……

父母对孩子的教育方式多种多样，不是只有单一枯燥的说教一种形式，自然界的万事万物都是父母手中的教材，生活中的点点滴滴都是教育的情景再现。而孩子也更愿意接受父母的这种教育方式。生活中，父母不妨参考以下几种沟通方式，引导孩子主动纠正自身的不足之处。

（1）带孩子走出去

孩子绝对不能宅在家里，虽然未必能够读万卷书，但尽可能地让孩子行万里路。走走看看，多接触，孩子的视野被打开，自然成长得更快些，看得更远些。在开阔视野的过程中，父母再结合实际，对孩子加以引导，教育出优秀的好孩子绝对不是问题。

（2）让孩子多了解一些成功人士的过往经历

没有人的成功可以复制，但是成功者在奋斗途中展示出来的智慧和高尚的品质是值得人们学习和借鉴的。对于孩子而言，多了解一下这些，有助于孩子自我提高和自我反省。一个道理直接被讲出来，很枯燥，如果能够结合具体的事例，听起来的效果就不一样了，父母们一定不要忽视这一点。

（3）多结合身边的人和事来启发孩子

每天发生在我们身边的事情，可以说是一部剧情绝对精彩和真实的"影片"。如果，家长可以借助身边有教育意义的人和事来启发、引导孩子，那么，孩子定然会感受更深刻。因为，这些事是的的确确发生在身边的，自然不同于那些虚构出来的故事和传记。父母应该学会充分利用身边的生活资源，活灵活现地教育孩子。

6. 和孩子做约定

"妈妈，我不想学习了，我累了……""妈妈，我想放弃，坚持不下去了……""妈妈，我觉得自己没有希望了……"当孩子向自己的父母这样诉说时，父母的心难免会默默疼痛。是的，心疼了，天下没有不心疼孩子的父母。但是，父母的心疼不能成为鼓励孩子放弃的理由。为了孩子的明天，父母们必须鼓励孩子，给孩子打气。

给孩子打气、鼓劲儿的方式有很多。其中"和孩子做约定"这种方式，是最有力度的一种。在和孩子沟通的过程中，父母一定会发现，和孩子有个约定更能激发孩子的斗志。

婷婷今年初三了，到了复习的关键时期。极大的学习压力，让婷婷有些吃不消。

"爸爸妈妈，我觉得前程好迷茫呀，每天都想好好学习，可是越是这样想，学习效率就越低，我快要崩溃了，感觉自己考不上好高中了。"婷婷有气无力地说道。

妈妈听到孩子的话，眼圈都红了。她悄悄转过身去，擦拭眼角的泪花。

爸爸则比妈妈坚强很多，听着女儿的心里话，竟然笑了起来："傻丫头，怎么会崩溃呢，这点小困难就把你难倒了？这样吧，爸爸现在正准备考试，我们两个做个约定吧，一起努力学习，到最后你顺利升入高中，我顺利通过考试，怎么样？"

听了爸爸的建议，婷婷顿时来了精神，说："好啊，这样一来，在奋斗的路上，我有爸爸陪伴了。"

说来也是神奇，自从婷婷和爸爸达成这个约定之后，父女二人就像成了同学一样，晚上坐在一张桌上学习，早上一起起床，发愤图强，所有的付出都是两个人同步进行的。爸爸和婷婷之间没有过多的交流，除了协商学习计划。而婷婷也不再脆弱，每天都精神饱满地展开一天的学习计划。

时间过得好快呀，一眨眼儿爸爸和婷婷都顺利通过了考试。婷婷如愿以偿地考入了重点高中。回想起父女二人一起奋斗过的经历，爸爸和婷婷总会忍不住笑，用婷婷的话讲："从今以后，我和爸爸就是共患难的战友了。我们之间有袍泽之情。"

通过这个事例，不难看出：很多时候，孩子们缺少的只是一个同行者。有了同行者的陪伴，孩子会变得勇敢、坚强起来。因为，他们知道自己不再是一个人奋斗了，这就是约定的力量。

在亲子沟通的过程中，约定的力量也是不容忽视的。当父母与孩子之间有了约定，亲子间的关系就会被拉近一大截儿。在孩子的心中，父母不再是那个高高在上的家长，而是和自己有约定，共同前行的同伴、战友。这层关系，会让亲子间的沟通更彻底、更高效。

(1) 因为有约定，所以孩子视父母为自己人

这种感觉就像有了共同信仰的战友之间的感情。面对困难，他们是一个整体。所以，孩子会将父母视为自己人，愿意让父母参与到自己奋斗的过程中，提出建议，提供帮助。有了这种情感基础，亲子间的沟通就会更上一层楼。

(2) 因为有约定，孩子更有安全感

人，是典型的群居动物。独自一个人面对困难时，我们难免觉得无助，如果身边站着一个同伴，情况就不一样了，我们会觉得不再害怕，也不再胡思乱想了。亲子间的约定沟通就能产生这个效果，能让孩子感到安全，不再觉得无助。

(3) 因为有约定，孩子更有目标感

强烈、明确的目标可以激发孩子的斗志和激情，让孩子摆脱萎靡不振，

将自己最好的状态调整出来，从而达到激励孩子的目的。在亲子沟通中，帮孩子建立目标，激发孩子的内在潜能，是父母沟通的主要目的。面对带给自己更多动力和激情的父母，孩子们也会更愿意主动交流。

7. 别让孩子对沟通、协商失去信心

在生活当中，许多父母都有过这样的苦恼：孩子不愿意同自己沟通，反而会把心事告诉其他人。这些父母不明白，为什么孩子会疏远自己，不愿意和自己交流。

其实，孩子不愿意和父母交流，问题并不出在孩子身上，而是出在父母身上，是父母的一些做法让孩子对沟通、协商失去了信心，他们不相信父母会尊重自己，会同自己进行平等的对话。

事实也确实如此，当一个孩子的诉求、愿望经常被父母忽略，或者要求、愿望被父母强硬制止，并被父母的意志所替代，孩子就会觉得父母不理解自己、不尊重自己。时间久了，他们也就不愿意同父母交流了，因为在他们的意识里已经有了这样的念头——我的话反正一点也不重要。孩子有了这种想法，就会变得很敏感，也没有主见，甚至会自卑。

所以，父母在和孩子交流的时候一定要注意方式方法，不要总是用强硬的态度对待孩子，应该充分尊重孩子、理解孩子，允许孩子有自己的想法与尝试。当孩子觉得自己受到了重视，他们自然就愿意同父母分享自己的喜怒哀乐了。

但是有太多的父母意识不到这一点，他们总觉得孩子既然是自己的，就应该听自己的话，或者想当然地认为自己这么做是为孩子好，却从来不考虑孩子愿不愿意接受。如果孩子对他们的意见稍微表现出不满，他们就会采取粗暴的态度，强迫孩子接受自己的意见。

笔者邻居家有一个特别可爱的小姑娘叫彤彤，平日里总是笑嘻嘻的。但是最近彤彤的情绪不太好，总是闷闷不乐，见了熟人也不愿意打招呼了。

这一天，邻居要出门办点事，拜托笔者照顾一下女儿。想到今天没什么

事，笔者就欣然应允。邻居走后，笔者拿出彤彤喜欢吃的零食和喜欢玩的玩具，并找出了彤彤喜欢看的动画片。但是彤彤却对这些视而不见，只是在一旁摆弄画笔。

笔者很好奇，走过去看了看彤彤画的画。她画了一个大人，张大嘴巴，口水飞溅，用手指着一个小孩，而小孩低着头，眼泪流了一地。看着这幅画，笔者很好奇，就问彤彤："彤彤，你为什么画这样一张画呢？"

彤彤抬头看了看笔者，眼睛红红地说道："你们大人很讨厌，老是要求我们小孩弹钢琴、学画画，我想做的事却不让做。"

看着彤彤委屈的脸，笔者问道："你想做什么，被谁拒绝了？"

在彤彤一字一句的叙述中，笔者了解到了事情的原委。原来，最近彤彤所在的学校要举办亲子日活动。彤彤被选出来表演节目，本来彤彤自己学了一段舞蹈，想在亲子日活动中表演。但是前两天彤彤的爸爸看了之后，认为女儿的舞蹈太幼稚，就让她改弹钢琴了。不管彤彤如何争取，彤彤的爸爸就是不同意彤彤跳那段舞蹈，因为他觉得太丑了，会被其他家长笑话。

后来，笔者让彤彤跳了一遍这段舞蹈，虽然有些幼稚，但正体现出彤彤这么大的孩子应该有的天真。

邻居回来之后，笔者将这件事情告诉了邻居，并劝他还是要尊重彤彤的决定。听完我的话，邻居叹了口气，说道："怪不得这几天女儿不愿意和我说话，原来问题出在这里。"最后，邻居表示会考虑我的建议。

彤彤的爸爸同意她在亲子日活动上跳舞了。最终，彤彤的舞蹈不仅没有被家长们笑话，还被大家称赞"太可爱了"。彤彤的爸爸也骄傲地向其他家长介绍："跳舞的是我的女儿。"

在这之后，父女两个的关系重新好了起来，彤彤又变回了那个活泼可爱的小姑娘。

在生活中，确实有很多家长不懂得尊重孩子，总喜欢用简单粗暴的方式来教育孩子。这样会让孩子变得敏感，小小年纪就学会察言观色。这其实是长期压抑导致的结果，被父母否定得多了，孩子就会去揣摩父母的心思，想着如何讨好父母，甚至有时会做出故意讨好父母的举动来。当孩子有这些行为的时候，父母就要注意了，因为这代表着孩子正在失去自我。他们通过讨好来与父母交流，进而压抑自己真实的想法。时间久了，孩子的心理就会变得扭曲。还有，当孩子的意志不足以压制自己真实想法的时候，就会激烈地反抗，最常见的就是与父母冷战，甚至离家出走。

所以，父母要想同孩子进行有效沟通，就必须克服粗暴的交流方式，以温和的方式对待孩子，充分尊重孩子，与孩子进行平等对话。

第四章

放下架子：学会跟孩子商量而不是命令

1．站在孩子的角度，把自己变成孩子

"我非常不愿意你……""听我说……""按我说的做……"几乎所有的父母都曾经不止一次说过这样的话。

为什么非要孩子按照你的意愿做事情呢？家长们不停地寻找和孩子进行高效沟通的方法。试问，单方面地按照家长的意思行事，还需要沟通吗？

家长朋友们，你们有没有真正思考过孩子想要的是什么，亲子间沟通的最终目的是什么。想要真实地去了解我们的孩子，必须学会换位思考，将自己变成孩子，以孩子的视角看世界。

晚饭后，阳阳拿着爸爸的手机听童话故事。阳阳喜欢一边听故事，一边看着手机里的图片一张一张地变化。可是，爸爸的手机设置了省电模式，超过 15 秒不触碰手机屏幕，就会自动黑屏。重进界面，需要输入解锁密码。每一次黑屏，阳阳都会求助妈妈解除黑屏。次数多了，妈妈决定教给阳阳具体的操作方法。

在妈妈的指导下，阳阳独自操作了几次，终于成功学会了。孩子兴奋得跳了起来："呵呵呵，太好玩了，还真挺好玩的……"看着儿子兴奋成这个样子，妈妈稍稍有些惊讶："至于吗？就这么一件小事情，你就高兴成这个样子呀。"母亲的话音刚一落地，孩子脸上的兴奋表情就消失了。

看着儿子有些沮丧的小模样儿，母亲意识到自己说错话了。作为一个 4 岁的小孩子，他对世界上的一切事物充满了好奇。当自己一个人成功做成一件事情时，那种兴奋的感觉不言而喻。想到这里，阳阳妈妈赶忙转换思想，站在孩子的角度思考问题。她连忙补救道："是不是不用妈妈帮忙也能自己做事，这种感觉很爽呀？"

儿子连连点头……

妈妈微笑着，故作神秘地说道："那我再教你一个更有意思的操作。"说完，阳阳妈妈领着他来到卧室，拿出一个小小的计算器，开始教他如何使用计算器。很快，卧室里传出阳阳充满惊喜的喊叫声："妈妈，太棒了！用计

算器我就能够答出老师问的问题啦！"

在这个事例中，阳阳妈妈及时地进行换位思考，体会到了孩子初学成功的那种喜悦心情，从而成功扭转了局面，走进了孩子的世界。这一点是值得家长们借鉴的。

在孩子的世界里，有其独特的思维逻辑。想要更好地与孩子进行沟通，需要家长们学会与孩子换位思考，最好把自己变成一个孩子，这样才能更好地体会孩子的感受。

（1）努力体会孩子的感受

当孩子受了委屈，"哇"的一声哭了起来，妈妈只是轻描淡写地说上一句"别哭了""不许哭""坚强一点"等，相信在孩子的心里一定会觉得更委屈，也会觉得妈妈不够爱自己，不了解情况，进而产生疏远的感觉。像这种情况，家长一定要努力体会孩子的感受，哪怕说一句"妈妈知道你有些孤独了"都可以让孩子感受到父母是理解自己的，因而更愿意亲近父母。可见，在与孩子的沟通中，体会孩子的感受是拉近距离的关键一步。

（2）站在孩子的角度，信任孩子

当孩子和父母诉说所经历的事情和感受时，父母要站在孩子的角度，相信自己的孩子，不要糊里糊涂地怀疑、误解孩子。要知道，父母和孩子之间相互信任是进行高效沟通的前提。

（3）耐心倾听孩子的心声，不要急于发表意见

父母在和孩子沟通的过程中，应该多一些耐心，认真倾听孩子的心声。事实上，作为成年人的我们，很难做到完全站在孩子的角度思考问题，习惯性地以成人的思维模式思考。因此，耐心倾听孩子的心声，无疑可以帮助我们全面了解孩子的所思所想。

2．平等，体现在生活细节上

现实生活中，父母总是高高在上，一副"我是家长，你必须听我的"的样子。在这种不平等的状态下，孩子不知道父母对自己的要求，父母不知道

孩子的真实想法。久而久之，亲子间缺乏必要的理解和沟通，从而造成了很多不必要的误会。

亲子间的交流沟通讲究平等。所谓的"平等"，是指既不过分放纵孩子，又不过于严苛地对待孩子，而是与孩子保持平等的地位。这种平等，体现在生活的种种细节上。

亮亮和其他小朋友不一样，他从来不吃独食，有什么好东西都会与他人分享。对此，隔壁李阿姨家非常羡慕。"你可真有福气呀，孩子太听话了，真孝顺。我家洋洋不行，他爱吃的东西一点也不让别人动。"李阿姨对亮亮妈妈说道。

亮亮妈妈和李阿姨的女儿是好朋友，两家人经常在一起吃饭。李阿姨说的这种情况，亮亮妈妈很快也发现了。

一次，两家人在一起吃饭。李阿姨家的洋洋爱吃餐桌上的馅饼，一连吃了两个，第三个怎么也吃不完了。大家担心小孩子吃多了，于是都劝他不要吃了。就这样，洋洋的饭碗里剩下了多半个馅饼。

为了不浪费粮食，李阿姨拿起洋洋吃剩下的馅饼吃了起来。洋洋和亮亮在一边玩耍。没过多久，洋洋看到了李阿姨在吃他剩下的馅饼，"哇"的一声哭了起来。大家不知道怎么回事，还以为孩子磕到哪了。还是李阿姨了解自己家的孩子，连忙说道："洋洋不哭，奶奶不吃了，给你留着。"李阿姨的话音刚落，洋洋停止了哭泣，委屈地说道："不要再吃我的馅饼了，放到冰箱里，留着我晚上吃。"

听了孩子的话，亮亮妈妈惊讶极了，问道："李阿姨，洋洋平时吃东西也不和你们分享吗？"李阿姨点了点头，说："小的时候孩子也会拿着食物给我们吃，但是我们都舍不得吃，每一次都拒绝了。现在大了干脆不让我们吃了。"

亮亮妈妈听完，知道了问题的根源，说道："我家亮亮每次给我们分享东西吃时，我们都会吃的。如果孩子给你东西吃，你总是拒绝孩子，时间久了，孩子就会以为你不想让他分享东西，最后就养成了孩子吃独食的习惯。"李阿姨听完，点了点头。

正如亮亮妈妈所言，孩子的思维很简单，家长说什么，孩子就会信什么。所以，作为父母，我们一定要调整自己的心态，与孩子保持平等地位，把孩子当成一个与自己一样的成年人来看，在生活的细节上平等地对待孩子。

（1）孩子有发言的权利

很多家长在孩子发言的时候，经常粗鲁地打断，如"小孩子家家，懂什么"，"闭嘴，大人说话，小孩别插嘴"，等等。试想，如果父母把孩子当成一个独立的个体，还会这样说吗？当然不会，很少有人这样打断成年人说话。只是因为父母把孩子当成是自己私有的，才会这样打断孩子，这是对孩子的不尊重。孩子虽然小，但也有发言的权利。父母不应该剥夺孩子发言的权利。只有这样，孩子才会愿意和父母沟通。

（2）遇事多和孩子商量

很多家长总是命令孩子，从不和孩子商量。就像是封建时代里的强权家长，甚至连子女的婚姻都不和孩子商量。这样做的后果是，父母代替孩子做一切决定，根本不和孩子商量，那还谈什么沟通，根本不用沟通了。

建议父母遇事多和孩子商量。事实上，商量的过程不就是在沟通吗？亲子双方平等地沟通，各自发表自己的意见。渐渐地，孩子也会产生责任感，懂得为父母分担，出谋划策。

3．建议取代呵斥、打骂

成长的过程中，孩子总是会犯各种各样的错误，闯下大大小小的祸让父母烦心。一会儿打碎了花瓶，一会儿又把邻居家的小孩子打哭了；一会儿逃课了，一会儿又考试不及格……用父母们常说的话："就没有个闲的时候，整个儿一个惹祸精。"

面对这些"惹祸精"，有的父母忍不住地训斥、辱骂，甚至给两巴掌。而孩子们在听到父母带有"杀伤力"的语言时，或是沉默不语、封闭自己，或是奋起反抗，与父母争执起来。无论他们做出何种反应，亲子间的沟通都在朝着不好的方向发展。

事例一：京京今年初三了，眼看就是考高中的关键时刻了，可是他的成绩还是那么差强人意。为了能够迅速提高孩子的成绩，京京爸爸制订了一套学习计划，让京京严格执行。尽管京京按照父母制订的学习计划安排学习内容了，但是成绩还是没有提升。京京爸爸有些生气，指着京京骂道："你怎么这么笨呀，别人都会，就你不会呀！"

事例二：婷婷妈妈决定利用空余时间好好培养孩子。于是，她来到书店，买了本《儿童数学思维》，回到家里，迫不及待地照本宣科，给四岁的婷婷讲了起来。讲了几页之后，妈妈发现婷婷根本听不懂，连最简单的"1+1=2"都理解不了。婷婷妈妈是个急脾气，说了半天孩子都不明白，她开始急躁起来，说话的声音也不像平时温和了，音调也高了几分。最后，干脆崩溃，控制不住暴躁的情绪，对孩子大声吼道："你快把我折磨疯了，难道我生了一个笨蛋吗？"一旁的爸爸有些听不下去了："你好好说话，这像一个做妈妈的说的话吗？"

类似事例在生活中并不少见，甚至可以说很多。父母们对孩子没有足够的耐心。孩子接受新事物的能力有限，父母说了半天，孩子可能依然理解不了，这时，有些父母就控制不住暴躁的情绪了，对孩子呵斥、打骂。难道这样就可以改变孩子理解不了的事实了吗？当然不能，这样做的后果只是让孩子产生抵触心理，越来越不愿意为进步而付出。

其实，孩子们是不可能完美的，无论在任何方面。父母们面对孩子的缺陷，不能只是吼叫、打骂、贬低、嘲讽，这有什么用呢？父母们不断地说："你必须……""你不可以……""你真笨……"为什么要这么说孩子呢？孩子不是父母的私有物品，想打就打，想骂就骂，孩子需要得到应有的尊重。

与其费力不讨好，惹得孩子和自己对着干，还不如给孩子应有的空间，让自己以建议者的身份，参与到孩子的成长中去，为孩子提出合理的建议，不强制干涉孩子的行为。而这种轻松、民主的沟通方式反倒会让孩子更容易接受父母的意见。

（1）心平气和地提建议

既然是建议，那么孩子可能采纳，也可能不采纳。无论孩子是不是采纳了父母的建议，父母都要摆正心态，尽量给孩子选择的空间，不要强制孩子采纳自己的建议。采用这种与孩子沟通的方式，意在拉近与孩子的心灵距离，从而促进亲子间的沟通，最终达到教育孩子的目的。

（2）给孩子提建议时，要有理有据，并向孩子真诚表述

"我希望……""我的建议是……"父母们在说这些话的时候，一定要如实陈述原因，说清楚为什么会向孩子提出这样的建议。孩子们在了解了父母的真实想法后自然也会有自己的思量。如果父母在表述建议时不说明理由，基于孩子尚不成熟的理解力，孩子可能不能完全理解父母的建议，从而错失更全面地思考问题的机会。

（3）将自己的观点转化成建议，孩子会更愿意接受

很多父母担心，如果不强制要求孩子执行，只是建议，恐怕力度不够，给孩子的选择权太大了。事实上，父母要尽可能放弃这样的担忧。如果父母提出的建议合情合理，孩子肯定会采纳，在没有他人强迫的情况下，孩子往往会显得足够明智。而且在执行这些建议时，孩子自主执行的效果定然比被迫执行的效果好很多。

4. 不将自己的意愿强加在孩子身上

有些父母经常会犯下"己之所欲，定施于人"的错误。也就是说，一些父母经常会将自己的意愿强加到孩子的身上。父母们这种"专制性"的行为严重阻碍了亲子间的有效沟通。

事实上，父母的意愿多数是好的。但是，这些意愿未必符合孩子目前的能力水平、情绪管控水平、智力发展水平、情商发展程度。不适合孩子的意愿，会让孩子感觉到压力，不仅对孩子的成长没有好处，还会影响孩子的心理平衡。因此，尽管父母的初衷是好的，也请父母不要将自己的意愿强加在孩子的身上。

小宁宁最近迷上了玩蹦蹦床，每天都缠着妈妈带他去蹦蹦床上玩。爱玩是孩子的天性，妈妈原本也没有打算限制孩子的天性，于是便满足了孩子的请求。

可是这天，天公不作美，呼呼地刮着寒风。宁宁还想去蹦蹦床上玩。妈妈没有同意，说："天气太冷了，在屋里玩吧，别出去了。而且，妈妈也没有时间陪你去。"

"不嘛，我就要去蹦蹦床上玩，我和那个小朋友约好了。你没有时间，我自己去吧。"宁宁犯起了犟劲儿。

"天这么冷，真的不能去，你会被冻感冒的。"妈妈终于说出了心里话。

"没关系的，我会照顾好自己的。"宁宁坚定地说道。

看着孩子心意已决，宁宁妈妈换了一种方式，说："这样好不好，你别出去了，我们一起看你最喜欢的《海底小纵队》，好不好？"

宁宁还是想要出去，不愿意听从母亲的建议。最后，母亲没有再说什么，而是给宁宁穿上了厚衣服，陪他下楼了。

小孩子就是这样，他们思考问题的模式很简单，只是单纯地"我想"，而不会综合其他条件整体思量。成年人则不同，因为生活阅历丰富，有经验，所以在考虑问题时会多方面思量，权衡之后再做出决定。尽管如此，面对孩子的单纯性思维模式，父母依然不要将自己的意愿强加在孩子身上，要尊重孩子的意愿，尽可能地为其做好辅助工作。

这就是建议式沟通的特点，父母有权将自己的想法以建议的形式传达给孩子。但是，父母的意愿并不能代替孩子的意愿，一定要客观、理性地与孩子沟通，要尊重孩子的意愿和自主性，允许孩子做自己的主人。

事实上，孩子被迫接受父母的意愿，反而更容易辜负父母的期待。因此，父母要学会尊重孩子，站在孩子的角度思考，理解孩子的内心需求，给孩子更多的空间和自主权，从而更好地引导孩子。

5. 多把决定大权交给孩子

建议式沟通的关键在于将决定的大权交给孩子。虽然父母们在原则性问题上保有独断专行的权利，但生活中的多数事情，还是应该尽可能地让孩子自己做决定。父母的角色仅仅是建议者，有提意见的权利，却没有决定的权利。

事实证明，建议式的沟通方式是一种非常高明的沟通方式，孩子在这样的环境下成长起来，通常更具有判断力和选择力，而且更有责任感。因此，建议父母们尝试这种沟通方式，让孩子在独立自主的家庭环境中，享受成长的快乐。

思思的妈妈文化水平很高，思考问题和看待问题的角度非常科学，在教育孩子方面亦是如此。在对思思的教育中，妈妈采取的是建议式沟通方式，凡是与思思有关的事情，从来都让孩子自己做最后的决定。

早上，妈妈通常会给思思搭配好两身衣服，让思思自己选择穿哪套；选择培训班也是如此，思思可以根据自己的喜好自行决定。妈妈的这种教育方式，让亲子间感情非常亲密，母女二人凡事有商有量，和谐极了。但是，妈妈依然会提出自己的意见和观点，通常思思也会非常赞同母亲的观点。

后来，农村的奶奶来到了思思家里。奶奶是一个非常强势的女人，看不惯妈妈如此纵容孩子。因此，她经常斥责思思妈妈，并且全权接管了思思的教育。一时间思思仿佛掉入了炼狱，吃什么、穿什么、什么时间做作业、什么时间玩耍、去哪玩耍等等，都要经过奶奶的批准。没过多长时间，思思受不了了，开始有了逆反的举动，专门和奶奶对着干。奶奶一说话，她不是堵着耳朵，就是回到自己的房间，关上房门。祖孙二人的关系日趋紧张。

爸爸见到祖孙二人如此不和睦，曾几次尝试着规劝奶奶。可是，奶奶依旧我行我素，不肯改变方式。最后，思思和奶奶的关系彻底决裂，不仅不接受奶奶的约束和管教，反而开始顶撞奶奶。奶奶则把责任归结到了思思妈妈的身上，认为是她以前太纵容孩子，导致孩子如此不服管教。

一次，思思又顶撞了奶奶。奶奶一气之下竟然打了孙女一个嘴巴。这件事情彻底触碰了思思的底线。思思将自己锁在屋子里，谁叫都不开门，也不去上学。一连几天都不肯和奶奶说一句话。为了让思思恢复以前乐观、开朗的状态，妈妈决定收回思思的教育权。奶奶见孩子在自己的管教下越变越糟，也就没有多说什么。

在这个故事中，在奶奶专制的教育方式下，思思已经产生了逆反心理，并且做出了很多逆反的举动——顶撞奶奶、把自己关在屋子里、不理奶奶、不去上学等，这都是在表达内心的不满。思思一改以前乐观、开朗、明理的性格，变得任性、自闭，这与奶奶不合理的教育方式有着直接的关系。

孩子在稍稍懂事的时候，就开始尝试着自己做决定，孩子们非常享受独立做决定的过程，不希望父母过度干涉他们。如果父母依然不肯放权，继续让孩子做自己手中的提线木偶，替孩子做决定，那必将造成很严重的后果：孩子们过度依赖父母，没有足够的判断和选择的能力。这样的孩子，即使顺利长大，也会非常不成熟，很难适应离开父母的生活。同时，他们的逆反心理也很重，与父母的关系不会太融洽。因此，为了孩子的未来，父母们一定要学会多让孩子自己做决定。

6. 家庭会议使亲子沟通更高效

孩子需要父母的管教和约束才能更好地成长，但这并不表示父母有权决定孩子的一切，像一个大独裁者，凡事一个人说了算，其他任何人都没有提出异议的权利。专制的父母习惯掌控孩子的一切，习惯威胁、恐吓孩子。当听到别人说"你家孩子真怕你，你说一他不敢说二"时，他们会觉得自己很了不起，很有权威。事实上，孩子怕你并不是什么好事情，更不能说明你有能力，反倒说明你很无能。

管教约束孩子的目的不是让孩子无条件服从，更不是敢怒不敢言。亲子之间的沟通不是战争，非要哪一方屈服，而是讨论会，人人都有发言的权利，人人都有思考的自由。

现在很多开明的家庭都开始举行家庭会议，以公平、民主的方式决定家庭成员的大小事务。这种形式的交流，深受孩子们的喜爱，让孩子们情不自禁地爱上了亲子沟通。

萌萌今年上小学六年级了。为了能够更好地学习，她想住校。于是，她拨通了妈妈的电话。

"妈妈，我想住校。"萌萌说道。

"好的，我知道了，晚上我们一起开个家庭会议。"妈妈说道。

吃过晚饭后，萌萌一家三口围坐在餐桌旁边。妈妈说道："今天我们这个家庭会议讨论关于萌萌是否住校的问题。萌萌，你来主持吧。"

萌萌点了点头，说道："我想住校。原因有两点：一、住校可以节省每天花费在上学路上的时间，利用这个时间，我可以做很多更有意义的事情；二、住校能够提高午休的质量，可以躺在床上美美睡上一觉，不用趴在课桌上午休。好了，我说完了，下面请爸爸妈妈发表意见。"

爸爸接着说道："我的建议是暂不住校，原因只有一个，那就是在家里，你能得到更好的照顾，从饮食到其他各个方面。"

妈妈认真听了爸爸和萌萌的想法，思考了一下，说道："基于提高午休质量和获得家人更好的照顾这两个方面考虑，我的建议是，向学校申请一个床铺，但不住校。这样一来，萌萌既可以好好午休，又能得到家人很好的照顾。"

之后，萌萌和父母又各自发表了一下意见，最后一致通过了妈妈的建议。

正如萌萌家，生活中越来越多的家庭形成了"家庭会议"的决策制度。在这个制度下，父母既不专制，让孩子有自己的权利，又能一定程度上约束孩子，还不伤害孩子的心灵。那么，家庭会议的召开，到底有什么优势和需要注意的地方呢？

（1）让孩子成为家庭会议中的一员，让孩子清楚了解父母的所思所想

父母与孩子之间的很多误会，都是因为沟通不到位，导致孩子不能站在父母的角度上考虑问题，对父母产生很多的误会和不理解。举办家庭会议的目的在于营造互相接纳的氛围，给孩子归属感，鼓励开诚布公的交流，为家庭成员提供了很好的沟通交流平台和协同合作的机会，让孩子更多地了解父母的真实想法，从而有效消除对父母的误解，促进亲子沟通更加顺畅地进行。

（2）家庭会议可以让父母更多地了解孩子

在家庭会议上，同样作为成员之一的孩子，感觉到了前所未有的平等，在没有了父母的约束的情况下，可以尽情地发表自己的观点。通过听孩子畅谈自己的观点、意见和心中的不满，父母可以更彻底地了解孩子的真实想法，从而更准确地打开亲子沟通的大门，与孩子近距离交流。

（3）让孩子主持家庭会议锻炼孩子的各种素质

让孩子负责主持家庭会议，可以充分锻炼孩子的领导能力、语言表达能力、思维力等多种能力。面对这样一个难得的好机会，家长们不应该浪费掉，应该充分利用起来，锻炼、培养孩子。

7. 给孩子提供足够的安全感

建议式沟通的另一个重要功能就是让孩子有足够的安全感。这种安全感的产生与父母和蔼、民主的沟通态度有着直接的关系。让孩子感觉到自己才是真正的决策者，有足够的权利做决定，而父母通常情况下，不会强行干涉，只以建议者的身份提出建议。这样，孩子会觉得自己和父母是平等的，父母并不可怕，从而在亲子沟通的过程中，可以心无顾虑地大胆表达。

小亮的妈妈对小亮管得非常严，从来不许亮亮吃零食。每次看到其他小朋友吃得美美的，亮亮馋得都快流口水了。于是，姥姥总是背着亮亮妈妈偷偷地给亮亮买零食吃。

有几次，看到亮亮吃着那些垃圾食品，亮亮妈妈对孩子发了火，责备亮亮不能约束自己。看着暴跳如雷的妈妈，亮亮吓坏了，当即表示不再吃零食了。之后，姥姥再给亮亮买零食，亮亮总是在楼下吃完，然后再回家，这样妈妈就发现不了了。

一次，亮亮从幼儿园回来，照例和妈妈拥抱了一下。眼尖的妈妈，一眼就看到了亮亮嘴边的薯片碎屑，知道孩子刚刚一定又偷吃零食了。于是，妈妈板起脸，问道："亮亮，刚刚你是不是又偷吃零食了？"

"没有呀，我没吃。"亮亮坚定地回答道。

"什么？你竟然还学会撒谎了，这还得了。"妈妈更加生气了。说完，妈妈将亮亮狠狠地教训了一顿，从大吼大叫到心平气和地给孩子讲"不能说谎"的道理。孩子终究还是有点小，对于妈妈说的话，有些听不明白。到最后，孩子不知道妈妈为什么发脾气，妈妈也不知道孩子到底有没有认识到错误。

这是一场很失败的亲子沟通。父母的沟通方式非常有问题，态度强硬，没有任何商量的余地，这种强势型的沟通方式，让孩子感觉很紧张、很害怕，没有丝毫的安全感。在这种情况下，孩子敢说实话吗？

其实，年幼的孩子是说不了太大的谎话的，通常情况下，只是因为害怕父母生气，自己受到惩罚，才说一点小谎话，父母们大可大事化小，不必太过认真。想要避免这种现象，父母需要调整与孩子沟通的方式，让孩子有足够的安全感，敢于表达自己的内心，这样一来，孩子说谎的小毛病自然会改正过来。

（1）孩子的小毛病要纠正，但无须上纲上线

没有完美的人，自然也没有完美的孩子。孩子的身上难免存在着各种各样的缺点、毛病。面对这些不影响孩子性格发展的小毛病，家长们要先从自身的教育方式找原因，温和引导，一般情况下，问题不会太大，不要急着上纲上线，给孩子的品行定性。

（2）鼓励孩子说实话

犯错误了，一想到如实告知父母可能要遭受惩罚，大多数孩子都会打退堂鼓。但是，如果孩子真的勇敢地向父母承认了错误，父母一定要先鼓励孩子说实话的行为，其次再考虑要不要惩罚孩子，这一点是非常重要的。纠正孩子的错误很重要，借此机会培养起孩子诚实的品行同样重要。

（3）尽可能地给孩子一个宽松的成长环境

除了一些关乎孩子人身安全和法律法规的事情之外，其他事情家长完全可以放手，让孩子自行决断。这样的教育方式，给孩子提供了更宽松的成长环境，让孩子有足够的安全感，更愿意向父母敞开心扉。

8. 允许孩子指出父母的错误

五岁的琪琪因为吵着要零食对妈妈乱发脾气，妈妈决定好好和孩子谈谈。

"琪琪，就你最近的表现，我想和你好好谈谈。"妈妈一本正经地对孩子说道。

"妈妈，你说吧。"看到妈妈严肃的样子，琪琪也不敢太放肆。

"我是你的妈妈，给你生命和养育你的人，是你的长辈，你是不可以像刚才那样对妈妈乱发脾气的。"妈妈说道。

"可是，妈妈你为什么对你的妈妈乱发脾气呀？上一次，外婆不知道做错了什么事情，你对外婆大喊大叫，把外婆都气哭了。难道外婆不是你的长辈，不是给你生命和养育你的人吗？"孩子的话，让妈妈顿时矮了一截儿。是呀，如果孩子对自己发脾气是错的，那么自己也犯了同样的错误呀。想到这，妈妈连忙说道："你说得很对，妈妈也做错事情了。我们两个都做错事情了，你指出我的错误，我也指出你的错误，我们一起改正，好不好？"

孩子想了想，说道："好吧，那你不对外婆乱发脾气，我就不对你乱发脾气了。"

生活中，父母是孩子学习的榜样，对孩子承担着教育和抚养的义务。但是，父母不是完人，也有犯错的时候。为公平起见，孩子也可以指出父母的错误。正如事例中的琪琪妈妈，在孩子指出自己的错误时，并没有恼羞成怒，而是虚心接受了孩子的批评。琪琪妈妈的做法是对的，孩子有权利指出父母的错误。这原本也是生活中很平常的事情。

父母不要担心被孩子指出错误之后，会丧失自己在孩子心目中的威信和做父母的尊严。只要父母勇于承认错误，改正错误，那么孩子是不会因此而看不起自己的父母的。相反，孩子会觉得父母很公平，知错就改，会因此更加尊重父母，并向父母学习，勇敢地改正错误。

（1）允许孩子指出自己的错误不是一件有损威信的事情

勇敢地接受孩子的批评，才是父母正确树立威信的开始，才能赢得孩子真正的敬重。犯了错误并不可怕，可怕的是，父母们为了维护自己所谓的"形象"，对自己的错误遮遮掩掩。父母如此不光明磊落的行为，不平等的做法，才会真正有损自己在孩子心目中的形象。

（2）父母犯错，改了就好

有些父母非常谨慎，在孩子面前一个错误也不犯。事实上，父母大可不必如此紧张，有的时候，父母犯的错误可以用来教育孩子，让孩子引以为戒。因此，父母们不必太有压力，犯了错只要做出示范、积极改正就好，给孩子树立一个"知错就改"的榜样。

（3）虚心接受孩子的批评

孔子说："三人行，必有我师。"父母是孩子的老师，孩子同样也是父母的老师。对于孩子的批评，父母要放下架子，虚心接受。这里为父母们提个建议——面对孩子的批评，父母要坚持做到：一、认真听取；二、深入反省；三、有错必改。

（4）真诚地道歉

如果父母的错误伤害到了孩子，除了要虚心接受孩子的批评之外，还要主动向孩子道歉。道歉时要真诚，不能口是心非，要让孩子看到你有悔改之意。这样的道歉对于孩子而言，不仅仅是父母的悔悟，更是弥补心灵伤害的良药。孩子们总是那么可爱，无论刚才哭得多么伤心，只要父母真诚道歉，立马又会与父母和好如初。

（5）当孩子指出自己的错误时，父母要向孩子道谢

孩子指出错误的过程，就是在帮助父母。父母要真诚地对孩子说声"谢谢"，这表明了父母谦虚接受的态度，也是对孩子行为的认可和鼓励，有助于提高孩子的自信心和分辨是非的能力。

第五章

批评的技巧：正确对待孩子的错误

1. 避免当众批评孩子的错误

父母不当众批评孩子的错误，孩子对自己的名誉和自尊会更加看重。为保护自己的名誉和自尊，他们会主动约束自己。相反，如果父母经常当众批评孩子的错误，那么，孩子就会变得毫无尊严可言。久而久之，他们会漠视他人对自己的看法，完全依从自己的心，想干什么就干什么。

父母望子成龙的心情可以理解，但对于孩子寄予过高的期望，容易导致恨铁不成钢的心理，对孩子一点点的错误都无法包容，非常容易发生孩子犯了错，家长情绪失控，当众批评孩子的事情。孩子渴望被呵护，被关爱，更渴望得到尊重和理解。父母当众批评孩子，会让孩子感觉没有面子，自尊心受到伤害，导致孩子的心理处于崩溃的状态，甚至严重扭曲。

冰冰是父母眼中的淘气包。冰冰的父亲一直坚信"棍棒底下出孝子"的教育理念，从小对冰冰严加管教，有时候甚至当众体罚孩子。尽管冰冰经常犯错，犯了错经常被父亲打，但这丝毫不影响他成为众人眼中的宝贝。

冰冰的爷爷是县城里重点中学的校长，爸爸在税务局工作。因此，冰冰家成了村里的头一户，典型的"名门"。自小，身边所有的人都高看冰冰一眼，同学们羡慕他有这样的家庭背景。

在这样的环境下，尽管爸爸经常当众批评他，但是冰冰早已习以为常，甚至不觉得自尊心受伤，还觉得有气魄的男孩子就需要经常犯错，就得从小挨爸爸的打。在这种扭曲、错误的心理指引下，冰冰在学校里也喜欢做坏学生，觉得这样很酷。

有什么样的行为，就会产生什么样的结果。冰冰倾心做老师和同学眼中的坏学生，自然成绩也好不到哪去。随着年龄的增长，冰冰或多或少也感觉到了，自己以前认为光彩的事情、很酷的事情，竟然没有多少意义。众人眼中的"酷"不知何时竟然转化成了"成绩好"。事实上，不是其他人转变了，而是冰冰的心态一直是错的。

冰冰扭曲的心理，与父母从小当众批评孩子的教育方式有关。父母错误的教育方式，让孩子觉得是在揭他的伤疤，导致孩子自尊心受到了很大的伤害，甚至产生了以丑为美的错误心理，误把不良的形象当成了酷帅的形象。

避免当众批评孩子，要求父母多站在孩子的角度想问题，尊重孩子，维护孩子的自尊心，这样有益于他形成一种自尊自爱的心理。一般具有这样情感的孩子，往往也会懂得尊重其他人，进而得到他人的尊重，生活因此变得更加美好。所以，在孩子犯错误时，父母一定要避免当众批评孩子。要知道，良好的家庭教育源于父母对孩子的了解、尊重和爱护，而非当众批评孩子。

（1）批评要点到为止，给孩子保留尊严

随着孩子年龄的增长，孩子对自己犯的错误会有一定的认识，这一点父母要充分考虑到，对孩子的一些错误，点到为止，不要过分批评，甚至要保持沉默，给孩子保留尊严。这样孩子反而会更加充分地认识错误，反省改过。

（2）批评要简短、有针对性

很多父母在批评孩子时，东拉西扯，说了一堆的废话。而此时此刻的孩子，只听见父母一通长篇大论，根本不知道父母想要说的是什么。时间长了，孩子开始听得不耐烦了，肯定会对父母的批评产生抵触。这样的批评没有任何作用，反而会让孩子更加叛逆。

生活中，父母对犯错的孩子进行批评教育是一件正常的事情，但批评的语言一定要有理有据，言简意赅，让孩子听得明白，觉得父母批评得有道理。

（3）批评要恰到好处

批评是一门学问，要结合孩子的心理承受力和认识错误的程度，决定批评方式。对于孩子的有些错误，父母必须立即制止，向孩子说清楚道理，不要让孩子产生侥幸心理。同时，父母要尽可能地缩短对孩子进行批评教育的时间，毕竟任何一种形式的批评，都有一定的打击性，对于孩子的自尊心或多或少会有一定的伤害。

2．犯错不是愚蠢、无能、没出息

四岁半的阳阳，在晚饭后和姥姥、妈妈一起去公园散步。在离家不远的地方，有一个公益公园，那里成了居民们散步的好场所。

阳阳也很喜欢这里，这里有滑梯、秋千、登山训练等器材，非常适合孩子玩耍。玩滑梯的小孩很多，在大人的维持下，孩子们按顺序排队，一个一个地溜滑梯。阳阳一开始没有注意到小朋友们排队的规则，一上去就插队了。还没有等妈妈开口制止，后面年龄大一些的小朋友立即制止了阳阳。看到阳阳因此乖乖排到后面的行为，妈妈尽管有些心疼，但也明白确实应该如此，孩子就应该遵守规则。

接下来，妈妈发现，只要阳阳见到阻止他的那两个大孩子就会立即闪开，排到他们后面去。阳阳是因为害怕他们才这样做的。妈妈思考了一会儿，鉴于是公共场所，也没有多说什么。

后来，玩了一会儿滑梯，阳阳提出要去玩秋千。玩秋千的人同样很多，姥姥等了半天终于等到了阳阳可以去玩的机会。也不知道是什么原因，姥姥似乎有些紧张，看到阳阳玩秋千出现了一个小小的操作失误后，竟然当着很多人的面，脱口而出："笨蛋。"一旁的妈妈听到这两个字后，脸色立马变了。她知道这两个字会对孩子产生什么样的伤害，很想立即反驳回去，但考虑到母亲的面子，又硬生生地把想说的话咽了下去。果然，孩子自己辩驳了几句之后，有些沮丧地说道："我不想玩了。"

看到孩子沮丧的样子，妈妈觉得非常对不起孩子。

孩子犯错不是他们愚蠢、无能、没出息的表现，作为家长，要允许孩子犯错误，有些错误代表着孩子在成长。事例中的姥姥的行为非常不妥，孩子从来没有玩过秋千，出现操作错误也是正常现象，怎么可以因此说出侮辱性的话语，致使孩子失去了玩秋千的兴趣呢？如果这是姥姥一直秉持的教育方式，那么，事例中的孩子最终失去的不只是对秋千的兴趣，还会失去更多的兴趣。因为孩子在尝试任何新事物时，都会出现这样那样的错误。这个时候，孩子需要的不是任何侮辱性的批评，而是鼓励。

（1）正确认识孩子的错误

一个合格的家长，在孩子犯错误后，首先要做的就是正确认识孩子的错误。孩子的有些错误，是成长过程中，在接受新事物时，因为对新生事物不了解，在磨合、了解的过程中产生的。面对孩子的这些错误，父母们不要随随便便地批评孩子，要鼓励孩子，在鼓励中引导孩子了解新事物。

（2）一定要明白，孩子犯错误与无能、愚蠢、没出息没有任何关系

孩子犯了错误，本来自信心就已经受到了打击，如果这个时候，父母再火上浇油，对孩子说出指责孩子无能、愚蠢、没出息的语言，那好，"恭喜"这位家长，在他的教育引导下，一定可以培养出一个自卑的孩子。

孩子的错误，可能是成长过程中必然的环节，也可能是基于某种错误的心理，还有可能是一时疏忽。无论哪种原因，都与孩子的智商和未来没有关系。既然没有关系，为什么有些父母非要说得这么严重呢？问题的根源在于父母，请父母自己思考并改掉错误的思想，以免殃及池鱼。

（3）批评教育的是孩子的行为，鼓励的是孩子本人

父母在批评孩子的错误行为时，应该秉持一个原则，那就是：批评教育的是孩子的行为，鼓励的是孩子本人。在这个原则的指导下，父母不会做出伤害孩子自尊心的事情，会帮助孩子将错误转化成学习、进步的机会。

3．暗示的魅力

"丁丁你能不能别这么贪玩，从早上跑出去，一上午都不见你的踪影，你都这么大了，放假了应该抽点时间帮帮爸爸妈妈了。"妈妈一如既往地唠叨着。

"哎呀，老妈你可别念咒了。爱玩是我们的天性呀，你看其他的孩子不也这样嘛，怎么就您天天唠叨来唠叨去呀。"儿子不耐烦地说道。

一旁看报纸的父亲虽然没有插话，却也在认真地听着母子二人的对话。午后，天气很好，父亲约上儿子去钓鱼。儿子很高兴地跟着父亲去了。

池塘边，草地上，父亲和儿子沐浴在大自然里，静静地等候着鱼儿上钩。这时，父亲说道："儿子，我给你讲一个故事吧。"

"好呀。"儿子答道。

"那天，我和你赵伯伯一起打扫单位食堂的烟筒。打扫完之后，我们俩都变成了黑人，身上沾满了烟灰。于是，我连忙去清洗，并换上了干净的衣服。你赵伯伯没有看到我脏乎乎的样子，只见到我干干净净的样子，还以为自己和我一样，也很干净。于是只是简单地洗了洗手，就上街去了。结果，赵伯伯的很多熟人见到他之后，全都捧腹大笑起来。这时，你赵伯伯才知道自己脏得快让人认不出来了。"父亲说道。

儿子听完之后，也笑了起来："赵伯伯可太逗了。"

爸爸接着意味深长地说道："是呀，他是挺逗的。事实上，通过这件事情，我忽然想明白一个道理，那就是不能片面地解释别人的行为，并盲目模仿。你不知道在你看不到的时候别人做了什么。"

儿子很快就明白了父亲的暗示，顿时觉得无比羞愧。

生活就是如此，有些话直接说出来，可能效果会很差，甚至会伤害孩子的心灵，激发孩子叛逆的心理。相反，换一种方式，暗示一下孩子，不仅不会伤害到孩子，还能让孩子醒悟得更加彻底。作为家长，在教育孩子的过程中，不能只采用硬生生的直接教育，要学会充分利用暗示的力量，效果会更显著。

每一个孩子都有自尊心，父母都应小心呵护孩子的自尊心。因为有了自尊心孩子才能很好地约束、克制自己，才能及时反省自己、改掉不良习惯，才能懂上进、知廉耻，从而成为一个自尊自爱的好孩子。所以，父母做任何事情都不要以伤害孩子自尊作为代价。何不尝试一下暗示的方法呢？

（1）善于发现问题的根源

正如事例中的儿子，之所以不反思自己贪玩的行为，是因为他觉得其他孩子都如此。所以，习以为常，认为自己也没有错误。智慧的父亲在第一时间找到了问题的根源，于是对症下药，直指病灶，很快就药到病除，孩子意识到了自己的错误。

（2）采用的暗示工具要恰当

采用暗示的方式教育孩子，一定会有暗示的工具。父母们要想充分发挥暗示的魅力，就必须选择恰当的暗示工具，这样才能事半功倍。正如事例中的父亲，采用了非常恰当的暗示工具——工作上的小笑话，对儿子进行了暗示，果然效果非常显著。儿子彻底意识到自己的错误，与恰当的暗示工具有着密切的关系。

（3）摒除硬教育的思想

很多家长固执地认为：孩子就是要打、要骂，这样他们才会长记性。这样的教育理念已经过时了，事实证明这种教育理念存在着很大的弊端，会伤害到孩子。因此，父母们一定要摒除硬教育的思想，不要再让它出来为非作歹了。

4．在错误中学到了什么

其实，无论孩子犯了什么错误，父母采用什么样的教育引导方式，最终的目的只有一个：让孩子们在"错误"中学习？

"浩浩，妈妈这几天一直很后悔，因为那天当着你的面和你爸爸吵架的事情。"妈妈说道。

看着妈妈自责的样子，孩子问道："后悔什么，您觉得自己哪里做错了？"

妈妈说道："其实你爸爸也没有做什么太大的错事，只是工作了一天有些累了，晚上回到家里就没有力气管家里的事情了。而我呢，也是如此，忙了一天回到家里还有一堆的家务事要做，还要照顾你，而你爸爸一点也不为妈妈分担，妈妈就生气了，所以对你爸爸的态度非常恶劣，好像还动手打了他一下。"

儿子认真地听妈妈说完，对妈妈说："妈妈，其实爸爸也有错，但是您的态度不好，可以好好和爸爸沟通呀。这件事情，您不用再后悔了，只要认识到自己的错误就是进步。相信爸爸也不会怪您的。"

看着只有六岁的儿子竟然说出这样的话，妈妈一边为孩子的进步感到高兴，一边又思考着："孩子虽然小，但是他什么都懂，看来以后和孩子沟通时，更要尊重他了。"

生活中也是如此，很多时候，孩子比我们想象中懂事多了。也许只有我们自己还一直把孩子当小孩，其实，孩子已经很成熟了。正如事例中的儿子，虽然只有六岁，却说出了问题的关键：妈妈没有必要自责了，只要能从错误中学到东西，这就已经可以了。

童言总是很简单，但往往越简单的话越是真理。成年人在社会上摸爬滚打很多年之后，竟然渐渐忘记了最简单的真理。的确如此，犯错有什么可怕的，有什么可后悔？只要能够认真总结经验和教训，从中学到东西，那么，这个错误犯得就很值得。

(1) 错误可以导向进步

为什么人会犯错？因为是人就会有缺点，这些缺点就是导致人们犯错的原因。从犯错到改错，是一个从发现缺点、不足，到弥补缺点和不足的过程。这个过程恰恰是人们进步的过程。因此，错误也可以导向进步。

(2) 总结经验和教训

认识到错误之后，就要从错误中总结经验和教训，这个环节非常重要。无论是谁，想要从错误中学到东西，都必须经过这个环节。俗话说："没有总结，就没有进步。"是的，总结经验和教训的过程就是孩子提升思想高度的过程。因此，总结经验和教训这个环节，是犯错之后自省的重要环节，绝对不能跨越。

(3) 摆正心态，重新来过

犯了错，真的不要紧，特别是孩子，在与这个陌生的世界一步步熟悉的过程中，犯错误是太正常不过的事情了。只要孩子能够认真总结经验和教训，认识到错误的本质，摆正心态，信心满满地上路就可以了。

5. 鼓励做错事的孩子

五岁的女儿依依能像个小大人一样独立吃饭。可是，她总是将饭粒掉到桌上。每次，依依刚把饭粒掉出来，爸爸就会板着个脸，低声说道："怎么回事，你把手放到桌子上来，好好吃饭。"孩子总是胆怯地看着爸爸。

时间久了，每当依依将饭粒掉到桌子上，不管爸爸在不在家，依依都会紧张地偷看其他人的脸色。看着女儿害怕、紧张的样子，妈妈很心疼。于是，她专门找了一个时间与依依爸爸进行了沟通，指出爸爸对孩子太过苛责，孩子是需要鼓励的，不能一味批评。依依爸爸也认识到了自己的错误。

后来，有一次全家人在一起吃饭时，依依又把饭粒掉在了桌上。她立即紧张地看了一眼爸爸。只见爸爸微笑着看着依依，说道："依依，爸爸之前错了，总是批评你，其实你这么小就能够独立吃饭，已经很了不起了，爸爸不应该过分苛求你。你能原谅爸爸吗？"

依依紧张的小脸上立即露出了笑容，她点了点头，说道："没有关系的，爸爸犯了错，依依也犯了错，我们一起改正。"

从那以后，依依在吃饭的时候，努力做到不掉饭粒。有时候，即使掉了饭粒，她也不会再像以前那样紧张了，只是默默提醒自己再继续努力。

事实上，对于一个只有五岁的孩子而言，是不可能用好筷子的，吃饭的过程中掉了几粒饭粒，不是什么错误，父母没有必要对孩子太过严格。如果孩子的一点点错误都要受到父母的冷眼、惩罚，孩子会觉得很压抑，时间久了，孩子会吓出毛病来的。事例中，依依的爸爸为自己的错误及时向孩子道了歉，避免了不良后果的发生，这是一件值得庆幸的事情。

生活中，父母严格要求孩子是为了孩子能够成才，这份望子成龙的心情是可以理解的。但是，父母一定要注意，无论对自己的孩子寄予什么样的期待，都不能太过苛责犯了错的孩子。因为，孩子们犯错时，也是他们心理最脆弱、最需要鼓励的时刻。如果这个时候，父母对孩子进行无情的打压，只会让孩子越来越没有信心，甚至破罐子破摔，干脆一错到底。

那么，父母应该怎样对待犯了错的孩子呢？

（1）绝对不能打压孩子

"你可真够笨的，干什么也干不好""早就知道你做不成""除了犯错，什么也不会"……类似这样打压、贬低孩子的话，最不应该从父母的口中冒出来。原本孩子已经心生悔意了，可是面对父母无情的贬低，孩子内心的逆反情绪会被激发出来，会因此与父母对着干，一错到底。或是原本不自信的孩子更加不自信，失去了继续尝试的勇气和信心。这两种情况，对孩子都没有好处。因此，父母绝对不可以在孩子犯错的时候，借机打压孩子。

（2）鼓励孩子继续努力

世界上原本也没有所谓的"一帆风顺"，做任何事情都会或多或少地犯错。这是很正常的事情，父母们一定要将自己的人生经验告诉孩子，让孩子正确看待自己的错误，从错误中总结经验和教训。

（3）安慰孩子：犯错会离成功更近一步

世界上最大的错误就是不犯错。因为只有那些什么也不去做的人才能确保什么错也不犯。做事情越多，犯的错就会越多。孩子们犯错了，从错误中得到教训，他们将越来越会"走路"，越走越好，终有一天，他们会跨越所有的错误，抵达成功的彼岸。

6. 点拨法，教孩子自我反省

当当是个大孩子了，自尊心很强，通常是父母还没有深入批评他的错误，他就已经眼泪汪汪的了。爱哭的最大好处就是父母接下来的批评强度会大大减弱。

这一天，当当妈妈正忙着一项很重要的工作，当当却非要妈妈和他一起做游戏。

"妈妈，和我一起玩吧，我们玩超人打怪兽的游戏吧。"当当趴在妈妈的后背上说道。

"当当乖，妈妈现在有些事情要处理，你自己玩一会儿，好不好？"妈妈一边工作，一边对孩子说道。

"我不嘛，我就要妈妈陪我玩。"孩子有些执拗起来。

接下来，无论妈妈怎么说，当当就是缠着妈妈，不让妈妈安心工作。为了能够让妈妈放弃工作，当当径直关闭了妈妈的电脑。做了一半的表格还没有保存，这就意味着妈妈的工作白做了。

妈妈顿时火冒三丈，气急败坏地吼道："干什么呀？就知道玩，你没有看到我正忙着吗？一点也不知道体谅父母的难处。"

就这么一句话，当当立即转过身去，面对着墙壁一动不动地站着。时间一点点过去，妈妈渐渐恢复了平静，看着一旁的当当，妈妈有些后悔。

"当当，你怎么了，生气了吗？妈妈想抱抱你。"妈妈温和地说道。

听到母亲温柔的声音，当当"哇"的一声哭了起来，委屈的泪珠一串串地掉下。

妈妈笑了笑，说道："好了好了，当当，如果你正在专心致志地做着一件事情，妈妈偏要打扰你，比如你正在专心地看动画片，妈妈却不停地和你说其他事情，你会不会也觉得不舒服呀？"

"可是你也不能大吼大叫呀。"当当委屈地说道。

"是的，妈妈对你大吼大叫的确不对，你批评得很对，对不起，我以后一定注意，不再对你大吼大叫了。"妈妈真诚地向当当道歉。对于当当的错误，妈妈再也没有多说什么。

事例中的当当属于敏感型的孩子，心理脆弱，自尊心很强。当这样的孩子犯错时，父母一定要掌握好批评的尺度，点到为止，不能伤害孩子的心灵。事例中的妈妈，虽然最开始被愤怒冲昏了头脑，对孩子采取了极端行为，但后来及时反省，对孩子的错误点到为止，就自己犯的错误真诚向孩子道歉。这样的处理是很妥当的，维护了孩子的尊严，至于孩子的错误，他自己会反省的。

生活中，很多父母不愿意相信孩子具有反思能力。事实上，多数孩子对自己犯下的错误是有一定判断力的。父母对于这样的孩子，根本不用采取极端的批评方式，只需轻轻点一下，让孩子意识到自己的错误，余下的反思工作大可放手交给孩子。这也是对孩子的一种尊重。孩子感恩父母对自己的尊重与包容，会更加认真地反省自己。这样的批评所产生的效果远远大于急赤白脸将孩子数落一顿的效果。

（1）不要经常批评孩子

父母要尽可能减少对孩子的批评。如果父母平时极少批评孩子，当孩子犯了一个必须要挨批评的错误时，父母的批评会引起孩子的重视。他们会非常认真地反省自己的行为，并且对这次的错误记忆深刻。相反，如果父母整日里叨叨孩子，搞得孩子非常反感，等到孩子真的做出了必须要被批评的错事时，父母的批评却丝毫不会引起孩子的重视。因为孩子已经习惯了父母的叨叨，对父母的话根本不当回事了。因此，父母一定要学会运用点拨法，在关键的时刻，点拨一下孩子的言行。

（2）点到即可，说过去就不再提了

"你可别再像以前一样，非要等到暑假快结束了再写作业。"很多父母都曾经说过这样的话。以前的事情不是已经过去了吗？为什么还要提？这两个问题，问问这些旧事重提的父母们。

对于孩子的错误，言简意赅地说一次就可以了，不要反复说。有的父母说："我担心说一次，孩子记不住，不知道反省自己。"这么想就错了，说一次，孩子记不住，说很多次，孩子就不是记不住，而是不想记了。每个家庭都有自己的模式，有的家庭给予孩子应有的尊重，将反省的工作交与孩子本身，这样的家庭教育出来的孩子，只要父母轻轻一点拨就懂得自我反省。

（3）借助其他事或物点拨孩子

总体而言，点拨式的批评沟通，主要原则就是含蓄，为了更好地尊重孩子，不直接批评孩子。这样的批评方式，给足了孩子面子。一般情况下，父母给孩子留情面，孩子也会效法父母的言行，给足父母面子。所以他们会更自觉、更认真地反省自己。

7. 犯错的孩子需要理解和宽容

父母们面对孩子犯错，首先要理解、宽恕，其次是多沟通，耐心纠正。最终的目的是让孩子能够吸取教训，改正错误，让错误成为孩子学习的好机会。

"这孩子，每天就知道看电视，不让看就哭。"李坤的妈妈向爸爸抱怨道。

"那你预备怎么办？需要我出面和孩子沟通沟通吗？"爸爸一边忙着手上的事情，一边说道。

"不用了，你说也不管用，一会儿你去把网线拔了吧，孩子终究是孩子，自控力还很差，咱们只能通过这种方式控制了。"妈妈说道。李坤妈妈的想法很简单，既不能一点也不让孩子看电视，又要控制孩子看电视的时间。没有网络之后，电视只能播放直播节目，播完一集动画片之后，就换成其他节目了。如此一来，无形中控制了孩子看电视的时间。

爸爸觉得妈妈的想法很好，过了一会儿，便把网线拔了。

第二天，李坤又吵着看电视。妈妈说道："是这样的，现在咱家没有网络了，所以只能看直播电视，不能像以前那样选片连续播放了。"

李坤一听很沮丧，但是也没有办法，只好接受了。事后，妈妈又对孩子讲了不能长时间看电视的道理，让孩子明白长时间看电视的危害。

这个事例中，李坤的妈妈在处理孩子看电视这件事情上，表现得很冷静，解决问题的方法也很智慧。一般来说，如果父母反复说教了好几遍，孩子依然我行我素，不肯悔改，那么，父母一定会暴跳如雷，对孩子大吼大叫，以发泄心中的不满和愤怒。但是这样的行为只能让孩子暂时屈服，并没真正解决问题。可是，李坤的妈妈并没有因此而愤怒，而是对孩子表示了理解，并想出一个针对孩子自控力不足的方法。最后，李坤妈妈和平解决了问题。

事实上，父母对犯错的孩子多一些理解与宽容，更容易与孩子进行心与心的对话、交流。孩子们会感激父母能够站在他们的角度，理解他们错误的言行，从而摒弃逆反的心理，理智、正确地看待自己的错误，并采纳好的建议。这样的教育效果，是父母希望看到的。所有的父母都不希望惩罚自己的孩子，他们只是希望孩子能够知错就改。正如古语所说，"人非圣贤，孰能无过？过而能改，善莫大焉"。父母的希望正是如此。

那么，父母怎样做到宽容对待孩子的错误呢？

（1）先弄清楚孩子为什么会犯错

是因为一时糊涂，还是故意为之？如果是一时糊涂，那么只需提醒孩子日后多多注意。如果是孩子故意为之，那么父母一定要先搞清楚孩子的心理，弄清是哪些事情、什么原因导致孩子产生了极端心理。只有弄清楚孩子犯错的真正原因，父母才能对症下药。

（2）控制好自己的情绪

很多父母看到孩子犯错，负面情绪就开始泛滥，怎么忍都忍不住，非要一股脑地发泄出来。面对这样的父母，真的很想问问，这样怎么教育孩子呢？

父母不能控制好自己的情绪，就无法理智对待孩子的错误，就不能正确教育、引导孩子，很可能会导致亲子关系僵化，孩子错上加错，越走越远。因此，如果父母真的想为孩子好，那就首先要控制好自己的情绪。

（3）给孩子改正的机会

孩子犯错是很正常的事情，改了就可以了，父母千万不可抱着老眼光，对孩子不依不饶。否则，即使孩子有心想改，或是已经改正了，也会被父母的有色眼镜逼回旧路上去。

第六章

表达的艺术：交流要走心，把话说到孩子的
心坎里

1．留意自己日常说过的话

现在很多家庭教育中普遍存在着一个问题，那就是父母随便许诺，之后又不信守承诺。也许很多家长并不认可这个说法，认为只要自己正式向孩子许下诺言，一般情况都会守诺。的确如此，父母们只记得信守正式的诺言，却忘记了那些随口说过的话。也许正是因为随口一说，所以父母并没有放在心上，可是孩子却不这样想，在他们看来，都是父母说过的话，都应该算数。

信用是难得易失的，很多时候，父母花了很大力气建立起来的信用，就因为那些随口而出的话而失掉了。在亲子沟通的过程中，诚信可以让沟通更有力度，提高沟通的效率。但是，父母们一定要留意自己日常说过的话，不要一时失言，让自己成为没有信用的父母。

周末，外婆带着亮亮去公园里游玩。春暖花开的季节，公园里百花齐放，吸引了许多漂亮的蝴蝶。亮亮和其他几个小朋友自发玩起捉蝴蝶的游戏。孩子们你追我赶，玩得不亦乐乎。

眼看到了吃午饭的时间，外婆赶忙招呼亮亮回家。亮亮还没有玩够，噘个小嘴说什么也不肯回家。为了哄亮亮回家，外婆对亮亮说道："亮亮听话，现在和外婆回家，外婆给你买一个大玩具。"

"玩具？那可是我的最爱。"亮亮立刻答应和外婆回家。

路过玩具店的时候，亮亮提醒外婆："外婆，玩具店到了，我们去买玩具吧。"

外婆支支吾吾地说道："亮亮呀，是这样的，这家玩具店里的玩具太贵了，咱们可以去网上看看，一样的玩具，网上会便宜好多的。"

"那好吧，回到家里我们去网上买吧。"孩子尽管有些失望，但还是很通情达理的。

回到家里之后，玩了一上午的亮亮很快就忘记了买玩具的事情。外婆原本也没有打算给亮亮买玩具，只是为了哄他回家，随口一说。因此，外婆也没有提起这件事情。

一连过了几天，忽然有一天，亮亮指着外婆大声说道："外婆骗人，说要给我买玩具，却说话不算话。我以后再也不相信外婆说的话了。"

一旁的妈妈听到之后，问清缘由，赶忙说道："亮亮你误会外婆了，外婆没有说话不算话，只是年纪大了，爱忘事情，她不是故意的，你记忆力好，应该提醒外婆呀。"

亮亮觉得妈妈说的有道理，于是原谅了外婆。接着，妈妈陪着亮亮一起挑了一件心仪的玩具。

这个事例告诉我们，答应孩子的事一定要兑现，不能哄骗孩子。生活中，有很多家长，如亮亮姥姥一样，为了哄得孩子听话，就随口承诺，之后再找各种理由拒绝履行诺言。许了诺又不兑现，这种行为不仅会让孩子失去对父母的信任，甚至还会引导孩子走向没有诚信、没有责任感的极端。

研究表明，孩子没有足够的思考和判断能力，却有极强的模仿能力。孩子身上的很多行为习惯和思想都来自对父母的模仿。如果父母在与孩子交流的过程中不注意言行，随口许诺，哄骗孩子，孩子就不会相信自己的父母。同时，父母不诚信的习惯也会深深影响孩子，导致孩子长大以后成为一个没有信用的人。

事实上，很多父母并不是真的想要不守承诺，只是很多诺言带有很大的盲目性、应付性、随机性，甚至欺骗性。父母没有真正把这些诺言记在心中，时过境迁，一转身就忘记了。这种行为一定要杜绝，父母们不管怎样都不能给孩子留下不守信用的印象，这就要求父母们必须做到以下两点：

（1）答应孩子的事情一定要做到

不管是何种场合、出于何种目的，只要是父母对孩子说过的话一定要算数，一定要实现。如果父母因为一时冲动说了根本无法实现的话，那么也一定要如实告知孩子，并与孩子协商更换要求，来弥补对孩子造成的伤害。这样做的目的，只是让孩子日后想起这件事情来无话可说。

（2）说话时要谨慎，做不到的事情或是不会去做的事情，千万不要答应

很多家长经不住孩子的哭闹、哀求，应付性地暂时答应了孩子的请求，而心里并没有打算兑现。家长的这种做法是错误的。不管因为什么，只要自己做不到或是根本不会去做的事情，无论孩子怎么哭闹、哀求，家长都不可以答应，不能欺骗、应付孩子。

2. 标准要始终如一，不能朝令夕改

对于亲子间的沟通，很多家长都意识到了它的重要性，问题的关键在于沟通的方式和技巧。有些父母非常重视和孩子间的沟通，但是没有什么技巧和好的方式，导致沟通了反倒让孩子有些不知所措，还不如不沟通。

小光今年四岁了，开始有自己的小主意了，动不动就和父母沟通，表达自己的想法。考虑到孩子处于培养好习惯的关键时期，妈妈规定小光晚上九点必须上床睡觉。

刚开始，小光非常不适应，因为之前一直很晚才睡。为了纠正小光晚睡的坏习惯，妈妈每次都强行将小光抱到床上去，硬按着睡觉。孩子又哭又闹。爸爸有些心疼，说道："让他再玩一会儿吧，孩子中午睡的时间长。"

"那可不行，规定就是规定，定好了不遵守那还叫规定呀？"妈妈坚定地说道。

在妈妈的帮助下，小光的作息习惯终于开始改变了，每天到了九点就开始犯困，躺在床上没一会儿就睡着了。

又过了几天，小光妈妈带着他去同事家做客。二人聊得非常高兴，一直聊到晚上九点，妈妈还没有要走的意思。小光坐在沙发上，手里拿着一本漫画书，不住地打瞌睡。

"妈妈，我困了，我想回家。"小光说道。

"你先玩一会儿，实在不行就看看动画片吧，妈妈和阿姨还有事情谈。"妈妈说道。

又过了一会儿，小光又说道："妈妈，我想回家，我不想看动画片了。"

妈妈有些不耐烦："你这个孩子怎么回事呀，平时不让你看你非要看，今天让你看你又不看了。再等会儿！"

小光有些迷糊了，心想："平时到了九点不想睡觉是错的，今天到了九点想去睡觉怎么也是错的呢？"

事例中小光的疑惑是情有可原的。孩子的是非观非常明确，对于妈妈提出的九点睡觉的规则，小光认为必须执行，不执行就是错的。可是，当妈妈为了多和同事聊一会儿而破坏规则时，小光企图遵守规则又成了错的。母亲的复杂、多变的是非观，孩子根本理解不了。事例中的妈妈给孩子留下了一个"规则不如一，随时可以更改"的印象。规则失去了应有的权威，就不足以约束孩子的言行。特别是违反规则的人竟然是制定规则的人。小光对妈妈的诚信表现出了深深的怀疑。

现实生活中，父母们在约束孩子的过程中一定要保持标准始终如一，不能朝令夕改。也就是说，父母在与孩子沟通时，不要随意更改以往对孩子的要求，这样一来，孩子就会加深对父母的信任，从而获得更多的动力。那么，父母应怎样保持标准始终如一，不朝令夕改呢？

首先，父母要保持稳定的态度。

父母今天很高兴，于是对孩子百般纵容，由着孩子的性子来，也不管什么所谓的规则、要求了；父母今天不高兴，就对孩子百般挑剔，鸡蛋里挑骨头，孩子做什么都看不顺眼，都是错的。态度这样不稳定，怎么能够成为维持标准始终如一的执行者呢？因此，父母要保证标准的始终如一，首先要调整好自身的心态。

其次，父母要带头遵守规则。

通常情况下，给孩子制定规则的人就是父母。作为规则的制定者，一定要带头维护规则的权威性，不能随便违反规则。

最后，制定规则时要考虑周全。

把一些可能会发生的特殊情况都考虑进去，避免在实施的过程中，实际情况与规则发生冲突，让父母和孩子陷入两难境地，这样的规则才更严谨、更实用。

3. 不要给孩子开空头支票

所谓"空头支票"，是指家长为了哄骗孩子去做某件事情，以另一件孩子感兴趣的事情或食物作为诱惑，这里令孩子感兴趣的"诱饵"就是空头支票。空头支票，只是父母许下的一个不会兑现的承诺。

面对空头支票，孩子们经不住诱惑，一次又一次上当，相信了父母。结果，孩子们一次又一次地失望，最终导致孩子心理失衡，对父母失去了信任，对他人也失去了信任感。这样的孩子，因为缺乏对他人的信任感而变得多疑、敏感，无论在人际关系上还是家庭生活中，都不能很好地与他人交往。

平平今年三岁了，是典型的留守儿童。父母全都外出打工，她自小和奶奶生活在一起。随着年龄的增长，平平越来越渴望父母的陪伴。每次父母回家之后，平平都不希望他们再离开自己。平平的爸爸妈妈也感受到了孩子的变化，但为生计所迫，他们不得不狠下心肠一次又一次地抛下年幼的孩子。

也许是为了让平平心里好过一些，一次，当平平拉着妈妈的包不肯放手时，妈妈对平平说："好孩子，妈妈去城市里给你买大飞机去，等爸爸妈妈回来时肯定会给你带回来的。"

听了妈妈的话，孩子终于松开手了。从这天开始，孩子天天盼着父母回家。终于，春节到了，爸爸妈妈回来了，平平高兴极了。可是，当平平向妈妈要之前答应的大飞机时，妈妈傻眼了。那只是为了哄孩子放手随口说的，没想到孩子竟然惦记了这么长时间。妈妈觉得有些对不住孩子。于是，她承诺过几天一定给平平买件漂亮的衣服。

平平平静地看着妈妈，脸上没有任何表情。从那以后，平平变了，和爸爸妈妈不像以前那么亲热了。妈妈以为孩子一时生气，一两天就过去了。后来，爸爸妈妈进城办年货时，顺便给平平买了一件特别漂亮的衣服。

妈妈将衣服递给平平时，说道："平平，你看妈妈没有骗你吧。"

平平默默地接过衣服，走进自己的房间。家人还以为孩子自己去试衣服了，还静静地等着看衣服上身的效果。可是，过了好长时间，平平都没有出来。妈妈推开房门，走进去一看，不禁愣在原地，眼前的一幕，让家里所有的人都浑身发冷。平平竟然将妈妈买的新衣服用剪刀剪成了一条一条的。看着孩子充满寒意的目光，妈妈忍不住哭了起来。

孩子是单纯无邪的，他们愿意相信别人，特别是自己的父母。孩子与父母之间确确实实存在着联结。这种联结，让孩子对父母有着很深很深的信任感。特别是当父母的许诺深入孩子心灵时，孩子会日日期盼。而这种期盼一朝落空之后，孩子的心理落差可想而知，因此心理失衡也是在所难免的。

从上面的事例可知，平平面对期盼了很久的"空头支票"，心态发生了很大的变化。通过平平那充满寒意的目光不难推断出孩子内心的伤痛有多严重。这种伤痛，恐怕父母花费一生之力也无法治愈了。

将心比心，换位思考一下，如果我们被身边最亲近的人欺骗、玩弄，内心是一种什么样的感受？孩子也是如此，尽管孩子不能很好地表达出自己的内心感受，但这并不代表父母就可以忽视孩子的感受。不要让任何事情和理由成为父母对孩子开出"空头支票"的借口。请不要让事例中平平承受的伤痛在我们的孩子身上重演。

4．陪伴，是最好的沟通

在亲子沟通中，没有比父母的陪伴再好的沟通了。对此，印度前总理甘地夫人曾经说过："当一个人只有很有限的时间供自己支配时，他自然会花在最需要的地方。不管我怎么忙、怎么累、怎么不舒服，我总要抽出一些时间和我的儿子一块玩，一块读书。"是的，这不仅是母亲的义务，也是孩子们应该享有的权利。

天色已经黑透了，父亲拖着疲惫的身子回到家里，原以为五岁的阳阳已经睡着了，不想小家伙依然在等他。

听到爸爸开门的声音，阳阳立即从床上跳了起来："爸爸、爸爸……"

看到儿子张着小手扑向自己，父亲高兴地抱起了孩子，在他的小脸上亲了一下。

"今天怎么回来这么晚呀？我等了你好久了。"儿子奶声奶气地问道。

"爸爸有事情，耽误了一会儿，你不睡觉等爸爸做什么？"父亲问道。

"爸爸，你忘记了吗？今天你要给我讲超人的故事。昨天你说你太累了，要今天才给我讲。"儿子说道。

"哎呀，这个呀，明天吧。爸爸今天比昨天还累。再说这么晚了，你必须要睡觉了。"爸爸无奈地说道。

"爸爸骗人，爸爸永远都没有时间陪我。"说完，孩子挣扎着从父亲身上下来。

跑到卧室门口，阳阳突然停了下来，问道："爸爸你每小时赚多少钱？"

儿子没头没脑的问题，问住了父亲："啊，这个，大约三十元吧。"

孩子听完头也不回地跑回了自己的房间。没过多久又跑了出来，手里捧着一大把硬币，说道："爸爸，这些都给你，明天你早回来一个小时，好吗？"

看着儿子手里的硬币，爸爸难过极了……

职场竞争激烈，压力大，越来越多的父母，一头扎进职场里，忙着工作，忙着充电，忙着赚钱，忙着应酬，陪孩子的时间越来越少了。对此，父母们也是满腹委屈："我们这么做也是为了孩子呀。只有有了钱，我们才能给孩子提供更好的生活呀。"然而，这些父母都忘记了，孩子们需要的不仅仅是富裕的物质生活，更需要精神层面的支撑。孩子们需要父母的陪伴，没有爱的家庭，即使再富有，孩子们也不会感到幸福。

（1）最不能挤压的时间就是陪孩子的时间

你可能在社会中身兼数职，但是面对孩子，你就是父母，无可替代的专职父母。不管工作多么重要，也没有自己的孩子重要。如果为了工作而错过了孩子的成长期，这个遗憾不仅仅是孩子的，更是父母终身无法弥补的。而且，父母长时间不陪孩子，孩子与父母之间渐行渐远，这种疏远的亲子关系是不可逆转的。也许到最后你会发现，自己奋斗了大半辈子，到头来竟是一场空。原因是孩子没有教育好，晚年的生活很不省心。

（2）和孩子一起玩，平等地谈心

李开复曾呼吁："中国的家长，多陪陪孩子，无论多么忙，都要和孩子一起玩，平等地谈心。"在玩的过程中，亲子关系会更加融洽，在谈心的过程中，父母与孩子之间会更加了解。在这种温馨、融洽的家庭里长大的孩子，无论是情商、财商还是智商，都能得到良好的发展。

（3）尽量不与孩子长时间分开

现在大多数孩子自幼与父母分开，由老人代为抚养，这样做的弊端很多。首先是隔辈亲，老人带孩子更容易溺爱孩子，会让孩子养成很多不良习惯。其次是孩子与父母长时间分离，关系疏远，非常不利于孩子的成长和心理发展。这样的孩子从小缺乏父母的关爱，他们的性格更敏感，缺乏安全感，待人接物缺乏热情，不关心他人。

5. 最贴心的沟通方法：写信

写信的方式完全可以作为父母与孩子情感的寄托。写信是一个过程，自己与自己说话的过程，在这个过程中，不良的情绪被过滤，理智渐渐恢复，一些犀利的语言被删掉，父母对孩子的情感跃然纸上。可以说，写信是亲子间最贴心的沟通方式。

文文上小学后，爸爸经常出差，通常两三个月都见不到孩子。为了和孩子及时进行交流，父母想到了一个办法——写信。

在今天这个网络时代，虽然微信、邮件更便利一些，但是文文和爸爸都认为写信更贴心。

一次，文文班里新转来一名女生，竟然是文文在象棋辅导班的一个师妹。文文便写信告诉爸爸，并且说明自己非常喜欢和这个小师妹接触，他很疑惑，不知道自己是不是已经恋爱了。

爸爸接到文文的信，反复阅读后才给文文写了回信。信中，文文爸爸没有批评文文，而是告诉文文他对小师妹的喜爱不是恋爱，那只是青春期的冲动。父亲建议文文合理把握分寸，把对小师妹的喜爱之情转化成友谊，共同进步。爸爸还举了自己像文文这么大时也曾经喜欢一个女同学的例子，那时候他也以为这就是爱情。很多年之后再回头想想，才明白那根本算不上爱情。

类似这样的事情还有很多，父子二人通过写信的方式，向对方敞开心扉，沟通了很多涉及隐私的问题。父亲通过这种方式加深了对孩子的了解，而文文也因此得到了一位重要的"军师"。

很多时候，那些不方便用口头表露的情感，只有通过信件的形式才能说清楚。写信不仅是信息传递的方式，也是一种情感交流的工具。"知心姐姐"卢勤曾经说过："给孩子写信，通过文字来表达自己的心情，不失为一种与孩子沟通交流的好方法。"也就是说，信件的交流，寄托着父母与孩子之间的情感。由此可见，父母与孩子之间的沟通不一定非要面对面，写信也能拉近亲子间的距离，使双方做到零距离交流。

（1）写信沟通是一种富有理智和情感的沟通方式

写信沟通，父母和孩子在用词上都会仔细斟酌，不会出现"脱口而出"的现象，更不会出现父母与孩子一言不合就争吵起来的局面。无论情况多么特殊，父母和孩子的心情多么糟糕，在坐下来写信的过程中，情绪都会得到平复，恢复正常的理智。事实上，写信就是一个思考的过程，在这个过程中，父母和孩子都有机会反省自己，选择最好的表达方式和解决的方法。因此，写信沟通是一种富有理智和情感的沟通方式。

（2）写信沟通有助于孩子向父母敞开心扉

人在写信的时候，总会情不自禁地说一些心里话。孩子在给父母写信时也是如此，孩子会把一些平时说不出口的心里话和内心的感受告诉父母，让父母更加了解他们的心理世界。孩子们写信的时候，其实是在自己对自己说话，这要比面对着父母更容易说出口。

（3）不要长篇大论，内容要充实

对于孩子来说，太长的信件是看不明白的。即使孩子能够看得明白，父母一下子说太多的话，也会让孩子读了后面的就忘了前面的。因此，父母给孩子写的信一定要简洁明了。同时用词要风趣，内容要充实一些，尽可能地举一些例子。不要全篇都在讲道理，否则孩子看信就好像看一本教科书，渐渐地就会失去读信写信的兴趣。

6．认真对待孩子提出的问题

孩子的成长离不开思考，而提出问题就是孩子思考的外在表现。孩子提问说明孩子有求知欲，这是好事情。父母应该给予孩子支持和鼓励。可是在现实生活中，很多父母对于孩子提出的问题，态度冷漠、不予重视，甚至还会斥责孩子，嫌孩子烦。父母这些无心的举动会深深地伤害孩子的心灵，让孩子闭上嘴巴，关闭对父母敞开的心扉。

月月今年五岁了，妈妈第一次带她去电影院看电影。她们选择了一个充满正能量的动画片《功夫熊猫》。月月很兴奋，坐在座位上左看右看，一会儿问妈妈这个问题，一会儿又问妈妈那个问题。面对孩子一连串的问题，妈妈刚开始还能耐心地回答，可是后来随着孩子天真的刨根问底，妈妈显得有些不耐烦了。

终于电影开演了，精彩的画面让月月产生了更多的问题。她拉着妈妈不停地提问："妈妈，为什么这只熊猫会飞呀？""妈妈，他们为什么打架呀？""妈妈，他们要去哪里呀？""妈妈，他们为什么哭呀？"……电影还没开始多长时间，妈妈就已经被月月问得精疲力竭了。到最后，妈妈面对月月提出的问题，只是一味地敷衍："是的""对""嗯……嗯……"甚至后来，妈妈会急躁地冲月月吼叫。

一开始，母女二人你来我往有说有笑的。渐渐地，月月感觉到了母亲的不耐烦，她提出的问题越来越少，直到最后她不再向母亲提问了。

电影结束后，妈妈对月月说道："月月，你还是太小了，这个电影不适合你，你都没有看懂。"

月月低着头，小声地说道："看不懂我也喜欢看。"

听到孩子的回答，妈妈意识到自己的行为可能伤害到了孩子。孩子只是因为没有看懂，不明白，向自己提了几个问题而已，自己就不耐烦地冲孩子吼叫。想到这儿，妈妈有些后悔，她主动向月月道了歉。但是妈妈的行为终究还是伤了月月的心。从此以后，再遇到不明白的问题，月月也不敢随便向妈妈提问，担心自己的问题又会惹来妈妈的训斥。

事实上，孩子提出问题是一件好事情，说明孩子在主动发出沟通的信号，而且内容非常有针对性。针对孩子提出的问题展开亲子沟通，大大降低了父母与孩子的沟通难度。要知道，很多父母费了半天的心思，想要与孩子找到共同的话题都未能如愿。因此，父母一定要认真对待孩子提出的问题，把握住与孩子高效沟通的绝佳机会。

（1）孩子反复问，是孩子表达不满的一种方式

"今天必须去上幼儿园。"面对着孩子的哀求，妈妈坚定地说道。

"为什么？"孩子问道。

妈妈阴着脸，没有回答。

"为什么？为什么……"孩子反复问道。

"你烦不烦，你说为什么？别人都上学，你为什么不上学？"妈妈冲孩子吼道。

妈妈的吼叫很快见到了效果，孩子果然不再反复问"为什么"了。

孩子不问了，是孩子明白了吗？

其实，这个时候孩子的妈妈根本不用去回答孩子的问题，因为他们不是在问问题，而是在发泄心中的不满。所以，当家长面对这种情况时，沟通的切入点应该是排解孩子心中的不满。

（2）孩子发问，是为了引起家长的关注

"妈妈，你喜欢我吗？"孩子问道。

"当然喜欢了。"妈妈答道。

"那如果我犯错误了呢？"孩子问道。

"同样喜欢，妈妈永远都喜欢你，你是妈妈的孩子。"妈妈答道。

类似这样的问题，说明家长对孩子的关心爱护不够，孩子缺乏安全感，

需要通过这些问题来确定一下父母是不是喜欢自己。因此，类似这样的问题，家长一定要认真对待，充分反思自己，是不是太忽略孩子了。

（3）孩子发问，是因为好奇

孩子的好奇心非常重。孩子向父母提出问题，说明孩子不满足现有的信息，希望得到更多的信息。此时，父母一定要认真地对待，将自己知道的如实告知孩子，不要敷衍孩子，更不要因为不耐烦而训斥孩子，否则会打击孩子的求知欲。

第七章

说不的学问：这样表达才能帮孩子建立规则
意识

1. 孩子懒惰松散怎么办

生活镜头一：

"阳阳，快点帮妈妈把被子叠上""阳阳，把自己的玩具收拾好""阳阳自己穿好衣服""阳阳，快去洗脸刷牙"……

清晨，孩子还没有完全从睡梦中清醒，耳边就响起了勤劳的"围裙妈妈"的呼唤声。伴随着妈妈的声音，一家人的幸福生活开始了。

"妈妈，你怎么什么都让我干呀，你想累死我呀！"儿子虽然嘴上抱怨着，手里却不由自主地忙碌开来。没过多久，母亲分配的任务全部完成了，儿子背着小书包上学去了……

生活镜头二：

"丽丽，快起床了，又要迟到了。"妈妈在厨房里忙了一早上，现在早餐已经摆上桌，才叫孩子起床。

"妈妈，快点给我穿衣服呀。"丽丽坐在床上一动不动。

"哎呀，大宝贝，今天这么听话，妈妈只叫了一声就起床啦。好，妈妈立马就给你穿衣服去。"妈妈说道。孩子忽然间让她这么"省心"，这位妈妈似乎有点受宠若惊了。

于是，妈妈连忙跑进孩子的房间，三下五除二就给孩子穿好了衣服。接着，妈妈领着孩子来到了卫生间。只见，丽丽一动不动，站在那里任由妈妈为自己洗脸、洗手、刷牙。妈妈的效率就是高，不到十分钟，孩子就被收拾利落了。吃完饭，妈妈背起小书包，领着丽丽去上学了。

这就是孩子间的差别。丽丽和阳阳年龄相仿，心理年龄却不相仿。阳阳不仅可以自己照顾自己，还能帮助妈妈做些简单的家务活。而丽丽则非常懒惰松散，什么事情都要妈妈给做，自己简直就是一个"衣来伸手饭来张口"的小公主。说到这里，家长们一定明白为什么丽丽会养成"懒惰松散"的不良习惯了吧。既然已经找到了问题的根源，那么解决它就不再是难事了。

事例中的丽丽妈妈由于非常"能干"，把孩子应该自己做的事全都做完了，养成了孩子懒惰松散的不良习惯。对此，丽丽妈妈不妨学习阳阳妈妈，做一个只分配任务的妈妈。

当然，在开始纠正孩子已经形成的不良习惯时，会遇到孩子的反抗，比如，就是不自己穿衣服，宁可上学迟到；就是不洗脸刷牙，宁可脏兮兮的；就是不帮父母做家务，宁可妈妈反复唠叨；等等。面对这些反抗行为，父母应该如何与孩子沟通呢？

建议一：让孩子明白，懒惰松散不是一个好习惯，勤劳有纪律性才是好孩子应具有的品质。

作为家长，无论何时，都要相信自己的孩子是通情达理的，只有相信这一点，你才愿意尝试与孩子进行深入的沟通。事实上，孩子们也不是不讲道理的。每一个孩子在刚刚出生时，都是一张白纸，没有任何的不良习惯，所有的不良习惯全是父母后天培养出来的。因此，趁着孩子们的不良习惯还没有彻底变牢固，父母们一定要釜底抽薪，让孩子先从思想深处改掉它们。

建议二：改掉不良习惯需要一个过程，在这个过程中，父母要对孩子勤加提醒。

所谓习惯，无论是形成还是纠正，都需要一个过程。在这个过程中，孩子们经常会忍不住沿袭以前的不良习惯，继续懒惰松散。考虑到孩子的自控力还不足，家长们需要对孩子勤加提醒。

建议三：在纠正孩子恶习的全过程中，家长要贯穿以鼓励和赞扬的基调。

鼓励和赞扬能够激发孩子的斗志，给孩子力量，让孩子勇敢挑战懒惰松散的不良习惯。在这个过程中，父母要对孩子有足够的信心和耐心，不要孩子还没有放弃，家长先不耐烦，开始不停地呵斥孩子。父母的呵斥会让孩子的心灵受到伤害，丧失纠正不良习惯的动力，加深对不良习惯的依赖心理，他们的心中会形成这样一个印象：改掉习惯好难呀。日后，当孩子再遇到需要纠正的不良习惯，就会从心底恐惧排斥，进而使改掉不良习惯的过程变得很难。

2．孩子爱说谎怎么办

古往今来，无论是家庭教育还是学校教育，老师和家长们一向将孩子说谎视为大忌。就这样，说谎成了孩子身上最不可容忍的恶习。

事实上，世界上几乎没有一个孩子从小到大一句谎话也没说过。研究表明，很多孩子从三岁开始就无师自通地掌握了说谎的本领，到了九岁时，几乎所有的孩子都有说谎的经历。面对这样的结论，很多家长表示担忧。其实，家长们没有必要太过担心，孩子说谎并不是无法改正的可怕恶习。

想要纠正孩子说谎的不良习惯，必须要弄清楚孩子为什么说谎。

首先，恐惧会让孩子在不知不觉中养成说谎的习惯。

著名哲学家罗素曾经说过："孩子不诚实几乎总是恐惧的结果。"这句话告诉我们，孩子说谎的原因在于家长自身。也就是说，家长才是让孩子说谎的罪魁祸首。因此，如果你的孩子爱说谎，请你自己反思一下教育方式，是不是太过严苛，导致孩子长期处于恐惧状态中，没有勇气和你说真话。

其次，不要逼孩子，孩子有保持沉默的权利。

很多时候，孩子也有隐私，也有保护隐私的权利。当孩子们不想说的时候，请家长尊重孩子保持沉默的权利，不要硬逼着孩子说。试想一下，如果你有极其隐私的事情不想被别人知道，可是对方非要逼着你说，你会怎么办？答案多么简单呀！是呀，说谎是最好的解决之法。因此，如果孩子不想说，家长不要硬逼，否则只会逼着孩子说谎。

这两点是导致孩子说谎话的根本原因。由此可见，几乎所有说谎的孩子都是被家长逼迫的。那么，想要纠正孩子的这一不良习惯，家长首先要做的就是自我反省，审视一下自己的教育方式，做出质的改变，让孩子拥有一个轻松、自由、有尊严的成长环境。在这样的环境下，孩子们说谎的不良习惯是可以纠正的。

首先，给孩子足够的尊重，平等对待孩子。

孩子作为一个独立的个体，应该享有与成人同等的权利。作为父母，必须学会尊重自己的孩子，不能错误地把孩子变成恐惧自己的"弱势群体"。很多孩子对自己的父母既爱又怕，甚至只有怕，这样的父母绝对没有给孩子足够的尊重，让孩子成了"任其宰割"的弱势群体。我们要尊重孩子，万事好商量，这样才能给孩子一个轻松愉快的成长环境。没有了压力，孩子也就没有必要再说谎了。

其次，不可以对孩子实施软暴力。

有的父母知道不能暴力对待孩子，那会让孩子的心灵受到伤害，于是便采用了示弱的教育方式，如"哎呀，你不听我的话，我被你气得头疼了"，"你可不能让妈妈这么操心呀，妈妈已经挺累了，再这么不省心，恐怕妈妈看不到你成人了"，等等。

父母如此示弱，的确会引发孩子的同情和不忍的心理。孩子们为了不让父母伤心，只好被迫按照父母的要求去做，或是违心说谎。因此，父母要正确教育孩子，不能为了达到目的，让孩子背负沉重的心理包袱。

最后，正确引导孩子，让孩子弄清楚不能说谎话的道理。

儿时那则《狼来了》的故事现在很多家长可能还记忆犹新，说谎话会让孩子付出很大的代价。失信于人，就是其中的一个重要代价。没有了信用，孩子怎么在社会立足？别人还会愿意和他交往吗？因此，不管有多少情非得已，都不能成为孩子说谎话的理由。将这个道理讲给孩子听，孩子们会引以为戒，不会因小失大的。

3. 孩子不守信用怎么办

"妈妈，我以后再也不买玩具了，你就给我买这一次，好不好？"孩子说道。

"只买这一次吗？以后都不要玩具了？"妈妈试探性地问道。

"是的，只要你给我买了这个玩具，以后我再也不买了。"孩子不假思索地说道。

"好吧，我同意，你记住你现在说的话。"妈妈爽快地答应了。

过了几天，孩子又动了买玩具的心思，看到喜爱的玩具就走不动路了，拉着妈妈非要买。

"妈妈，我想要这个玩具。"孩子说道。

"可是，之前你不是说以后都不买玩具了吗？难道你想说话不算话？"妈妈说道。

"不嘛不嘛，我就要。"孩子不管什么信用不信用，玩具的诱惑战胜了一切。

"不行，你必须守信用，信用是做人的根本。我不能答应你。"妈妈转身就走。

孩子在后面失声痛哭……

面对这样的场景，父母们应该怎么和孩子沟通呢？

事实上，这样的亲子沟通已经陷入了僵局，无论父母采取怎样的方式沟通，恐怕都不能和平化解。其实，在这个事例中，受伤者何止是家长呀，孩子同样也受到了伤害。有的家长可能会问，孩子这么不守信用，受害的不应该是父母嘛，孩子是自作自受。其实不是这样，从事例中不难看出：孩子说"以后都不买玩具了"，这句话他根本就做不到，而那位妈妈明明知道孩子这么说只是为了让她答应自己买下玩具，以后根本不可能做到再也不买玩具，还偏要看着孩子一步步走进陷阱。从这个角度来讲，孩子也是受害者。

因此，家长应做好以下几点：

第一，教育孩子不要随随便便许诺。

为了避免孩子养成不守信用的习惯，父母们一定要在孩子胡乱许诺的时候加以制止，并教育孩子不要随随便便许诺。

第二，面对不守信用的孩子，父母要耐心引导。

孩子的自控力远远低于成年人。如果连成年人都做不到事事守信用，那么孩子就更做不到了。因此，父母面对不守信用的孩子，要宽容，要耐心地引导，不要急着批评孩子，给孩子扣上一顶"不讲信用"的大帽子。这样会让孩子的心理天平失衡，认为自己就是一个不讲信用的坏孩子。如果孩子在潜意识里对自己下了这样一个结论，他在接下来的行动中一定会朝着这个方向前进，一次又一次地证实这个结论，直至最后养成习惯。所以，父母在教育孩子的过程中，一定要注意不能随随便便地给孩子贴标签，孩子还没有足够的判断力，父母这样的行为会让孩子建立错误的思维模式。

第三，生活中，父母要以身作则，身教胜于言教。

作为家长，在要求孩子做到守信用的同时，自己首先要做到守信用，在点点滴滴的生活中展现出良好的信用。父母的行为实实在在，孩子耳濡目染。不用太多的语言，孩子和父母就已经完成了一场深入的亲子沟通。孩子的模仿能力非常强，而父母作为孩子的第一任老师，言谈举止会在孩子的心里留下深刻的印象，孩子们会模仿父母的言谈举止，并且可以模仿得惟妙惟肖，如出一辙。因此，父母一定要严于律己，做好表率。

4．孩子不按时作息怎么办

"这个孩子就是不肯按时作息，你看她明明已经困了，还在那儿硬撑着。"妈妈抱怨道。

玲玲从小由奶奶抚养。奶奶年纪大了，睡觉的时间短了，经常半夜还不睡觉。孩子自然也养成了晚睡的习惯。到了第二天早上，奶奶习惯晚起，经常九十点才起。孩子也是如此。发现这个不良习惯后，玲玲的爸爸妈妈及时将孩子接回身边抚养。可是，孩子已经养成了不按时作息的不良习惯。

为了能够帮助孩子改掉这个毛病，玲玲妈妈可是绞尽了脑汁，耐心地和孩子讲道理，告诉孩子不按时作息的危害。可是，孩子年纪还小，根本顾及不了那么多，到了晚上，依旧是午夜之前不上床。接着，玲玲妈妈又尝试着在白天带着孩子四处走走。孩子的运动量加大了，自然也就容易入睡了。别说，这个方法还是有效果的。玲玲和妈妈在外面跑了一天，回到家里累得趴在床上动也不动，结果没到九点孩子就睡着了。于是，妈妈决定采用这个方法帮助玲玲改变不按时作息的习惯。

就这样，玲玲和妈妈坚持运动了一个星期，玲玲不按时作息的习惯的确改变了。妈妈又开始尝试减少孩子的运动量，毕竟谁也没有那么多时间陪着孩子一直运动。运动量降下来之后，孩子按时作息的习惯有所动摇。尽管已到了平时睡觉的时间，可是玲玲就是硬撑着不肯睡觉。

最后还是爸爸的主意多，他对玲玲说："玲玲上床去躺着，准备睡觉的时候，爸爸可以给你讲个故事。"

听到爸爸答应讲故事，原本就已经困了的玲玲很快就答应了爸爸。

事实上，玲玲安静地躺在床上听爸爸讲故事，还不到十分钟就睡着了。

像玲玲一样不按时作息的孩子有很多很多，他们总是贪玩，不愿意乖乖睡觉，甚至已经睁不开眼睛了，还坚持着不肯上床。很多父母对孩子不按时作息的习惯头疼不已。其实，想要纠正孩子的这一不良习惯并不难，事例中玲玲的父母采取的方法就很有效果。孩子就是孩子，家长给播种一个什么样的行为，他们就会养成一个什么样的习惯，关键还在于家长如何引导。

（1）家长要按时作息

事实上，很多家庭的生活习惯是同步的，尤其是作息习惯。在孩子年龄很小的时候，他的作息时间与父母的作息时间基本一致。因此，家长首先要保证按时作息，才能纠正孩子的不按时作息的坏习惯。

（2）提升孩子对按时作息的思想认识

按时作息是保证孩子身体健康的重要前提。因此，家长需要从小培养孩子良好的生活习惯。对于那些已经养成不按时作息的不良习惯的孩子，家长要从思想上予以纠正，耐心地和孩子讲道理，告诉孩子："按时作息可以保证你少生病，有力量，更聪明，更漂亮，变得越来越优秀。相反，如果不按时作息，身体得不到很好的休息，就会很容易生病的，力气也小了，小脑袋也不那么聪明了……"孩子们也有自我保护的意识，当他们听到生病，就会立即联想到打针。为了保护自己，孩子们在心里是愿意按时作息的。即使日后依旧会有欲望战胜理性的时候，但是孩子非常清楚自己的行为是错的。面对错误的行为，孩子的底气不足，自然更容易动摇。

（3）不要呵斥孩子，要有耐心

一些家长见孩子怎么哄也哄不睡，不由得怒火丛生，对孩子一顿训斥。结果这一折腾又浪费了很多时间。同时，孩子也更加排斥睡觉了。所谓"哄"孩子睡觉，自然是有很多"哄"的办法，唯独呵斥孩子不可取。家长可以给孩子讲讲故事、轻轻拍拍孩子的后背、抚摸孩子等等，这些办法都可以加速孩子睡眠。

5. 孩子乱扔东西怎么办

一开门，只见客厅的地上摆满了宁宁的玩具：机器人、奥特曼、玩具枪、变形汽车等等。爸爸的脸上顿时阴沉起来。

"肖宁宁，你给我出来！"爸爸站在客厅里大声喊道。

这时，只见头戴大盖帽的妈妈和手持机关枪的宁宁从卧室冒出头来。

"爸爸，你回来了。"宁宁像一只欢快的小麻雀扑向爸爸。

原本脸色阴沉的爸爸，无奈地叹了一口气，一把抱起了儿子，说："小东西，有没有想爸爸呀？"

见到这个情形，妈妈就明白了，原本怒气冲冲的爸爸瞬间被灭了火。的确，宁宁爸爸看到屋子里摆满乱七八糟的玩具确实很生气，但是再看到天真可爱的儿子，顿时没了脾气。事实上，宁宁乱扔东西这个坏习惯已经困扰了他们很长时间，只是宁宁父母一直认为孩子挺听话的，而且年龄也小，可能大一点就好了。于是，宁宁父母也没有过于纠正孩子的行为。

就这样，渐渐地，孩子便养成了这种不良习惯。

很快，妈妈就发现宁宁不光是乱扔玩具，就连吃完的果皮也随手乱扔，弄得妈妈刚刚擦过的地板满是污渍。尽管妈妈经常提醒他要尊重别人的劳动果实，维护家庭的整体环境，可是宁宁总是"视而不见，听而不闻"。也许，从来没有做过家务活的宁宁，早已经习惯了妈妈收拾家务。为此，宁宁妈妈头疼不已。

随着生活节奏的加快，越来越多的父母根本抽不出太多的时间收拾家务。因此，家庭成员的保持习惯就很重要，特别是孩子，如果能够为保持家里卫生尽一份力的话，那父母的工作将会大大减轻。

事例中的情节在生活中非常常见，很多家长都反映孩子总是习惯乱扔东西，搞得家里一团乱，父母需要时刻跟在孩子的身后收拾。面对这样的情况，家长应该怎样纠正孩子的不良习惯呢？

（1）可以召开家庭会议，专门制定家庭卫生秩序

当然，召开这样的家庭会议，孩子一定要参加。事实上，完全可以让孩子主持会议，总结保持家庭环境整洁的利与弊。在孩子准备会议材料的过程中，孩子能够更多地思考如何维持家庭环境。之后，在会议上，家庭成员们分别发言。这种形式的沟通交流，有助于孩子接受父母的教诲，激发孩子的积极性。家长们不妨尝试一下。

（2）告诉孩子收拾东西有很多好处

引导孩子养成收拾东西的习惯，对孩子的成长有很多好处，不单单是使家庭环境变得整洁，还能锻炼孩子归纳、整理、分析、想象的能力。善于收拾、整理东西的孩子，在做事情、表达上都更有条理。

（3）不要生硬地强制孩子整理东西，要用孩子感兴趣的方式引导孩子

孩子有孩子的世界，在孩子的世界里，充满着童趣和善良，父母要学会站在孩子的角度思考问题，很多头疼不已的难题就会迎刃而解。

很多家长对孩子爱扔东西的不良习惯有自己的妙方，他们非常善于利用孩子的心理，站在孩子的角度与孩子进行沟通，轻轻松松纠正孩子的不良习惯，例如，孩子总是随手乱扔玩具，父母可以告诉孩子："宝贝，玩具也有自己的家，你和它玩够了，就要记得送它回家，否则，它一个人在外面会感觉害怕的。而且，其他的人一不小心还会踩到它。"通常情况下，父母这样引导孩子，一定可以激发孩子收拾玩具的兴趣。

6. 孩子不关心父母怎么办

大伟从小由姥姥抚养，隔辈亲的效应在姥姥身上体现得淋漓尽致。大伟简直成了姥姥的心头肉：有什么好吃的都要给孩子留着，别人一点也不能吃。

"伟伟，有好东西要分享，我们都是你的家人，要互相惦记。"妈妈说道。

一旁的大伟看着手里的零食，犹豫了好久就是舍不得分给大家吃。最后，在妈妈的耐心劝说下，孩子终于尝试着分给大家一点。

"姥姥，给你吃。"大伟说。

"姥姥不吃，宝贝吃吧。"姥姥说道。

"姥爷，给你吃。"大伟说。

"姥爷不吃，宝贝吃吧。"姥爷说道。

妈妈很无语，大伟却非常高兴，也许是意识到大家都不吃，分享只是一种形式，于是变得更加乐于分享了。

"爸爸，给你吃。"孩子说道。

爸爸说了声"谢谢"，接过食物吃掉了。

大伟看着爸爸真的吃了他的好东西，"哇"的一声哭了起来。

姥姥和姥爷赶忙过来哄孩子："什么破爸爸呀，竟然真吃孩子的零食……"

通过这件事情，妈妈注意到孩子养成了不良习惯，根本不知道关心别人，只想着自己。妈妈将心中的忧虑告诉孩子姥姥，希望她不要再这么惯孩子了。可是，姥姥却说："你想多了，孩子大点就不这样了，小孩子都护食。"基于对母亲的信任，大伟妈妈心想："可能这是一个孩子成长过程中的正常现象吧。母亲养育过我们姐妹两个，一定有经验。"于是，大伟妈妈并没有深究。

随着孩子年龄的增长，孩子自私、不关心父母的习惯越来越严重。大伟的父母意识到母亲的话不对，于是，开始着手纠正孩子的这一不良习惯。

首先，妈妈经常给孩子讲，他的生命是爸爸和妈妈给的，爸爸妈妈是最爱他的人，孩子长大以后要懂得照顾自己的父母之类的故事和道理，再加上夫妻两个经常鼓励孩子，久而久之，大伟开始一点点地关心自己的父母了，有好吃的东西也懂得分享了。

现在，很多家庭的孩子都是由家里的老人代为照顾，老人照顾孩子，有很多好处，如比年轻父母更细心、更懂得育儿的注意事项等等。但是也有很多坏处，其中，溺爱孩子就是最大的通病。

好东西给孩子吃，什么也不让孩子做，对孩子的要求言听计从等教育习惯，培养出了一个又一个的"自私宝宝"。不懂得关心父母，凡事以自我为中心，这样的孩子，连自己的父母都不知道关心，又怎能关心他人呢？如此这般，孩子将来怎么能够拥有幸福的生活呢？

生活中，这样以自我为中心的孩子越来越多，父母对孩子自私的行为也甚为头疼，在这里简单介绍几个沟通方法，帮助父母们纠正孩子不关心父母的不良习惯。

（1）真诚地和孩子讲道理

孩子虽然小，但是他们能听得懂道理。因此，父母要尝试着与孩子讲道理。

阳阳和父亲不怎么亲近。为了加深阳阳对父亲的感情，妈妈经常和孩子讲道理。"阳阳，你要爱自己的爸爸，因为你的生命是爸爸妈妈给的。"孩子虽然当时没有过多地回应母亲，但是，在一次无意间的谈话中，孩子竟然说出"不能换爸爸，我的生命是爸爸给的"这样的话。惊讶之余，妈妈终于明白了，虽然孩子小，但是对于她讲的道理是听进去了。

（2）多为孩子提供一些关于"关心父母"的相关故事和动画节目

孩子对于故事和动画节目非常感兴趣。父母可以充分利用这一点，对孩子因材施教，取得的效果一定非常理想。现在的传媒非常发达，早教类节目也很多，孩子们通过这些节目学习到的东西非常丰富。这也是为什么现在的孩子比过去的孩子成长更迅速。教育资源越丰富，孩子接触的新生事物就越多，自然就越懂事。

7. 科学应对孩子不爱写作业的毛病

"现在的家庭作业不仅仅是老师给学生布置的，也是给家长布置的"，许多父母都有这样的感觉。的确，似乎没有孩子喜欢做作业，只要一放学，孩子就算彻底解放了，根本不愿意再继续做任何与学习有关的事情。于是，写作业就成了一件令孩子非常痛苦的事。

春英的妈妈每天都会因为写作业的事情与孩子发生摩擦，这一天也不例外。春英放学后，被妈妈第一时间抓回家里做作业，原本还想与同桌小华再玩一会儿，这下没戏了。

春英觉得肚子很饿，想吃过饭再继续做作业。妈妈拒绝了，非要孩子做完作业再吃饭。为了能够早点吃饭，春英奋笔疾书。正在这时，妈妈单位打来了电话，有件突发事件需要妈妈立即赶回去处理。没有办法，妈妈只能对孩子千叮咛万嘱咐："一定要把作业写完。"说完，妈妈急忙赶回了公司。

晚上十一点多，妈妈处理完工作后回到家里。春英早就上床睡觉了。妈妈摇了摇春英，轻声地问道："作业写完了吗？"春英迷迷糊糊地点了点头。

结果第二天，老师在家长群里发布了没有完成作业的孩子名单，春英的名字就在其中。妈妈看到之后，气得险些跳起来。回到家里，妈妈狠狠地将春英揍了一顿，并要求春英保证以后要按时完成作业。

在母亲的严格管制下，春英变得更加抵触写作业了，每天一想到要写作业，就觉得头疼。母亲也是如此，尽管经常被打的是春英，可是母亲并不感觉轻松。

生活中，孩子不爱写作业的习惯，的确让很多父母头疼不已。其实，孩子们也非常头疼，他们将做作业看成是一种负担，每天都被老师、家长强迫着执行。最终演变成：孩子写作业不是为了更好地学习，而是为了免受家长和老师的惩罚。这样怎么可能让孩子产生做作业的动力呢？

而作业的重要性不言而喻，写作业是为了让孩子们更好地巩固所学的知识。孩子们的年龄还小，理解力和分析能力还很弱，老师们只能通过"留作业"的方式，让孩子反复练习，打牢基础。因此，孩子们虽然不喜欢做作业，却不得不做。对此，父母需要采取科学的方式，引导孩子改掉不想做作业的习惯。

（1）不要总是批评、训斥孩子

很多家长习惯性地催促孩子做作业，甚至在孩子做作业的过程中，一直在旁边喋喋不休，一会儿斥责孩子写字难看，一会儿又斥责孩子不认真、坐姿不对等等。家长这样做，只会让孩子更加不愿意做作业。没有人喜欢被别人催促着做事情，更不会有人喜欢在做事情时，旁边有人动不动就训斥自己。这样的行为，会大大加重孩子的叛逆心理。

（2）引导孩子学会合理安排时间

其实，老师在布置家庭作业的时候，也会综合考虑孩子们的时间。通常情况下，不会占用孩子们太多的课外时间。因此，只要孩子们能够合理安排、利用时间，就会发现：其实做作业也用不了太久。

家长可以引导孩子将作业分成一个个小环节，每完成一个环节可以稍做休息。这种将整体分割的方法，可以缓解孩子们对做作业的抵触情绪。

（3）培养孩子做作业的良好习惯

将做作业作为一种习惯，是为了帮助孩子更好地完成任务。这需要父母时刻提醒、反复练习，才能引导孩子养成做作业的习惯。家长们需从小强化孩子做作业的意识，鼓励孩子独立完成作业，然后再引导孩子逐渐脱离父母的约束，转变成自发性地做作业。渐渐地，孩子自发性做作业的习惯就形成了。

第八章

巧用表扬：多鼓励、少否定，孩子也有自尊心

1. 正向教养，摒弃暴力沟通

王宇的父亲曾经是一个非常自信的人，生活过得红红火火，是同龄人中的佼佼者，晚年时却异常萎靡，感觉处处低人一等。在一次家庭聚会中，看着兄弟姐妹的孩子个个优秀，他忍不住落泪。是的，他的孩子很不成器，好吃懒做，还很不孝顺。为了霸占父母的房子，王宇夫妻竟然将父母赶出了家门。试想，有这么一个不肖子，谁的晚年生活能幸福呢？

席间，王宇的父亲忍不住说道："哎，王宇小的时候，多听话呀，犯了错误我罚他在窗前站着，一直站了一天，没有我的话就是不敢回屋。现在可倒好……"

听着老人的话，亲人们不禁为他感到难过，不仅是为他凄惨的晚年光景，更是为他至今还执迷不悟。体罚孩子、打孩子、骂孩子，这些难道不是导致王宇如此不成器的原因吗？俗话说"可怜之人必有可恨之处"，一点也不假，孩子之所以变成现在这个样子，王宇的父母需要负主要责任。

记得有人曾经说过："没有有问题的孩子，只有有问题的父母。"客观来讲，这句话说得很对。父母对孩子的教育方式出现了问题，才会导致孩子走错了路，建立起错误的是非观、价值观。

事例中的王宇父亲，自小总是表扬孩子与老师作对的行为，认为这样是勇敢、厉害的表现。最终孩子也确实如他所愿"厉害了"，厉害得与自己的父母作对，赶走了父母。是呀，既然和老师作对不是错，那么和父母作对自然也算不上错了。

所有的父母都爱孩子，都希望孩子顺利长大，成为对社会有用的人。但是，对于如何培养有出息的孩子，他们却不能用心学习、研究，通常采用最简单、危害最大的暴力教育。这种暴力教育法，虽然能让孩子暂时顺从，但是却在孩子的心中埋下了一颗定时炸弹，一旦这颗炸弹爆炸，毁掉的就是孩子的一生。因此，父母们一定不要采取这种教育方法，不可武力镇压，一定要以理服人，正向引导。

(1) 不要打骂孩子

孩子犯错是很正常的，谁家的孩子都会犯错。犯了错不要打骂孩子，要和孩子讲道理，让孩子知道哪里错了，正确的做法是什么，这才是父母需要做的。

打骂，只是武力镇压孩子的行为，让孩子不敢再这么做了。可是，为什么不能这么做，孩子根本不明白。随着孩子的成长，过度的打骂会激起孩子的反抗心理，甚至有的孩子会因此憎恨自己的父母，采取报复性举动。事态如果发展到亲子反目的地步，就一切都晚了。因此，父母一定不要打骂孩子。

(2) 即使孩子犯错了也要鼓励孩子

孩子的行为不可能全是错的，一定有做得对的地方。父母的教育和引导要以鼓励、表扬为主，先肯定孩子的好行为，然后再指出孩子的不足之处。这样一来，孩子会更愿意接受父母的教导。即使孩子的行为没有可取之处，父母也要鼓励孩子，告诉孩子，下次一定可以做对。

(3) 不要逼迫孩子

逼迫孩子同样不可取。任何人都不喜欢被逼迫做自己不愿意做的事情。父母不要对孩子有过高的期待和要求，要懂得尊重孩子的意愿，用自己的耐心和爱慢慢引导孩子。对于一些孩子不愿意做，又必须要做的事情，父母不要逼迫孩子去做，换种方式，先培养孩子的兴趣，有了兴趣，孩子自然会心甘情愿地去做了。

2．鼓励、赞美孩子时要真诚

正如儿童教育专家陈鹤琴所言，"积极的鼓励比消极的刺激来得好，但是鼓励法也不可用得太滥，一滥恐失其效用。"鼓励和赞美孩子时，一定要有质量，有水准。因此，在父母鼓励和赞美孩子时，最基本的要求就是真诚。

鹏鹏上小学三年级了，可是写的字依然歪歪扭扭，让人不忍直视。为了让孩子把字写好一点，鹏鹏妈妈特地为孩子买来了字帖，让他临摹。

　　鹏鹏很听话，按照妈妈的要求，每天都临摹字帖。一段时间过去了，妈妈发现孩子写出来的字还是那么难看，而且还错字连篇。妈妈有些急躁，冲孩子吼道："怎么还是这么难看呀，你有没有认真临摹呀？马上给我擦掉，重新写！"

　　看着怒气冲冲的妈妈，鹏鹏有些委屈，自己已经很认真地临摹字帖了。看着自己辛苦写出的字，鹏鹏不忍心擦掉。妈妈见鹏鹏磨磨蹭蹭不肯动手擦掉，就要发火。一旁的爸爸看到，连忙阻止了妈妈："好了好了，我来看看，你不是还要炖汤嘛，快去吧。"

　　妈妈看了一眼爸爸，心领神会地走了出去。

　　爸爸拿起鹏鹏的作业本，看了看，说道："谁说我们鹏鹏的字写得不好呀？我看就不错。你看这个'国'字写得多漂亮呀。"说着，将作业本递到了鹏鹏面前。

　　鹏鹏也看了看，有些欣慰地点了点头。

　　爸爸接着说道："你再看看还有哪几个字写得好？"

　　鹏鹏听完，认真地看了看，又指出了几个写得不错的字。

　　爸爸满意地点了点头，说道："那你再看看哪几个字写得不好呀？"

　　鹏鹏又指出了几个写得不好的字，不过还没等爸爸说什么，他自己就主动擦掉了，对比着字帖，认认真真地写了起来。

　　看着儿子认真的样子，爸爸开心极了："孩子，你不要怪你妈妈，她也是为你好，可是爸爸却觉得你进步很大，真的。"

　　鹏鹏听完，用力地点了点头，"爸爸，我还会进步的……"

　　俗话说："良言一句三冬暖，恶语一声六月寒。"事例中的爸爸及时制止了即将发火的妈妈，给了孩子真诚的"良言"。事实证明，鼓励孩子远比批评孩子更有效。鹏鹏在爸爸的鼓励下，主动擦掉了写得不好的字，并表示要再接再厉。这样的效果是父母们都想要的。爸爸的教育方式非常成功。

　　其实，无论是孩子还是大人，都喜欢受到他人的鼓励和赞美。对于孩子而言，受到父母的鼓励时，会更加开心，从而更加努力让自己优秀起来。但是，鼓励不能滥用，要真诚，让孩子感受到父母是真心实意地鼓励和赞美自己。这样的鼓励和赞美才会提高孩子的积极性。

（1）鼓励孩子时，要有理有据

很多父母在鼓励、赞美孩子时，常常一带而过，如"嗯，很好""好孩子，加油""真棒"等等，这样的鼓励和赞美非常不真诚，根本触碰不到孩子的心灵，对孩子几乎起不到太大的激励作用。面对这样的鼓励和赞美，孩子们通常不以为然，不当回事。

真诚的鼓励、赞美一定要有理有据，详细阐述孩子好的行为，让孩子充分意识到自己的言行是对的，值得提倡和被表扬。这样的鼓励才是高质量的鼓励。

（2）鼓励、赞美孩子时要多种形式相结合

父母对孩子的鼓励、赞美有很多种形式，不单单是干巴巴的语言，还有拥抱、鼓掌、亲吻、竖起大拇指等，这些形式和语言结合起来，鼓励的效果会更好。除此之外，父母还可以通过微信、短信、邮件等形式，对孩子进行鼓励、赞美，其效果也非常好。

（3）不要对孩子进行别有目的的鼓励和赞美

很多父母为了让孩子按照自己的规划好好成长，不惜用鼓励、赞美的力量来约束孩子，这种鼓励要不得。对孩子的鼓励一定要真心实意，不能随便滥用鼓励，否则孩子会渐渐地不相信父母的鼓励和赞美，原本一种非常好的教育方式可能就会永远失效，孩子也会有一种被欺骗、耍弄的感觉。

3．说话少否定，多肯定

每一个孩子都是父母的小天使，他们带着父母的期盼来到这个世界，给父母带来很多的快乐。对于这样一位小天使，作为父母，我们能做的就是尽自己最大的努力给他们真正好的教育和爱。

孩子不是万能的，成年人也做不到事事完美。因此，当孩子做得不够好的时候，父母不要过分苛责孩子，要给孩子最大限度的宽容和理解，同时不要忘记鼓励孩子。因为这种时候，孩子的内心都非常脆弱，甚至会动摇自信。父母们必须及时阻止这样的结果发生，多说一些肯定孩子的话，少说否定孩子的话。

不仅在孩子失利的时候这样，就连平时生活中也要少否定、多肯定，这样才能赋予孩子成长过程中必需的正能量。

婷婷今年八岁了，从记事起就开始学习舞蹈。今天，婷婷在爸爸妈妈的陪同下，参加了一场少儿舞蹈比赛。第一次参加比赛的婷婷，明显有些紧张和怯场，小小的手心里都是汗。尽管爸爸妈妈极力安抚，轮到婷婷上台表演时，她的动作依然是漏洞百出，连平日里练得熟练至极的基础动作都做错了。婷婷急得哭了起来。

台下的评委老师看到婷婷的表现，纷纷摇头，其中一位年轻一点的评委还小声地说道："这样的水平也来参加比赛，简直可笑。既浪费了大家的时间，也为难了孩子。"

婷婷爸爸也埋怨起孩子："哭什么哭，真是没用！"

妈妈听到爸爸的话，狠狠瞪了一眼爸爸之后，径直走上台去，给了女儿一个拥抱，说道："宝贝，别哭了，你能站在这个台上就已经很棒了，妈妈为你感到骄傲。真的没有关系，下次我们一定会表现得更好的。"

听了妈妈的话，婷婷破涕为笑，她主动要求评委老师再给自己一次机会。原本孩子们的比赛规则也不是很严，评委老师很快就同意了婷婷的请求。伴随着音乐响起，婷婷翩翩起舞。这一次，孩子的表现让在场所有的人，包括刚才那名窃窃私语的年轻评委，为之眼前一亮。

婷婷顺利夺得了第一名。看到孩子的表现和妈妈的教育方式，婷婷爸爸意识到了自己的错误，他不应该完全否定孩子。

很多时候，面对孩子的失误，一些父母选择了嘲讽、贬低、否认，就像事例中的爸爸。这些无心的举动，给孩子带来了很大的伤害，这种伤害远远超过失误带给孩子的伤害。而带来这种伤害的竟然是孩子最亲近的人——父母！

试想，如果婷婷的妈妈也像爸爸一样训斥孩子，否定孩子，孩子还会勇敢地战胜恐惧、紧张的心理吗？恐怕在以后的人生中，孩子也很难再摆脱这次比赛的阴影了。

"知心姐姐"卢勤曾说："父母的语言，是孩子成长的营养，爱的语言多了，一定结出爱的果实；恶的语言多了，会结出恶的果实。"因此，父母在和孩子沟通时，一定要注意自己的语言，多说一些肯定孩子的话，少说否定的话。

（1）非要说否定的话语时，也要对事不对人，不要否定孩子

"你完蛋了""你无可救药了""你简直是个笨蛋"……这些话绝对不能对孩子说。父母再恨铁不成钢也要克制自己的情绪，保持理智，对孩子的不当行为做出准确的评价，不可全盘否定孩子本身。

（2）不要随便说出否定孩子将来的语言

"你将来一定吃不上饭""你就等着哭吧""就你这样，我看你也考不上大学了"……这些话说得既恶毒又没有依据。孩子还小，将来的事情谁能断言呢？这些恶语又是依据什么说的呢？没有任何依据，完全是父母被愤怒冲昏了头脑，顺嘴说出来的。说者无心，听者有意，孩子们会牢牢记住这些话，无论是否认可这些话，孩子都会或多或少地否定自己。这样的结果，相信不是父母们想要的。

（3）不论何时，首先寻找值得肯定的地方

父母们必须支持、鼓励自己的孩子，即使全世界都抛弃了他，父母也不能抛弃他。不管任何时候，父母们首先要做的不是否定孩子，而是寻找孩子身上值得肯定的地方，并且直言不讳地向孩子表达自己的肯定之意。

4．赞美孩子，促进孩子的正向成长

"妈妈，我想看一会儿电视。"儿子说道。

"看多长时间呀？"妈妈问道。

"半个小时吧。"儿子答道。

"好呀，你自己控制一下时间，到了半个小时，自己关掉。"妈妈说道。

"好的，妈妈。"儿子高兴极了。

半个小时过去了，儿子主动关掉了电视机："妈妈，半个小时到了，我自己关掉了电视机。"

"儿子，你真棒，妈妈很开心。虽然之前我们已经达成了一致，半个小时后关掉电视机，你做了你应该做的事情，但你能很好地控制自己，并且守信用，这是最令妈妈开心的。"妈妈表扬道。

这位妈妈的赞美，会促进孩子正向成长。首先，孩子会更愿意说到做到；其次，孩子更有动力克制自己的欲望。这个情景仅仅是生活中的一个小片段。其实，只要父母用心寻找，孩子们有很多值得表扬的地方。赞美孩子是一种正能量的沟通方法。这种教育孩子的方法，有助于帮助孩子树立自信心，让孩子产生上进的动力，是另一种形式的鼓励，父母们不妨多多运用。

"知心姐姐"卢勤说："你为孩子喝彩，他会给你一个又一个惊喜，你说他不如别人，他会用行动证明他真的很笨。"的确，不仅孩子如此，很多成年人也如此。任何人都喜欢听赞美的语言，因为每个人都想得到别人的认可。父母对孩子的赞美，是对孩子的肯定，孩子会在这种认可中信心满满地成长。

（1）赞美孩子与谦虚无关

很多父母不愿意赞美自己的孩子，认为孩子好应该由别人说出来，自己说是不谦虚的表现。父母这样的想法其实完全多余，给孩子适当的赞美，可以让孩子变得更加优秀，不应该因为所谓的"谦虚"，让孩子缺少必要的鼓舞。

（2）不要总觉得孩子笨

很多父母自身的虚荣心非常强，并且将这种虚荣附加到了孩子的身上，经常拿自己的孩子与别人的孩子进行比较。当自己的孩子优于别的孩子时，父母会觉得很高兴。但是，经常和很多孩子比，总会有比自己孩子表现好的，因此，多次比较的最终结果就是孩子太笨。

这样比来比去有意思吗？能说明什么呢？有的孩子成长快一些，有的孩子成长慢一些，这都很正常。孩子成长慢了，找原因，引导孩子快点成长。事实上，从来没有什么笨孩子，孩子的成长速度，与父母的教育方式密切相关，父母应该从自身找原因。

(3) 赞美孩子要适度

凡事都有限度，赞美孩子也是如此。过度的赞美，不仅不能对孩子起到鼓励的作用，还会让孩子的心理发生变化，变得虚荣、骄傲、任性。总之，过度的赞美对孩子有百害而无一利。

(4) 别总是挑剔自己的孩子

任何父母都有望子成龙的愿望。为了达成这个心愿，一些父母就采取极端的方式，对孩子提出很高的要求，经常挑剔自己的孩子。无故挑剔孩子，对孩子的伤害极大，会让孩子产生自卑心理，怀疑父母对自己的爱，渐渐地滋生叛逆心理。

因此，父母不要无故挑剔孩子，为了孩子能够成才，还是应该尽可能地给孩子最大的空间。

(5) 不要应付孩子

孩子虽然还小，人生阅历很少，但是他们非常敏锐，尤其是在对父母情绪的感知上。有些父母为了生计忙碌，常常忽略身边的孩子。有时候，孩子就一件事情试图和父母沟通，父母知道应该放下手里的工作，认真地和孩子进行沟通，但是，他们实在是太忙了，根本顾不上思考，于是就简单应付几句不疼不痒的话。在他们想来，孩子只要听到父母的回答就开心了，根本不会知道他们是否在应付。其实不然，孩子可以从父母脸上一个微小的表情上捕捉到想要的信息。因此，父母千万不要应付孩子，孩子虽然小，但是他一定会发现的。

5. 鼓励、支持孩子在学习中去探索

小白是一个非常天真活泼的孩子，有很多优点，就是不爱动脑筋。有时

老师布置几道难度稍大一点的作业题，其他小朋友都会认真思考，结合书本及老师提炼出来的知识点动脑筋解决问题。而小白一看不会做，就立即合上作业本说："不会做，等明天老师讲解吧。"尽管爸爸一再要求她仔细想想，动动脑筋，可是小白却坚持不肯动脑筋。

不仅是在学习上，在生活上也是如此，遇到任何新鲜事物，小白即使感到好奇也不愿多去探索。例如，有一次爸爸妈妈带她去动物园，看到了一种名为火烈鸟的动物。这是小白从来没有见到过的新物种，她非常好奇，火烈鸟竟然长着像火一样的双翅。为了能够引导小白动脑筋进行探索，爸爸问道："小白，你知道为什么火烈鸟的翅膀像火一样红吗？""我不知道。"小白像平常一样如实地回答道。"那你愿意和爸爸一起寻找答案吗？"爸爸接着问道。"不用了，太麻烦，爸爸如果你找到了答案，告诉我一声就行了。"小白的回答让她的爸爸大跌眼镜。

小白就是这样一个不爱探索的孩子。面对这种思想懒惰的孩子，家长应该怎么办呢？

首先，不能否认小白有很多优点，但是不爱动脑、对事物缺乏探索精神绝对是她的一个致命缺点，直接影响着她以后的学习和生活。那些学习成绩优良的孩子从来都不是思想懒惰的孩子，他们非常爱动脑筋，遇到问题积极探索，具有举一反三的能力。这样的孩子在以后的生活和工作中同样善于探索，很多技能能够在短时间内迅速掌握。而像小白那样不爱动脑的孩子，他们只会按部就班地依照程序做事情，可以这样说，他们"没有脑子"，离开制式的程序和思考他们就什么也不会做了。

人类的文明就是在一次次思想与现实的碰撞中前进的。没有第一个勇于探索螃蟹味道的人大胆地试吃了螃蟹，人们的餐桌上永远不会出现螃蟹的影子；没有第一个勇于探索飞翔是一种什么感觉的人为自己绑上两只翅膀，人们永远乘不上飞机；没有第一个勇于探索宇宙的人登上其他星球，人们永远不知道地球以外的星球是什么样子……人类文明的进步离不开孜孜以求的探索精神，没有探索精神的孩子永远无法成为一个完整的人。

作为家长，我们要努力培养出具有探索精神的孩子，让孩子的精神世界无限广阔。

（1）鼓励孩子多提问

孩子提出问题，说明孩子在进行探索，在开动脑筋，这是一个好现象。作为家长，在孩子提问的时候一定要认真对待。家长的态度直接关系到孩子提问的积极性。如果孩子发现自己问问题时，父母总是非常重视，那么孩子就会愿意提问。同时，父母还应注意回答孩子时的态度，要耐心。很多时候，孩子们提出的问题总是让人很难回答，说深了孩子不懂，说浅了家长又不知道该怎样组织语言。于是，家长开始急躁，开始不耐烦。面对家长的不耐烦，孩子们慢慢开始不敢提问了。因此，作为家长，对孩子提出的各种问题，要耐心、用心地做出解答。

（2）引导孩子探索

家长们要抓住一切机会，引导孩子探索。例如，走在街上，看到红绿灯在闪烁，不妨问问孩子："世界上除了红绿灯之外，还有其他方法能够指挥交通么？"不要担心你的问题太难，任何问题只要孩子用心思考都会有答案的。

（3）鼓励孩子多和年龄大的孩子玩

年龄大的孩子，视野更宽广，思维更敏捷，很多事物他们能够顺利解读。孩子多同这样的孩子一起玩耍，接触的事物也会更具探索性。

生活就是一个神奇的大课堂。在这里，孩子们可以尽情地探索，在未知的领域畅游，感受神奇与神秘，享受获取知识的过程。

6．欣赏孩子，孩子越来越优秀

每一个孩子都是天才，都有某种天赋。之所以父母觉得自己的孩子不是天才，是因为他们不懂得欣赏孩子。

孩子身上的天赋，就像是一颗原始的玉石，未被加工时，和其他普通石头一样，只有那些慧眼识珠的人才能发现它们的价值，细心打磨之后，将它们变成宝玉。对孩子而言，父母就是那些慧眼识珠的人，只有懂得欣赏孩子，才能发现孩子身上的天赋，才能给孩子更大的鼓舞，使孩子变得越来越优秀。

晨晨开始学习跆拳道了。但是妈妈却觉得晨晨练得不好，动作不到位，对教练指令的反应也不迅速。于是，妈妈利用课余时间找教练了解情况。教练却说晨晨很有天赋，表现得很好。妈妈有些不解。

这一天，妈妈发现晨晨还是练得不成样子。于是，她生气地说道："你是怎么回事，这么一个小动作反复练习了很多次还是不到位，你上课的时候都听什么了？"

孩子很委屈，说道："上课的时候，我听得很认真，教练还夸我的动作到位，我也不知道为什么在家里就练不好。"

妈妈听了一愣。第二天，晨晨去上课的时候，她悄悄在一旁看着。确实，孩子在课堂上的动作做得非常标准，反应也很敏捷，可是为什么在家里练习时就……晨晨妈妈很是不解。很快，晨晨妈妈发现，教练总是时不时地鼓励孩子，"很棒，接着来""厉害，再接再厉"。

看着教练习惯性地冲着孩子做出竖起大拇指的动作，晨晨妈妈找到了答案。妈妈发现，在教练的鼓励下，晨晨的眼睛里充满信心。她这才恍然大悟，自己总是一味指责孩子，不是说孩子这里不对，就是那里不对，搞得孩子紧张兮兮的。孩子越紧张，就越容易出错，越出错，她就越说孩子。想到这些，妈妈心里很不是滋味，她决定，从今天开始学会欣赏孩子，多看孩子的闪光点，多由衷地赞扬孩子。久而久之，晨晨妈妈发现：孩子真的越来越优秀了。

故事中的妈妈及时发现了问题，改变了自己的态度，开始学会欣赏自己的孩子。很快，孩子变得越来越优秀，这是多么值得高兴的事情呀！可是，生活中依然有很多父母重复着那位妈妈曾经犯过的错误，并且越陷越深。

美国哲学家威廉·詹姆士曾经说过："人类本质中最殷切的要求就是渴望被肯定。"每个人都希望得到他人的认可，孩子更是如此。孩子在成长的过程中，必然会遇到很多的困难。此时，父母的肯定是对孩子最好的鼓励和支持。父母对孩子的赏识，可以让孩子充满力量，感受到被信任和被尊重，进而更上进。因此，建议父母一定要学会欣赏自己的孩子。

（1）不要动不动就呵斥孩子

"这是什么呀，我怎么生了你这个笨蛋呀！""你能不能让我省点心！""我不求你做人上人，你也没有那个能力，只希望你将来能养活自己就可以了！"……

如果你正在这样指责自己的孩子，请赶快停止。你的孩子一定是一个天才——只要你懂得欣赏他。在这些贬低和抱怨声中，孩子们会越来越坏，最终偏离成才的轨道。

（2）肯定孩子的进步

即使是一次小小的进步，父母们也要及时给予肯定，让孩子体会进步的乐趣和喜悦，这样才能激励孩子再接再厉。

（3）不要盲目欣赏自己的孩子

很多家长看自己的孩子哪里都好，做什么都好，一点也看不到孩子的缺点，这样的赏识是盲目的。孩子的优点父母应给予肯定，缺点也需要父母及时指出和纠正，这样才能让孩子变得越来越优秀。盲目欣赏自己的孩子，会助长孩子骄傲、虚荣的心理，让孩子变得目中无人、自负自大，最终走上下坡路。

7．鼓励孩子，孩子更有向上的动力

家长的鼓励是孩子成长的营养素，能够滋养孩子幼小的心灵，赋予孩子强大的向上的动力。

德国前总理科尔小的时候性格非常内向，不怎么爱说话，做起事来也总是比别的孩子慢半拍，因此，其他小朋友经常嘲笑他。

一次，小朋友又一起嘲笑他，科尔委屈地哭了起来。爸爸看到之后，问科尔为什么哭。科尔答道："爸爸，我是一只很笨的小鸟，什么事也做不好，其他人都看不起我。"

父亲听完，哈哈地笑了起来："科尔，你不是一只笨小鸟，相反爸爸觉得你非常特别，别人能做好的事情，你也一定能做好，即使稍稍慢一点。别人做不到的事情，你同样还能做到。"

科尔有些怀疑地看着父亲："爸爸，真是这样吗？"

"孩子，你有没有听过麻雀和海鸥的故事呀？"爸爸问道。

科尔摇了摇头。

爸爸思考了一下，说道："这样吧，科尔，我先不给你说麻雀和海鸥的故事，明天我专门带你去一趟海边，让你亲眼看一看它们。"

第二天，爸爸带着科尔来到了海边。在沙滩上，有很多落潮留下的小鱼小虾，麻雀和海鸥正在抢夺食物。每当海浪袭来时，小麻雀的反应最为灵敏，"呼啦"一下就飞上了天空。而海鸥则显得很笨拙，费力地拍打着翅膀，好半天才飞上天空。

这时，科尔的爸爸对他说道："孩子，你和那些笨拙的海鸥一样，反应并不灵敏，起飞时也比麻雀慢半拍，但是孩子你知道吗？能够横跨大洋的不是反应灵敏的麻雀，而是笨拙的海鸥。"

尽管当时科尔因为年纪还小，不能完全理解父亲的话，但是父亲的话却让他不再自卑。他开始像海鸥一样，尽管反应慢，依然坚持着"起飞"。他相信：只要自己一直努力，一定可以飞起来，只不过是慢一点。后来，随着年龄的增长，很多以前的事情科尔都不记得了，只有父亲的这句话，科尔一直铭记于心。

事实上，科尔之所以能够成为战后德国执政最长的总理，与父亲对他的悉心教导密不可分。生活中，很多父母都明白应该多鼓励孩子，这样有利于孩子的成长。但他们并不知道，父母的鼓励对孩子到底有多大的影响。

科尔的父亲只是众多平凡父母中的一员，科尔的先天资质还比同龄孩子差一些，可就是在这样的基础上，父亲的鼓励还能带来如此翻天覆地的变化，为科尔日后创造辉煌人生打下坚实的基础。那么，鼓励应注意些什么呢？

（1）鼓励不是赞美

鼓励和赞美，虽然都是对孩子的正面评价，都能帮助孩子树立信心，但是，鼓励具有激发和勉励的意思，意在引导孩子走向更大的成功，而赞美则是对孩子单纯性的肯定。因此，父母在生活中，要尽量多鼓励孩子，而不是赞美孩子。赞美孩子需要适度，这点需要父母们弄清楚。

（2）鼓励重在挖掘孩子的优势

李白说，"天生我材必有用"。孩子们的天赋不同，这就要求父母们拥有一双慧眼，挖掘出孩子的优势加以鼓励，让孩子充分发挥出自己的优势，进而快速成长。

第九章

别和叛逆期的孩子较劲：亲子无障碍沟通 6 招

1．和孩子讲道理要动之以情

对孩子过于溺爱了，行不通，那是在害孩子；对孩子过于严苛了，行不通，那会激起孩子的逆反心理。很多父母在教育孩子的问题上头疼不已，不知该如何把握分寸。

赵东东最近频频犯错，不是把邻居家的孩子打了，就是上课惹老师生气了。因此，妈妈经常训斥他。

有一次，赵东东又和同学打架了。同学家长带着哭哭啼啼的孩子找到东东妈妈。妈妈非常生气，冲着赵东东大声吼叫起来，可是赵东东却一副无所谓的样子。最后，妈妈让赵东东回屋反思，赵东东竟然还对那位同学竖起了拳头，吓得人家孩子哭得更厉害了。妈妈和那孩子的家长怎么哄也哄不好，最后那位家长只得带着孩子离开了。

妈妈送走了孩子的家长，想起东东刚才无所谓的样子，开始反思自己的教育方式。妈妈发现，最近一段时间自己好像一直在训斥孩子，对孩子的教育方式太过简单粗暴。于是，妈妈来到东东的房间里，对东东说道："孩子，最近妈妈的心情不是很好，对你的态度有些粗暴了，你能原谅妈妈吗？"

东东低着头，默默地点了点头。妈妈看得出来，孩子的心里还是非常愿意接近母亲的。妈妈语重心长地说道："东东，虽然妈妈的态度不好，但是你最近的行为也真是有些过分了。妈妈希望你能够理解一下妈妈。妈妈每天忙着工作已经很辛苦了，如果你能约束好自己，别让妈妈操太多的心，妈妈会轻松一些。"

听了妈妈的话，东东抬起头看了看妈妈，的确，妈妈的头上已经有了白发。东东对妈妈说道："妈妈，对不起！我给你添麻烦了，我以后一定改。"

事例中妈妈的做法值得家长们借鉴，她在发现问题的第一时间调整了与孩子沟通的方式，一改从前简单粗暴的教育方式，转而和孩子讲道理，晓之以理，动之以情，最后打动了孩子的心，使孩子意识到了自己的错误。

生活中，很多父母在对孩子讲道理时，总是直来直去，一点弯儿都不拐，而当这种讲道理的方式不起作用时，又开始对孩子大吼大叫。父母的这种简单粗暴的沟通方式非常容易激发孩子的逆反心理，导致亲子关系陷入僵局。在教育效果微乎其微的情况下，父母不妨尝试一下以情打动孩子的心，然后让孩子感受到父母的不容易，从而更加理解自己的父母。

（1）不要与孩子争吵

争吵往往会让问题复杂化，让一件小事演变成大事件。在争吵中，父母和孩子都会失去理智，说出一些过激的言辞来，在伤害了对方的同时也伤害了自己，导致孩子不愿再聆听父母的教导，父母不愿再理性地理解孩子。

在某一时期，孩子会变得叛逆，在言行上显得不听话起来。因为在这个时期，孩子的自我意识非常强，接受不了他人对自己太多的干涉和控制，凡事喜欢自己做主。在这个时候，父母不要与孩子争吵，争吵的样子是最丑陋的，要学会适当示弱。

（2）示弱，以情感打动孩子

父母在孩子心中的位置非常重要。孩子对父母有着很深很深的情感，这种情感不会因为亲子关系紧张而消失。当孩子处于叛逆这个特殊的时期，对孩子的教育方式要以示弱为主，不能强势命令和斥责孩子。最好的示弱方式就是以真情打动孩子，这个沟通方法非常有效。通常情况下，孩子在父母情感的感召下，都会更加理解父母，体谅父母的辛苦，变得懂事起来。

2．放弃对孩子的控制

相信很多父母都有过抓沙子的经历吧？是的，在沙滩上用手抓起一把沙子，你会发现你越是用力，抓起的沙子就越少，相反如果你能放松一些，抓起来的沙子会更多。管教孩子也是如此，父母们越是严格管控孩子的一举一动，孩子们的行为越是乖张；相反，父母松开手，给孩子一定的空间，孩子反而会更好地约束自己，不让父母操心。

婷婷的母亲非常温柔，从小就没有打过婷婷一巴掌。记得小的时候，爷爷奶奶从老家来看望他们。由于婷婷和爷爷没有在一起生活过，非常陌生，所以当爷爷想要抱起她时，她狠狠地咬了爷爷一口。当时妈妈也只是批评了她几句。奶奶知道后非常生气，责备妈妈对孩子疏于管教。

婷婷就是在这种宽松、自由的家庭环境里成长起来的。尽管妈妈对她管控得不严，但是婷婷从来不给妈妈惹事，无论是在学习上还是在生活上都做得很好。

相反，婷婷的姑姑则对孩子管得非常严。无论是生活上还是学习上，姑姑的一句话，简直比圣旨还好使。在姑姑面前，婷婷的表姐们从来都是规规矩矩的，不敢越雷池一步。可是姑姑总是觉得奇怪，怎么自己这么严厉地管教孩子们，孩子们的成绩却比婷婷的成绩差那么多。还是婷婷的一句话道出了真相："表姐背着姑姑做尽了'坏事'，她们根本就不听姑姑的话。"

这就像是抓沙子，婷婷的姑妈手攥得太紧了，因此对孩子们就没有太多的约束力了，甚至还会引发孩子的逆反心理，导致孩子们故意和她对着干。所以，父母在管教孩子的时候，不要对孩子控制得太严格，只要孩子在家长的"手心里"，不要过多地管控孩子，要给孩子自由的空间。

（1）一些小事情不要说孩子

阳阳的爸爸总是喜欢管一些鸡毛蒜皮的小事情，例如孩子开玩笑时说了一些稍稍过分的话，吃饭的时候有些慢了，和小伙伴一起玩耍时跑得太快了，等等。

对于一些无关紧要的小事情，家长不要过度干涉，要给孩子一点犯错的空间。如果父母每天都唠唠叨叨地说个不停，孩子就不会把父母说的话放在心里了。等到真正需要约束孩子的时候，父母的话就不管用了。因此，好钢要用到刀刃上，父母对孩子的控制也一定要在关键环节上。

（2）少否定，多肯定

对于孩子的教育要以"少否定，多肯定"为基本原则。多看孩子好的一面，及时鼓励赞扬。对于孩子不好的一面，父母要点到为止，不要夸大事实，更不要抓住不放，过度打击孩子。

经常听家长们说，"某某家的孩子可懂事了，父母稍稍点一下，孩子立马就改了。可是我家这个孩子，我就是连骂带打，人家也不拿我说的话当回事"。造成这种差距的根本原因不在孩子的身上，而在家长的身上。

（3）相信孩子，给孩子更多的权利

父母在教育孩子的过程中，一定不要忘记孩子是一个独立的个体，不应该受任何人的控制。他们不是小木偶，父母也不是在操纵小木偶。父母的职责是教育，是引导，而不是控制。父母也要充分相信自己的孩子，放开控制孩子的手，给他们足够的权利和自由。孩子的事情应该由他们自己决定，他们有遵从本心的权利。父母可以给孩子提意见，但是绝对不能控制孩子。

3. 叛逆背后的真相

教育学家孙云晓曾经说过："对待孩子的叛逆，人们往往想着怎么去改变，而实际上叛逆中往往有极其宝贵的品质，如独立的眼光、对真理的追求、独特的创造、鲜明的个性等等，所以能够发现和尊重叛逆中的宝贵品质，才是真正的教育。也只有这样做，才能改掉孩子叛逆中的劣质。"事实上，这就是叛逆的真相。父母们只有正确认识了叛逆，才能真正收服它。

小杰今年上初一，是个大孩子了，有自己的主意了。他非常喜欢跆拳道，从小就开始练习，几年下来已经练到黑带了。因此，小杰经常参加一些相关的比赛，他希望有朝一日自己可以在跆拳道方面有所作为。可是，爸爸却不这么想。随着小杰学习任务的加重，爸爸开始限制小杰在跆拳道方面花费的时间和精力，经常阻止他参加一些比赛，认为会耽误学习。为此，小杰对爸爸很不满。

一次，小杰又提出要参加一项比赛，爸爸连考虑都没有考虑就一口回绝了。小杰非常气愤，指责爸爸专横、不讲道理。于是，父子二人吵了起来。一气之下，爸爸竟然说出了让小杰滚的话。爸爸的态度大大刺激了小杰，小杰背起书包竟然真的离家出走了。

后来，小杰虽然被找了回来，可是和爸爸的关系却非常僵，几乎一句话也不和爸爸说。爸爸对小杰的行为非常失望，不停地训斥他"不争气"。为了缓和父子二人的关系，妈妈主动找小杰谈心。在交流的过程中，妈妈了解到了小杰对自己未来的规划和对爸爸的不满。这时，妈妈才发现孩子其实已经为自己的未来选择了方向，而爸爸还在按照自己的想法指挥孩子。于是，妈妈将小杰和爸爸拉到一起，让他们都听听对方的心里话。一番沟通后，爸爸竟然对小杰的想法非常支持，说道："你的想法非常好，爸爸没有想到你竟然已经为自己打算好了，看来是爸爸不够了解你呀。"

其实，叛逆是孩子在青春期阶段的主要特点。这个时期的孩子，无论在生理上还是心理上都发生了巨大的变化，表现出了成年人的情感和独立感，不希望被压迫、威胁，希望得到父母的尊重和认可。他们逐渐有了自己的想法，对很多事情都不服，喜欢表达、坚持自己的想法，做事易冲动，不怎么考虑后果。

此时，父母如果不够了解叛逆期孩子的心理特征，盲目地认为孩子不听话、不懂事、不争气，对孩子大吼大叫，甚至动手打孩子，孩子只会更加叛逆，更加不懂事。但如果父母能够多了解了解孩子，正确对待叛逆期的孩子，采用温和的沟通方式，走进孩子的心里，拉近与孩子的距离，那么孩子叛逆的心理一定不会太强烈。

事实上，叛逆期的孩子虽然性格比较鲜明，但是父母们也要正确看待孩子的变化，不要盲目压制孩子的个性，其实孩子表现出来的很多个性，只要父母稍加引导，就可以成为孩子身上宝贵的品质。

不管怎么说，父母们还是要以尊重孩子为前提，尽可能地站在孩子的角度上，有的放矢地削弱孩子的叛逆心理，切记不要与孩子发生正面冲突，沟通一定要讲究技巧，否则只会加重孩子的叛逆心理。

4．停止对孩子大吼大叫

"叛逆期的孩子不好管"，这句话得到了父母们的普遍认可。

"李强，今天老师给我打电话了，说了你在学校打架的事情，你到底为什么这么做？"爸爸阴沉着脸问道。

"也没有什么特殊的原因。那小子太狂了，竟然跑到我们班里打我的同学，好像我们三班没人了似的。"李强嘀咕着。

"所以呢？"爸爸接着问。

"所以我和几个好哥们就把他揍了。"李强倒也诚实。

"这么说，你是为了哥们义气了？那么，那位同学为什么跑到你们班里打人呀？"爸爸问道。

"我也不太清楚，好像是因为一个女生。"李强答道。

"你什么都不清楚，甚至有可能是你的哥们做了错事，在这种情况下，你就动手打人，这不是不讲道理吗？"爸爸强压心中的怒火。

"不是，那按您的意思，我袖手旁观呗？不就是打个架嘛，您至于这么生气……"还没等李强说完，爸爸一巴掌就扇了过去。

只听"啪"的一声，李强的脸上顿时出现了五个红指印。

"爸，从小到大，我挨了您多少巴掌，数都数不过来了。我有时候都怀疑自己是不是您亲生的孩子。"李强捂着脸说道。

听到李强这么说，爸爸更加生气了，冲李强大吼道："你给我滚！你根本就不是我的儿子，我再也不想见到你。"说完，父亲转身离开了。

父亲走后，李强拿了几件衣服也走了。从那以后，李强真的再也没有回过家。

父母在愤怒时说出的话，也许是无意的，可是孩子却很容易当真。就像事例中李强的父亲，在盛怒之下说出了让孩子滚的话，其实这只是他一时愤怒说出来的，而李强却当真了，一场悲剧就这样上演了。在这个过程中，孩子有错，但父母的错更大。

对于父母而言，面对孩子所造成的突发状况应该保持足够的冷静和理智，要控制住被孩子激起的恶劣情绪，这样才能与孩子进行良好的沟通，从而找到更好的解决方法。大吼大叫、拳脚相加有什么用呢？只会让事态的发展脱离自己的控制，让孩子做出更糟糕的事情来。尤其是对待叛逆期的孩子，更不能采用这样简单粗暴的沟通方式。

（1）保持冷静，控制自己的情绪

因为孩子的种种过失，父母的情绪非常糟糕，恨不得冲上去揍孩子一顿。如果是这样的状态，那么建议父母不要急着与孩子进行沟通，先找个地方调节一下自己的情绪，等到心情平复后再和孩子沟通。

（2）不要说过激的话

一些话说出去之后是收不回来的。父母在和孩子沟通中，一时愤怒会说出很多过激的话，这些话说出来，父母也许会暂时痛快了，可是孩子呢？听到这些伤害自尊心的话，他们会是什么感觉？父母与孩子换位想一想，体会一下孩子的感受，也许就能克制住那些过激的语言了。

（3）吼叫解决不了问题，还是想想真正有效的解决之法吧

事实上，父母的吼叫对于纠正孩子的错误没有任何作用，即便孩子屈服了，也是被迫的，是因为害怕父母，并不是真的意识到自己的错误了。这样的教育方式是失败的、无效的，父母还是想想其他更有效的解决之法吧，例如心平气和地与孩子谈心，讲道理；或是静静倾听孩子的心里话，寻求更多的心灵交流；等等。这些方法对于教育孩子都非常有效果，而且不会激起孩子的叛逆心理。

5．父母的不理解是孩子真正的痛

孩子一天天地长大，当他们迈进青春期的门槛之后，父母们就会发现孩子一点点地叛逆起来：和父母顶嘴、无端地发火、不肯聆听父母的教诲、不愿意和父母说话、给自己的抽屉上锁等等。这时，很多父母开始变得紧张了："孩子的叛逆期来了！"

丁丁的叛逆期来了，再也不肯听父母的话了，而且还很暴躁，只要是他看不顺眼的东西不是摔就是踹。父母说过他几次，都没有效果。

一天晚上，丁丁随便吃了口饭就回屋了。妈妈看出孩子好像有心事，想要和孩子谈谈，没想到孩子竟然反锁了房门。丁丁妈妈并没有敲门，她觉得

孩子既然将房门反锁，说明他不想与人交谈，想一个人安静一会儿。

第二天，丁丁起床后，拉开房门看到门口放着一封信，打开一看竟然是妈妈写的。

亲爱的孩子：我和你的爸爸了解到你目前遇到了一些挫折。虽然你不愿意告诉我们，但是爸爸和妈妈感觉到了。我想告诉你，不管你遇到什么样的困难，也不管你做出什么决定，爸爸妈妈永远支持你。妈妈相信，不管困难有多大，你都有能力处理好它们。如果你觉得心情很不好，需要找人倾诉，你可以和爸爸妈妈说，我们永远是你的听众。我们是一家人，风雨同舟！

丁丁看完这封信后，心情好了很多，爸爸和妈妈非常理解他，这让丁丁觉得心里暖暖的。从那以后，丁丁总会不定期地和妈妈写信交流，在信中他们说了很多悄悄话。丁丁的叛逆心理也渐渐地平复了很多，变得爱笑了，也愿意和父母沟通了。

其实，面对暴躁的孩子，很多家长都不能理解孩子，他们甚至表现得比孩子还暴躁，结果当然是一场亲子大战，双方都受伤。事例中的这位母亲把亲子关系处理得非常好，她并没有被孩子的坏情绪所影响，而是选择了一种最贴心的方式——写信，在信中表达了理解孩子的心情，从而有效地化解了儿子的叛逆情绪。最后，孩子还和妈妈写信交流，改善了亲子关系。

生活中，很多父母的确应该反省一下自己的教育方式：造成孩子叛逆心理的只是孩子本身的问题吗？与父母的教育方式无关吗？事实上对于孩子而言，父母的不理解才是孩子真正的痛。

（1）面对孩子的叛逆，父母要保持冷静

很多父母就见不得孩子一天阴沉着脸，好像谁都对不起他的样子。每当看见孩子这个样子时，父母都会被激怒，不仅不能理解孩子，还处处针对孩子，导致孩子原本就很烦躁的心情更加糟糕。

面对孩子的叛逆，父母需要保持冷静，不能也被孩子传染得叛逆起来。孩子正处于懵懵懂懂的敏感时期，多愁善感一些在所难免，父母一定要理解孩子，保持理智，想出一个好办法来帮助孩子尽快摆脱坏心情。

（2）多反思自己的教育方式

一般情况下，孩子出现了问题，最大的责任人就是父母。父母应该借此机会好好反省一下，是不是自己的教育方式太激进，刺激了孩子？

（3）站在孩子的角度，尽量体会孩子的感觉

青春期的孩子会做出很多的荒唐事，对此，父母要给予最大的理解和包容。谁都是从年轻时候过来的，谁没有在年轻时做过荒唐事呀！等到年岁大一些再回想当初，那些荒唐事也是一份追忆青春的美好回忆。因此，父母要站在孩子的角度，感受孩子的心情，这样就能更好地理解孩子了。

6. 别拿自己的孩子与别的孩子比较

生活中，很多家长总是喜欢拿自己的孩子与别的孩子比较。如果比较的结果是自己的孩子更优秀，心里就美滋滋的；如果是别的孩子比自己的孩子更优秀，孩子就倒霉了，一准儿挨父母一顿数落。

其实，孩子心里非常不愿意父母拿自己与别人做比较，无论是谁优秀，孩子都不希望父母这么做。这会让孩子感觉到压力，原本青春期的孩子就敏感，情绪波动很大，如果这个时候，父母再给孩子增添无谓的压力，会导致孩子的叛逆心理加重。

小美和珠珠是邻居，两个孩子年龄相仿，是非常好的朋友。这一天，珠珠来找小美玩，一进门就看到小美阴沉着脸，好像很不高兴的样子。小美的妈妈情绪也很不好，见到珠珠进来，问道："珠珠，你的暑期作业做完了吗？"

珠珠回答道："我早就做完了呀。"

这下小美妈妈更加暴躁了，指着小美大声吼道："你看人家珠珠，什么都比你强，人家的作业早就写完了，你的呢？还天天跟着人家一起玩。"

小美低着头，小声对珠珠说道："珠珠，你先回去吧，我们明天再一起玩。"

珠珠起身准备离开，离开时珠珠非常有礼貌地和小美妈妈告别："阿姨

再见。"

就是这样一句普通的话，又让小美妈妈暴躁了起来："看人家珠珠多有礼貌呀，真是比你强太多了！"

小美关好门，转过身来怒视着妈妈，说道："珠珠哪里都比我强，你就知道拿我与别人比较。你怎么不拿自己和别人比较呢？人家珠珠妈妈什么时候像你这样对珠珠大吼大叫呀？人家妈妈多有素质呀，你觉得珠珠比我好，那你去做珠珠的妈妈呀，说不定珠珠还不想要你这样的妈妈呢。"

听了女儿的话，小美妈妈半晌没有说出话来。

是呀，为什么非要拿孩子与别人的孩子比较呢？孩子的好坏与父母的教育方式有很大的关系。如果一定要比较，那么也是父母之间教育方式的比较。

印度思想家奥修曾经说过这样一句话："玫瑰就是玫瑰，莲花就是莲花，只要去看，不要去比较。"父母拿自己的孩子与别人的孩子进行比较，永远也不会有结果。首先，别人家的孩子你并不了解，你看到的只是非常小的一个点，拿这个点与自己孩子的整体进行比较是不公平的。其次，山外有山，人外有人，总会有比自己孩子好的孩子，也总会有不如自己孩子的孩子，这样的比较有尽头吗？有意义吗？

（1）父母需要明白：孩子不是用来炫耀攀比的工具

父母一定要记住，孩子不是你们用来炫耀攀比的工具。比赢了还好一点，一旦比输了，倒霉的是自己的孩子。别让孩子为你的面子遭罪。这样的攀比会大大挫伤孩子的自尊心。特别是正处于叛逆期的孩子，更接受不了父母这样的比较，这个时期的孩子需要的是轻松自在的环境。因此，父母们，请不要说出拿自己的孩子与别人的孩子进行比较的话语来。

（2）父母需要明白：比来比去会比出差孩子来

俗话说："尺有所短，寸有所长。"每个孩子都有其擅长与不擅长的一面。如果父母总是拿着孩子的短处与别人的长处做比较，只会挫伤孩子进取的积极性，最后引发孩子的叛逆心理，让他做出自暴自弃的举动。这样的苦果，其实是父母自己酿造的。

（3）比较，会增加孩子的嫉妒心理

父母们比来比去，孩子们也会跟着比来比去。父母们这种无聊的比较除了滋长孩子的嫉妒心理外，对孩子的成长没有任何好处。孩子们的心灵是脆弱的，如果在很小的时候，就被父母影响着滋长出失衡的嫉妒心理，那么孩子的一生都会被这种心理困扰。父母的错却让孩子付出了代价。

第十章

不吼不叫：言辞平和的父母更能得到尊重与
信任

1. 尊重孩子的想法，跟孩子一起探讨交流

当孩子向父母表达自己的想法时，父母要尊重孩子的想法，要给孩子足够的耐心和时间，认真听听孩子的想法，和孩子一起探讨。只有这样，亲子间才能更好地沟通。正如康德曾说：孩子只要不做有害自己和他人的事，就应当让他们有行动的自由，不要硬去改变孩子的意愿，要让孩子懂得，他们只有为别人提供达到目的的可能性，才能达到自己的目的。"

富兰克林的母亲萨拉是一位非常合格的母亲。在富兰克林小的时候，萨拉非常尊重孩子的想法，从不硬去改变，这不仅让富兰克林和母亲建立起亲密无间的关系，更培养了富兰克林有主见的性格。

一天，富兰克林和母亲一起挑选衣服。母亲为他挑了一件带花边的衣服，富兰克林不喜欢。母亲又为他选了一件苏格兰短衫，富兰克林又拒绝了。最后，他和母亲一起讨论，选择了一件水手服。

很多年之后，富兰克林的母亲说起这件事情是这样描述的："父母们对衣服的品味虽然高雅，但是执拗的孩子并不喜欢……我们从来不尝试对他施加影响，来反对他的喜好，或者按照我们的模式规定他的人生道路。"

富兰克林的母亲是一位充满智慧的母亲，从这样一件小事上就能看出来。母亲的这种教育方式，让富兰克林养成了良好的性格，值得父母们学习、借鉴。

随着年龄的增长，孩子对外界的事物有了自己的想法和观点，这原本是一件非常自然的事情。可是，生活中，总是有很多"多事"的父母，盲目地干涉孩子的思想，在和孩子沟通的过程中，经常以命令的口吻向孩子传达不可更改的"圣旨"。父母们这样的行为，是不尊重孩子的表现，不仅不能让孩子心甘情愿地按照自己的想法做事，反而会将孩子推得更远，激发孩子的叛逆心理，让亲子沟通出现问题。

因此，父母一定要学会尊重孩子，给孩子足够的空间，让孩子独立思考。终究，孩子的人生需要他们自己决定。

（1）孩子表达出自己的想法时，父母要鼓励

孩子不是父母的私有财产，他们也有独立的思考力和判断力。当孩子勇敢表达自己的想法时，说明孩子又成长了一大截儿。作为父母，不管孩子的想法是否成熟，都要鼓励孩子的这种行为。如此一来，孩子会更爱思考问题，越来越有主见。

（2）让孩子自己做决定

面对孩子的问题，父母只能提出参考意见，最终的决定权应该交给孩子。因为，最了解自身需求的永远是自己。孩子的想法代表着他的需求，父母没有权力干涉。如果孩子的想法实在不成熟，父母可以提出更好的、更成熟的想法，但是仅供孩子参考。其实，父母们不必太过担心孩子走弯路，成长是要付出一些代价的，不经历一点挫折和失败，孩子怎么能够成长呢？

（3）否定孩子的错误想法

尊重孩子的想法，并不代表要全盘接受孩子的所有想法。对于孩子的一些错误的想法，家长一定要及时否定。当然，父母们也不要一副如临大敌的样子，要正确看待孩子的错误思想，进行引导式沟通，让孩子自己意识到错误。如此一来，不仅达到了纠正错误思想的目的，还维护了孩子的自尊心。

2．家长也要向孩子敞开心扉

斯宾塞曾说："家长一般很少向孩子透露自己的内心世界，只习惯做道貌岸然的训导者，但反过来却要求孩子向自己坦露一切，这种不平等的要求，当然不可能取得好的教育效果。"的确如此，如果父母只单方面要求孩子向自己敞开心扉，而自己却不向孩子敞开心扉，这种不平等的要求，会严重妨碍亲子沟通。父母只有向孩子敞开心扉，孩子才更愿意向父母敞开心扉，亲子间的沟通才能更高效。

一位妈妈非常重视与儿子间的沟通，反复做孩子的工作，要求孩子向自己敞开心扉。于是，儿子和妈妈分享了很多小秘密。可是，这位妈妈因为要维护自己在孩子心目中的形象，隐藏了自己已经失业的事情。为了瞒过孩

子，这位妈妈每天按时出门，晚上按时回家。只不过她没有去上班而是去附近的公园溜达。

有一天，儿子忽然问妈妈："妈妈，你是不是失业了？"

妈妈感到非常惊讶，连忙摇头否认："没有呀，妈妈不是每天都出门上班嘛。"儿子满腹狐疑地走开了。

第二天，儿子又问妈妈："妈妈，你今天上班了？"面对儿子充满怀疑的目光，这位妈妈依然坚定不移地答道："当然了，我一下班就急着赶回来给你做饭。"儿子听完，咬了咬嘴唇，再也没有说什么。

之后，这位妈妈发现，孩子不愿意和她分享秘密了。她觉得很纳闷，不知道问题出在哪了。后来，在一次家长会上，班主任说起前段时间孩子们去公园游玩的事情，妈妈才恍然大悟。

在这个故事中，妈妈要求孩子向自己敞开心扉，自己却没有向孩子敞开心扉，欺骗了孩子。她的这种行为直接伤害到了孩子，导致亲子沟通出现了很大的障碍，如果这位妈妈也能向孩子敞开心扉，这样的伤害是完全可以避免的。因此，我们要引以为戒，不能单方面要求孩子，自己也要向孩子敞开心扉，这样才公平。

生活中，父母遇到了为难的事情，当孩子询问时，要尽可能地向孩子敞开心扉，不要胡乱搪塞，否则会伤害到孩子，关闭与孩子沟通的大门。生活中，经常会听到一些父母抱怨："和孩子沟通真难，有什么事情都不愿意和我说。"责备孩子不愿敞开心扉的同时，父母们应该扪心自问，自己有没有向孩子敞开心扉呢？想要正确引导，必须在平等的基础上更多地了解孩子，倾听孩子心声的同时，也要让孩子听到自己的心声，这样才能促进亲子间的沟通。

（1）和孩子聊聊你的工作情况

很多父母总会埋怨孩子乱花钱，不知道节省。那是因为孩子根本不知道钱是怎么赚来的，不能体会父母的辛苦。如果父母们能够向孩子敞开心扉，说说工作上的酸甜苦辣，那么孩子再花钱的时候，就会联想到父母的辛苦，就不会随便花钱了。事实上，父母工作的经历对孩子而言，未尝不是一笔财富。孩子长大之后，也要参加工作，提前让孩子了解职场上的事情，孩子会更容易接受职场生活。

（2）让孩子了解你的烦恼

任何沟通都是双向的，亲子沟通也不例外。父母想要了解孩子的感受，是为了更好地引导、教育孩子。而孩子也需要了解父母的感受，这样他们才会觉得公平，在自己遇到困难时，自然而然地会向父母倾诉。

（3）和孩子分享你的小秘密

和孩子沟通一定要有艺术。向孩子敞开心扉，分享你的小秘密，更容易引起孩子情感上的共鸣，从而建立起互相信任、更加亲密的亲子关系。如此一来，父母更容易走进孩子的世界，参与孩子的成长。

3．一定要学会给孩子留面子

"我是孩子的父母，说他两句怎么了？"很多父母就是抱着这样的心态去管教自己的子女。虽说父母生育子女、养育子女，为了孩子付出了很多很多，对于孩子而言，父母的恩情深似海，毕生都难以报答。但是，孩子也有自尊心，也需要得到应有的尊重。父母在管教孩子的过程中，一定要学会给孩子留面子。

教育学博士简·尼尔森曾说："说教、威胁和惩罚产生距离和敌意，而留面子的方法产生的是亲近与信任。"也许，很多父母还没有意识到"留面子"在与孩子的沟通过程中带来的神奇效果。给孩子留面子不仅能够保护孩子的自尊心不受伤害，让孩子尽快摆脱尴尬境地，还能有效地缩短父母与孩子之间的距离，消除父母与孩子之间的矛盾，为双方高效沟通奠定良好的情感基础。

星期天，健健邀请了小伙伴牛牛来家里玩耍。妈妈因为周一还有例会要开，一直在书房里准备材料。只听两个小家伙先是在厨房里窃窃私语了一阵儿，接着传来冰箱门被打开的声音，随后伴随着两个孩子的尖叫声，一声"砰"的巨响传来。

妈妈连忙赶到厨房门口，刚想进去看看里面的情况，就听见牛牛紧张地对健健低语道："呀，健健你把牛奶打翻了，这下闯祸了，你妈妈一定会说你的。"

健健妈妈若无其事地走进厨房，两个孩子惊慌失措地看着她。

"你们两个有没有受伤呀？"妈妈问道。

健健和牛牛摇了摇头。

"没受伤就好。牛奶打翻了不能喝了，你们先到客厅玩一会儿，我给你们榨一杯鲜果汁喝好不好？"妈妈问道。

"嗯，妈妈你真好。""阿姨，你真好。"两个孩子蹦蹦跳跳地跑了出去。

健健妈妈很快榨好了一杯新鲜的西瓜汁，招待健健的小伙伴。

傍晚时分，牛牛回家了。妈妈问健健："你自己到冰箱里拿牛奶，是想招待牛牛，是吗？"健健点了点头。妈妈接着说道："对于你而言，一桶牛奶确实太重了，以后我会把牛奶倒到小一点的瓶子里，这样你就能拿动了。"

健健听完，高兴地扑进妈妈的怀里，和妈妈撒起娇来。

事例中健健的妈妈，面对孩子打翻牛奶的突发事件，处理得非常得当，给孩子留足了面子，维护了孩子的自尊心。假如健健妈妈不分青红皂白，对孩子横加指责，丝毫不给孩子留面子，那么一定会伤害健健的自尊心，从而失去与孩子平静、高效沟通的机会。因此，作为对孩子的人生有着重要影响的人，父母必须学会给孩子留面子。

（1）父母必须扔下"成人主义"

孩子们所理解的世界与成人不同，很简单、很单纯。父母们需要站在孩子的角度思考问题，不要毫不避讳地直接指出孩子的错误，要让孩子自己去体验、尝试。

（2）对孩子的教育不能采取处罚手段

处罚式的教育，是践踏孩子尊严的表现之一。父母的处罚让孩子颜面尽失，不仅不能纠正孩子的言行，还会激起孩子叛逆的心理，让他们与自己的父母形成很深的隔阂。

（3）面对孩子的错误，采取"先扬后抑"的方式纠正

直截了当地指出孩子的错误，通常会让孩子觉得没面子，从而产生不愿继续沟通下去的逆反情绪，得不到理想的效果，不如采取一种让孩子觉得有面子的方式来纠正孩子的错误。父母们可以先赞扬孩子的优点，然后指出不足之处，这样一来，孩子觉得有面子，父母又达到了管教孩子的目的，得到了双赢的结果。

4．尊重孩子的天性，不做专制型父母

专制型的父母，习惯把自己的主观思想强加到孩子的身上，认为这是对孩子未来负责任的表现，爱孩子的表现。但是，孩子是一个独立的个体，有自己的天赋，也有自己的判断和想法。作为父母，我们要尊重孩子的天性，避免严厉的说话语气，这样才能更好地与孩子进行沟通，引导孩子健康成长。

8岁的童童非常擅长踢足球，学校组织少年足球队时，童童迫不及待地报名参加了。尽管足球队的练习并没有占用孩子们太多的学习时间，可是童童的父母依然认为踢足球会影响孩子的学习，于是，毅然决然地要求孩子退出足球队。

童童很不乐意，但是又不敢反抗，只得被迫按照父母的指令去做。每天看到队友们在操场上飞奔，他非常痛苦，即使坐在了教室里，也根本学不进去。

这只是其中的一件事情。事实上，童童的父母非常专制。他们认为孩子就是孩子，想法太简单，必须由父母严格管控，才能让孩子少走弯路。所以，在很多事情上，童童只能无条件地按照父母的意愿行事，稍有出入，就会遭受父母毫不留情的批评甚至打骂。

果然，父母的严教有了效果，童童成了父母眼中的"好孩子"。但与此同时，童童的父母也发现，孩子好像有些自卑、怯懦，总是郁郁寡欢的，不像其他孩子那样开朗。他们有些不解，孩子怎么会变成这样？

童童的父母十分专制，正是因为这样，才让孩子表面看起来很听话，内心却很挣扎。时间久了，孩子的心理会出现问题。因此，父母们在与孩子沟通的过程中，一定要引以为戒，不要做专制型父母。

鲁迅先生曾说过："听话，自以为是教育的成功，待到放到外面来，则如暂出樊笼的小禽，它不会飞鸣，也不会跳跃。"相信所有的父母都不希望自己的孩子成为笼中的小禽。所以，请抛弃专制型的教育，尊重孩子的天赋，给孩子一个自由成长的空间。

（1）不要事事替孩子做决定

父母们在替孩子做决定的时候，先要仔细想一想，你的决定是孩子真正想要的吗？如果不是，为什么一定要孩子顺从你们的意愿呢？这样做是否真的对孩子的成长有好处呢？

每个孩子都是天才，有擅长的方面，当然也有不擅长的方面。所以，父母们一定要尊重孩子的天性，让孩子自己做决定，不要强制孩子接受自己的安排，毕竟适合孩子的才是最好的。

（2）放宽对孩子的控制

专制型的父母，往往对孩子管控很严，比如，孩子要乖乖听话，不能违背父母的意愿。父母们按照自己的经验对孩子实施严格的管束，这些管束是否真的有利于孩子的成长呢？一系列的命令，违背了孩子的天性，使孩子们感受不到任何的快乐和自由。所以，父母们要放宽对孩子的管束，终究孩子快乐、健康地成长才是父母们最想要的结果。

（3）让孩子感受到自由和温暖

专制型的父母，经常会一脸严肃，呵斥孩子，甚至会动手打孩子。在这种震慑力下，孩子变得唯唯诺诺，对父母唯命是从。他们不是真的乖乖听话，是因为害怕而被迫听话。时间久了，孩子的性格会出现问题，亲子沟通也会出现问题，甚至会导致亲子关系的破裂，导致孩子的叛逆情绪。因此，父母要改变和孩子说话的语气和态度，要让孩子感受到父母的温柔，为孩子营造一个轻松、自在的成长环境。

5．和孩子商量而不下命令

大部分的父母在解决问题的过程中，不会和孩子商量。毕竟孩子还小，能有什么有价值的想法和意见呢？然而事实上，习惯和孩子商量的父母更能得到孩子的信任，更容易走进孩子的世界。

在孩子的眼中，父母是自己的保护伞、港湾。他们不仅能将自己高高抱起，还拥有着至高无上的权力——对自己发号施令。有些"权力的拥有者"在教育孩子的过程中，一味采用责备、呵斥、说教的方式。不管事情是否关乎孩子的一生，都习惯性地不同孩子商量，而是在做出决定之后，对孩子下达执行的命令。这样的沟通方式，导致的最终结果就是亲子关系越来越疏远，沟通越来越不顺畅。

琪琪的妈妈是一家大企业的主管领导，手下管理着800多名员工，做起事来雷厉风行，容不得半点拖延，是典型的事业型女强人，在同行中非常有威信。

琪琪今年10岁了，非常聪明伶俐，学习成绩优良，是爸爸妈妈心中的乖宝宝。不幸的是，最近琪琪迷上了上网，开始有些不专心学习了。妈妈发现端倪之后，立即采取了应对行动。她强行没收琪琪的手机，给家里的电脑设置了开机密码。没有了手机，不知道电脑的开机密码，琪琪就不能上网、玩游戏。对此，琪琪很着急，就像热锅上的蚂蚁，四处奔走想办法。终于，琪琪找到了解决的方法——去网吧。就这样，琪琪一有机会就溜进网吧，终日沉浸在网络游戏中，乐不思蜀。殊不知，她的行为已经触碰到了母亲的底线。

这一天，琪琪妈妈找遍了所有琪琪可能去的地方依然没有找到她。看着其他小朋友都按时回到家里，琪琪妈妈忍不住开始胡思乱想。她呼叫了所有的亲朋好友，全力搜索琪琪的踪迹。终于，经过大家的共同努力，琪琪被找到了。看着女儿如此沉迷网络，琪琪妈妈彻底失控了。她不仅强行拉琪琪离开网吧，在琪琪回到家里之后还严令她面壁思过。之后的很长一段时间，琪琪妈妈俨然成了一位发号施令的权力拥有者，命令琪琪在放学后的半个小时内回到家中，1个小时之后写完作业，每次外出都必须请示，经她同意后方可出门……

别说，在琪琪妈妈的权威管理下，琪琪的确远离了网络。只不过与此同时，琪琪也远离了妈妈，每次看见妈妈就像老鼠见了猫，哧溜一下，就钻进了自己的房间，和妈妈没有任何多余的交流。

生活中，类似琪琪妈妈这样的家长数不胜数。他们也很爱自己的孩子，也希望孩子能开心地度过每一天，但是总是习惯对孩子发号施令。最终，孩子可能会暂时地屈服于他们的权威之下，但父母却远离了孩子的世界，甚至激起孩子的逆反心理，彻底关闭了亲子之间沟通的大门。这样的结局无疑是个悲剧，不是任何父母所希望的。

那么，在亲子沟通中，父母应该怎样避免上述悲剧的发生呢？

（1）不要采取强硬手段

孩子虽然小，但是也有自己的思想和意识。父母应该充分了解其真实想法，再对症下药，切不可强行约束孩子的行为。事实上，孩子不听父母的话，说明他没有与父母达成统一。父母还需要与孩子做进一步的沟通，最终达成共识，而不是用强硬手段逼迫孩子听从自己的安排。否则，孩子与父母之间只会越来越疏远。

（2）凡事多与孩子商量，少命令孩子

事实上，父母不管要求孩子做什么事情，都应该采用商量的方式，而不是命令孩子。多采用商量的方式，家庭的气氛会非常和谐，父母和孩子之间会很和睦，甚至会无话不谈。亲子关系亲密融洽，意味着父母距离孩子的世界不再遥远了，沟通不再是问题。

（3）多听孩子的意见，站在孩子的角度想一想，也许孩子是对的

很多家长认为，孩子年纪小，不懂事，于是便代替孩子做出了很多决定。事实上，孩子有自己的思想。站在孩子的角度想一想，也许孩子们的想法才是最适合他们的。

6．不监工，才能培养有能力的孩子

很多父母在教育孩子的过程中，总是扮演监工的角色。他们始终不相信孩子能约束好自己。因此，他们经常会说"赶快写，我盯着你写完""不行，你做不好，我来做吧""吃药了吗？我检查一下"，等等。

为什么要监督自己的孩子呢？随着孩子的成长，他们对外界事物越来越有判断力。很多时候，孩子们可以自己管理自己，知道哪些该做哪些不该做。父母们需要给孩子足够的空间，足够的信任，让孩子做自己的主宰者，孩子们会越来越优秀的。

玲玲要去参加舞蹈培训班了。和很多家长不一样的是，玲玲的妈妈从来不会监督孩子上课。每次看到其他家长目不转睛地盯着自己的孩子上课时，玲玲就忍不住想问自己的妈妈，为什么不盯着自己。

一次妈妈送玲玲上课的途中，玲玲问道："妈妈，你为什么从来不盯着我上课呀？其他的阿姨总是盯着她们的孩子上课，下课了还要监督她们再练一会儿。"

玲玲妈妈答道："因为妈妈相信你能把控好自己，如果你觉得需要在课后练习一下的话，你一定会留下来练习的，如果你觉得自己已经练好了，那么又何必再继续练习呢？"

听完妈妈的话，玲玲激动地抱住了妈妈，说道："我有一个世界上最好的妈妈。"

从孩子一学会走路，父母就开始头疼。他们不相信孩子能独立走路，担心孩子摔跤，因而，时刻监管着孩子。而孩子呢？他们迫不及待地想要摆脱父母的双手，想要自由自在地独立行走。类似这样的事情在生活中随处可见。孩子们想要自由，自己主宰自己，不希望父母过度约束自己。他们就像初生的牛犊，急切需要更广阔、更自由的空间来施展自己的能力。作为父母，在孩子成长的过程中，要学会尊重孩子，尽可能地放手，多让孩子自己做主。毕竟孩子不是父母的私有物，而是一个独立的个体。

（1）相信孩子可以做好

很多时候，孩子远比父母想象中的更有能力。只是，父母们总是不相信孩子，担心他们会受委屈，因此时时刻刻监督着孩子。父母们对孩子的关心之情可以理解，但是不提倡，这种关心非常不利于孩子成长。这也是很多孩子上了幼儿园之后，进步非常大的原因，比起家长们的"照顾"，幼儿园老师的"照顾"则更给孩子成长的空间。

（2）不要对孩子指手画脚

很多操心的父母，不放心孩子做任何事情。孩子洗衣服，他们在一旁指挥着；孩子做作业，他们在一旁监督着；孩子出去游玩，他们近身陪同……这些事情孩子真的做不了吗？

不是的，是父母们习惯性地成了监工。孩子们在父母的监视和指挥下做事情，渐渐地就会失去兴趣，也会越来越抵触父母。为了摆脱父母的唠叨，孩子们开始刻意疏远父母，有什么事情都不告诉父母。久而久之，亲子之间的沟通成了难题。究其根源，还是在于亲子间的不平等。

（3）蹲下来和孩子沟通

旧社会，码头上的监工通常都会坐在高处，监视着搬运工人劳作。由此可见，高高在上的位置的确让人感到压抑。同样，在亲子沟通的过程中，由于父母的身高高于孩子，孩子处在低位，通常需要抬头仰视父母，这样一个小细节就是不平等的表现。父母高高在上，一副监工指挥者的架势，孩子们自然会感觉被压制。事实上，父母蹲下来和孩子说话，不光孩子会觉得与父母更亲近，连家长自己也会觉得与孩子是平等的。

第十一章

会交友交益友，引导孩子提高交际口才

1．小测试：了解孩子的社交能力

一说到社交，在大家的印象中总是与大人有关，我们通常认为只有大人才会有社交关系，而孩子还小，没有社交关系，也没有社交能力，这种想法是错误的。孩子在成长过程中，接触到的每一个大人或小朋友都属于他的社交关系。孩子上小学之前，其在团体的活动中，主要就是学习怎么才能够与其他的小朋友成为好朋友，怎样恰当地表达自己，并懂得用一种既能够被他人接受，又能表达自己的方式，为学龄期及以后的团体合作打下基础，这就是孩子的社交能力。

这种能力不仅可以让孩子很好地适应周围各种环境及建立自己的社会支持系统，还可以让孩子拥有良好的表达和人际互动能力。美国宾州州立大学和杜克大学研究发现，孩子的社交能力与其今后的成长有很大的关系，那些在幼年时期社交能力比较突出的孩子在以后的学习和工作中往往表现比较出色，而那些社交能力一般的孩子则在入狱、暴饮暴食等方面的可能性更高。

美国心理学家卡耐基也认为：一个人的成功 30% 靠才能，70% 靠社交关系。所以说，社交能力是一种驾驭生活、完善自我的能力，孩子的社交能力如何直接影响其一生的发展方向。作为父母的我们要如何了解孩子的社交能力呢？下面我们可以通过这些小测试来检测一下自己孩子的社交能力。

当孩子在 2 ～ 3 岁时：

（1）会说"你好""拜拜""晚安"等简单的问候语。

（2）和爸爸、妈妈等亲人有亲昵行为。

（3）会对包括爷爷、奶奶、姥姥、姥爷在内的老人讲礼貌。

（4）最少拥有一个交往 3 个月以上的朋友。

（5）对来自己家做客的小朋友主动表示欢迎。

（6）和客人说话懂得微笑。

当孩子在 3 ～ 4 岁时：

（1）最少拥有一个好朋友，而且交往已经超过了 6 个月。

（2）能够熟练掌握"爸爸""妈妈""爷爷""奶奶""姥姥""姥爷"等至少10种不同的称呼。

（3）可以通过年龄、衣着、装饰因素，对不认识的访客叫出如"叔叔""阿姨""哥哥""姐姐"等准确称呼（正确率应在80%以上）。

（4）会对包括幼儿园老师、邻居在内的成年人讲礼貌。

（5）可以把自己的零食或玩具分享给其他小朋友。

（6）会用温和的语气说话。

当孩子在4～5岁时：

（1）可以自在地和不同的小朋友接触，甚至还喜欢与大人交朋友。

（2）能够为有困难的小朋友主动提供帮助。

（3）对于自己所犯下的错误，能够主动认错或向对方道歉说"对不起"。

（4）在父母或其他亲人生病的时候，主动表示关心。

（5）在父母以及其他家人不在家时，能恰当地接听外面打来的电话。

（6）能够掌握与人商量的初步技巧。

当孩子在5～6岁时：

（1）能够至少交到一个可以相信的朋友，并懂得学习小伙伴的长处。

（2）当别人做了对不起自己的事时，可以原谅对方并接受对方的道歉。

（3）能够对小伙伴取得的成绩表示真心祝贺，并从内心为对方感到高兴。

（4）对朋友的不幸或痛苦能够学会分担。

（5）能够对乞丐、流浪者等社会地位低下的人表现出自己应有的尊重。

（6）可以做到"察言观色"，能够理解他人传达的一些非语言信息，比如表情、语调、手势、眼光等。

以上的测试是孩子在相应的年龄段应该具备的社交能力。需要注意的是，这个测试只是让家长对孩子的社交能力有一个简单的了解，不管相应年龄阶段的社交行为孩子能达到几个，都不能代表孩子的最终社交水平。因为在儿童时期，孩子的可塑性是非常强的，即使当时社交能力不尽如人意，但只要家长和老师能够正确引导，孩子的社交能力和社交水平也会自然而然地有所提高。因此，孩子的社交能力高低，最终取决于父母及老师对孩子有意识的培养。

一个活泼开朗、乐于与人交往的孩子才能很容易地受到小伙伴的欢迎和大人的喜爱，而且也更容易适应新环境。所以，家长可以有意识地锻炼孩子的社交能力，比如多抽空陪孩子玩，或者带孩子到朋友家，让孩子多多与外人接触，条件允许的话还可以带孩子去旅游，通过见识外面的世界来开阔眼界，这样也能让孩子在同龄的小朋友中有更多的话题。长此以往，孩子的社交能力会越来越强。当然，培养良好的社交能力，并不意味着可以让孩子和任何人做朋友，而主要是让孩子在团体中能够正确地展现自我，学会团队合作，具有合作意识，更重要的是让孩子在集体中能够获得更好的成长！

2. 交友与合作：让孩子快速融入集体

不知道各位家长有没有遇见过这种情况：去幼儿园接孩子，经常会看到某个孩子独自坐在角落里玩玩具或啃自己的手指甲。看到他孤单的样子，你不禁会产生疑惑——这个孩子怎么了，为什么不能融入集体？是受排挤，还是另有原因？也许他只是不懂得如何去和小伙伴们交往。这是现代家庭常见的现象，一家人围着一个孩子转，让孩子感觉自己被无限重视，长此以往，孩子容易形成以自我为中心的主观意识，比如太霸道、自私、唯我独尊，不懂得怎样与其他人交往，从而在集体生活中显得不太适应，不能很好地融入集体。

交往，不是个体的行为，是通过融入集体实现的。我们经常说集体是一个大家庭，每个人的成功离不开集体，在集体中每个人都能吸收到养分和能量。而且心理学家也认为，同伴对指导或训练孩子掌握社会交往技能、帮助孩子走出孤独的困境，具有特殊的作用。某些技能，孩子是无法在成人那里学到的，所以让他们从小学会融入集体是很重要的。

楠楠由于家长工作原因，转学来到了花田幼儿园。她转来的第一天，就引起了老师们的注意：虎头虎脑，眼睛大大的很有灵性，看似聪明伶俐，却像一个不会说话的洋娃娃，让人几乎感觉不到她的存在。在集体活动时，她安安静静地坐着，面无表情地看着老师，不一会儿又低下头；吃饭前，其他小伙伴都跑去洗手，她还是一动不动；起床时，如果老师不叫她或者不抱她起床，楠楠就会一直躺在床上；当大家做游戏时，孩子们都积极参与，只有她仍坐在那里，欢快的游戏气氛与她的沉默形成了强烈的反差。

为了了解楠楠的情况，老师在生活中不断尝试着与她近距离接触。

通过几天的认真观察，老师发现楠楠其实是个很不错的女孩子：她不仅饭吃得多，而且没有挑食的坏毛病，另外她的动手能力也比较强。而导致她不愿动手做，不喜欢和老师沟通，并且不与其他小朋友一起玩的主要问题就是她比较胆小孤僻，缺乏自信，与同伴交往困难。

那么怎样才能有效地帮助楠楠克服胆小，树立自信，尽快适应集体生活呢？

在经过与楠楠家长的一次深入谈话后，老师才了解到，楠楠很小的时候的父母就离婚了，她一直由奶奶抚养。楠楠从小就缺少父爱母爱，加上奶奶怕她在外面受别人欺负，整天把她关在家里看电视、玩玩具，不和小伙伴们交往，结果就造成她现在胆子小、性格孤僻，也不懂得怎么与同伴交往。

针对楠楠的情况，老师决定要帮助楠楠融入集体。

要让楠楠学会和同伴正常交往，首先就要帮她树立自信心。然而自信心的培养不是短时间就能成功的事，还需要家长适时表扬，鼓励孩子点滴进步。对于这一点，楠楠奶奶做得非常好。没几天，楠楠就敢私下和其他小朋友讲话了，在吃饭的时候也不用老师过去叫了。

时间一天一天过去了，楠楠朝着大家所期望的方向变化着，但是还是和其他小朋友有隔阂。虽然她现在愿意和老师交流，但对于小伙伴之间的交往还是比较胆小，经常游离于集体之外。于是老师又鼓励一些能力强、人缘好的孩子主动去找楠楠玩。

一开始并不顺利，但时间长了，她也慢慢习惯了，开始接受小伙伴们的示好。尽管她只是在同伴的支配下拿一块积木、递一块橡皮泥等，但这也算是良好的开端。

城市化的进程带来了物质条件的优渥，也限制了孩子交友的空间和交往的安全感。作为父母，虽然很想为孩子创造一个良好的交友环境，但由于自己的忙碌和不放心，只能选择将孩子困于厚重的防盗门后，于是出现了越来越多像楠楠这样的孩子。因此，除了老师在学校的刻意引导外，家长也要在生活中多创造机会，鼓励自己的孩子与同龄人交往，与他人多多合作，将自己融入集体中去。

合作也是融入集体的一种方式。而家庭是孩子学习的第一课堂，爸爸妈妈之间能否分工合作，互相配合，都会对孩子产生直接影响。因此，父母要在生活中树立合作的榜样，大家在合作中不互相责备，善于对身边的各种合作行为进行积极评价和鼓励，这样就可以激发孩子学习合作的动机，让孩子产生合作意识，从而学会与其他人合作，进而能够很好地融入社会集体中去。

与小伙伴之间进行交往与合作，可以让孩子更快地融入社会，作为家长应该怎么有意识地促成孩子之间的交往呢？

（1）邀请孩子的同龄人到自己家玩

家是孩子最熟悉的地方，在家里孩子能够更加放松。家长可以邀请别的小朋友来家里玩，告诉孩子现在他是小主人，让他帮忙照顾好来家里玩的小朋友。

（2）多带孩子参加各种活动

为孩子创造认识同龄人的机会，可以联系其他家庭搞一些小型聚会，也可以带孩子去参加一些亲子活动。

（3）引导孩子与人交往

要利用孩子容易接受的方式去引导。比如编一些有针对性的小故事，在讲故事的同时，让孩子了解一些与别人友好相处的方法，也可以借助一些图画书，让孩子了解集体生活的行为规范，让孩子觉得与人交往以及参加集体活动是一件很有趣的事情。

（4）家长要做到言传身教

爸爸妈妈与其他朋友和谐相处，也是为孩子树立的最好榜样。

（5）鼓励孩子结交好朋友

不能要求孩子马上融入大的集体里面，可以让孩子先从交一个好朋友开始，让他懂得交朋友的趣味，慢慢地孩子就会融入集体里了。

再好的父母都不能代替伙伴的作用，孩子是在与同伴交往中长大的。在集体活动中，孩子们可以学习和掌握许多社交技能，如组织、合作、理解、沟通、尊重等，能够养成互助、友爱、分享的好习惯。

3．你的孩子是否总与人发生冲突

"××抢我的小汽车""××把我搭的房子推倒了""××打我""××不跟我玩"……只要孩子们在一起，类似的矛盾和冲突就会经常发生，一不小心，小家伙们就像小公鸡一样斗起来了，弄得家长们总是紧张兮兮的。

在孩子社会化的过程中，随着接触的空间逐渐扩大，孩子对外关系逐渐由亲子关系向同伴关系转移。然而在与同伴交往、活动中，他们又经常发生这样或那样的冲突。为什么孩子们在一起就不能好好玩，而是冲突不断呢？

心理学认为，这种孩子之间的冲突矛盾是由其自身的认知发展水平决定的。孩子在 3～6 岁的时候，意识上主要还是以自我为中心，不会站在别人的角度想问题，也没有学会接受他人的意见和想法，因此就容易引起冲突。一般在孩子 3 岁后这种冲突的表现会越来越多，5～7 岁达到顶峰，8 岁后，孩子就开始懂事了，这种情况也会减少。

不过，孩子们之间的冲突大都是对事不对人，并且他们也不会为此而记仇，也可能今天刚吵完架，明天就又好得跟一个人似的。陈鹤琴先生曾经说过："吵吵闹闹是上帝赐予孩子的礼物，孩子们在吵闹中长身体，长智力……"孩子之间发生冲突的过程也是他们不断学习的过程，对其融入社会生活有着独特的价值。孩子之间出现的冲突，最后再由孩子独立地解决，那种成就感是家长或老师的言语教育和行为指导无法取代的。即使孩子没有很好地解决冲突，这种亲历失败的经验也是一种积累。当面临孩子之间的冲突时，作为家长首先应该考虑的是利用这个机会能让孩子获得哪些经验，而不是一味地要求尽快结束冲突。

所以说，如果孩子在生活中一点冲突都没有，这对孩子未来的发展未必是好事。但如果孩子处于太多的冲突之中，也不是好现象，这样会导致孩子出现各种心理障碍。

熙熙在两岁的时候，就因为咬人在邻居间比较出名。每次与邻居家的小伙伴玩时，熙熙一不顺心就咬人，弄得邻居都不敢让自家孩子跟她玩了。不光这样，在幼儿园里，熙熙也很厉害，咬幼儿园小朋友的事时有发生，而且连老师都不放过。一次，老师给她分苹果的时候比平常慢了，就被熙熙狠狠咬了一口。熙熙5岁时，已经成了标准的"问题孩子"，在幼儿园里经常打架，这让老师和父母都头疼不已。

由于现在多是独生子女的缘故，父母对孩子溺爱，使得这种"问题孩子"越来越多，他们经常因为一些小事和小朋友发生冲突，动手打架。如果不及时纠正孩子的这种行为，时间长了不仅会让孩子被身边的小伙伴排斥，影响其社交能力的发展，而且孩子会越来越不合群，心理上也变得孤僻，这样对他们的心理健康非常不利。

那我们应该如何来应对孩子的冲突行为呢？

（1）立刻做出反应

一旦看到孩子对小伙伴做出攻击性行为时，尽量立刻做出反应。家长可以把他带走，实施短暂的隔离。这种隔离时间，对4～5岁这个年龄段的孩子来说，有三四分钟就可以了。家长这样做的目的主要是让孩子把自己的动作行为和结果联系起来，认识到自己如果打人或咬人了，就不能够继续和小伙伴一起玩了。家长要记住的是，不管自己当时有多生气，都不要对孩子大喊大叫或者打孩子，甚至说他是个坏孩子。这是因为这些都只会让孩子去模仿自己，在生气的时候动口或者动手攻击别人，而不能改正自己的行为。所以，家长要学会控制自己的情绪，镇静地把孩子拉走，给他树立一个良好的榜样。

（2）坚持一贯的原则

家长要尽可能用一种方式去对待孩子的冲突行为。只要家长能坚持多次地运用同样的方法，就可以迅速地建立一套被孩子认识和接受的规则。比如，熙熙又咬人之后，妈妈说："熙熙，你又咬人了，我要再罚你一次。"慢慢她就会明白，只要自己做了错事，就得受罚——这是孩子开始控制自己行为的第一步。哪怕在公共场合，孩子做了让你比较尴尬的事情，也要坚持这些原则。相信大多数家长都会理解你的处境，因为大家都经历过这种情况。可能也会有人对你表示不理解，或者说些"怎么你不爱自己的孩子"之类的话，请不要理他们，坚持按照自己认为正确的方法去处理。

（3）及时和孩子沟通

在冲突过后，孩子冷静下来时，家长要心平气和地跟他讨论一下刚才发生的事情，时机选择在孩子心情比较平静但还没忘记整件事情之前，一般在事情发生后的 30 分钟到 1 小时之间。我们可以问一问孩子，为什么突然发脾气，并告诉孩子有时候生气是很正常的，但再怎么生气都不应该推人、打人、踢人或咬人。我们可以告诉他，还有其他更好的方法去发泄愤怒，比如，去踢球、用拳头打枕头、找大人调解，哪怕只是说出自己的感觉："妈妈，他抢我的玩具，我很不高兴。"

有许多孩子在不顺心或生气的时候就会摔玩具或者推搡最近的东西，这是因为孩子没有理性，不知道如何去调节。这个时候家长应该引导孩子把这种情绪发泄出来。比如，可以带孩子去跑步，也可以引导孩子正确面对自己的错误，学会站在他人角度考虑问题，引导孩子学会思考，提高其正确分析、独立解决问题的能力。

4．怎样引导孩子与异性交往

孩子随着成长，性别意识也逐渐萌醒，开始出现青春期的懵懂，通常表现在：看见异性会脸红心跳，想跟对方说话又不敢；关注对方的一切活动；不专心学习，心不在焉。这个阶段，父母如果因为害怕孩子发生早恋而将孩子的交往限制在同性之间，不仅会让孩子丢掉很多朋友，而且会对孩子的心理健康产生不利影响。

作为父母，应该让孩子明白，与异性朋友的友谊也可以跟同性朋友之间的友谊一样，异性朋友身上有很多优点，不要刻意回避与异性朋友之间的交往，引导孩子在异性交往中拥有正确意识。同时，父母还可以为孩子提供与异性朋友进行交往的条件，这样可以让孩子更好地了解异性朋友，让异性不再神秘，消除孩子对异性的好奇心理，纠正不健康的心理意识，还会提高孩子处理人际关系的能力。

小鱼在小学三年级的时候，有一天放学回家后就开始翻箱倒柜找东西。妈妈很好奇她在找什么，后来看她找出来几本影集，妈妈装作随意地问："鱼儿，怎么又拿出以前的影集呢？"

小鱼说："学校有一个四年级的大哥哥，今天向我要一张照片。"

妈妈说："那你决定送哪张了吗？"

小鱼说："嗯，就这张吧。"

看到小鱼一脸懵懂，丝毫没有躲躲藏藏的神色。妈妈心里忍不住开始纠结：有高年级的男孩子喜欢鱼儿吗？是早恋的苗头吗？要不要提醒她？会被高年级的同学欺负吗？要不要检查鱼儿的书包？还是偷看鱼儿的日记？

思虑良久，妈妈决定静观其变。

过了一周，小鱼又翻箱倒柜，这次找出十多本影集，翻来翻去。妈妈问："又在找照片吗，需不需要妈妈帮你一起找？"

小鱼说："我上次给了那位大哥哥自己躲在花丛中的一张照片，可是他说那张照片看不清脸，所以想再要一张大头照。"

这次可以确定那个男孩喜欢鱼儿了吧？这是出现早恋的苗头了吗？这次得引起重视了吧？以后得经常盯紧鱼儿的行踪了吧？以后可以偷看鱼儿那本加了锁的日记了吧？

妈妈认真想了想，决定还是不要这么做。可能这只是同学间的好感而已，不必看得太重。

又过了一周时间，妈妈在小鱼的书桌上发现一张纸条，但字写得很小，看得比较费劲，凑合看了两行，妈妈就放弃了。在吃晚饭的时候，妈妈问小鱼："我在你书桌上看到有一张纸条，上面问你，爸爸妈妈在家里叫你什么，你跟他说了吗？"

小鱼摇摇头说："他写的字太小了，我没看清，就没看。"

孩子这是在故作镇静，还是真的没往那方面想呢？妈妈决定不再聊这个话题，应该没什么大事。

当小鱼上大学后，妈妈想起了这件事，再询问，小鱼说她记得给了那个同学两张照片，现在还记得他的名字，朋友而已。

小鱼和那位大哥哥只是互相产生了某种好感，在刚产生异性意识的时期，他们对此都是好奇的，只要正确指引，这就是一种单纯的朋友之间的友谊。当你看淡它，可能一切都不会发生；当你耿耿于怀，一切都可能发生，甚至很严重。所以，家长应该正确看待孩子的异性交往。

另外，学会与异性交往，也是孩子在社会中需要掌握的一种社交能力，不要一味地去阻拦他，让孩子顺其自然地长大。尤其是对那些刚刚进入青春期的孩子要多观察，多引导，少阻拦，为了帮助孩子顺利度过这一时期，家长应该恰当地给予引导。

正确的做法如下：

（1）鼓励孩子与异性正常交往

完全禁止孩子与异性朋友正常交往，反而会增强其好奇心。所以，家长可以鼓励自己的孩子与多个男女同学一同交往，发展广泛的友谊，不要局限于某个异性同学。男女同学正常交往、一起参加集体活动符合学生的心理需要，不仅可以淡化孩子对异性的神秘感和好奇心，也能让其形成健全的友谊关系，使人格得到健康发展。同时，家长也可以鼓励孩子把同学带到家里，这一方面有利于和孩子建立信任关系，另一方面也可以了解其交往圈子。

（2）对孩子进行恰当的异性教育

家长可以加强与孩子之间的沟通，让孩子正确把握与异性交往的分寸，并帮助孩子树立正确的人生观、世界观，建立人生目标，避免把时间和精力浪费在虚无的事情上，这是防止和纠正早恋行为的最有效的办法。

对异性不宜过分亲昵，失了分寸会让自己显得轻佻，引起异性的反感，而且也会造成不必要的误会；对异性也不宜过分冷淡，冷淡不仅会让对方受到心灵伤害，也容易给人带来高傲、无礼、冷漠的感觉。更不能对异性同学轻视、爱理不理；也不宜对异性过分拘谨。在与异性的交往中，要表现自然，该怎么样就怎么样，忸怩作态反而使人生厌。当然过分随便也不好，毕竟男女有别，有些话题只能在同性之间交谈，有些玩笑不宜在异性面前提起，这都是需要家长引导孩子注意的。

在对异性的交往中，家长要给孩子营造健康的环境、开放的机会，鼓励孩子与异性同学或朋友广泛接触，在与异性朋友的交往中要自然、坦率、大方。这种健康的群体交往，既能消除孩子对异性的好奇感，又能在一定程度上防止其单独来往出现感情迷失的可能性，同时这不仅有利于他们增强社会交往能力，也有利于各自心理的健康发展。

5. 教养很重要：社交礼貌不能少

在与人的社会交往中，如果一个人行为举止落落大方，待人接物有礼貌，能够懂得尊重别人，那么其他人就非常愿意与之交往下去。良好的教养不仅是一种有修养的表现，还代表着对对方有足够的重视和尊重，这也是大多数人事业成功所必不可少的条件。

然而，有一些孩子却不知道应该怎样尊重别人，父母也忽视了对孩子这方面的教导。要知道一个孩子在待人接物时是否有礼貌，也间接地反映出了父母的品行。

今年已经满7岁的豆豆在家里是一个比较任性的小男孩，父母只当他年纪还小，也没刻意地去纠正这一行为。

有一次，豆豆家里来了两位客人，父母让他跟客人打招呼问好，不知道怎么回事，豆豆一直皱着眉头死活不开口。一时之间，豆豆父母和客人都感到十分尴尬。

等到吃饭的时候，菜还没有上齐，豆豆就已经自顾自地大口吃了起来，还把自己喜欢吃的菜扒拉到自己跟前，另外嘴里含着菜还不停地向客人问这问那；就连客人同父母说话的时候，他也会无缘无故地打断。这时，妈妈有些挂不住脸，生气地瞪了豆豆一眼，没想到这一眼却把豆豆给惹急了。他扔下筷子冲着妈妈大声地喊道："你瞪我干吗啊，我又没说不让叔叔阿姨吃饭，你看他俩吃饭的时候嘴巴多快啊！"豆豆的话让客人感到很不好意思，匆匆地吃了两口饭就借口有事离开了。

豆豆这个案例，在生活中并不少见，许多父母出于这样或那样的原因，忽视了对孩子的人际交往能力的培养，从而导致孩子不懂得基本礼仪和交际方法。还有相当一部分父母认为自己孩子还小，现在不懂礼貌，做得不好也很正常，等以后长大了自然就会明白事理，会懂得这些事情，因此便不把培养孩子的交际礼仪放在心上。

殊不知，这样容易使孩子从小养成一些不良习惯，不利于孩子的成长与成才。不管什么能力都是越早培养受益越大，所以父母应该在孩子小的时候就提高对培养孩子交际礼仪的重视，因为这关系到他们以后的身心发展。

那么究竟应该如何培养孩子的讲文明、懂礼貌的行为习惯呢？

首先，父母要做到言传身教。

父母作为孩子的第一任教师，有着责无旁贷的教育责任。孩子思想很单纯，对这个世界的认识基本上还是一片空白，如何走好每一步，需要父母精心引导。父母是孩子的启蒙老师，孩子对父母的言行举止尤为上心。人们常说：孩子是父母的一面镜子，有什么样的父母，就会有什么样的孩子。一个满口脏话的家长，想要自己的孩子语言文明是不大可能的；一个经常占集体便宜的家长想要自己的孩子关心他人、帮助别人做好事也是很难想象的。父母的一言一行在潜移默化地影响着孩子，所以家长首先要严格要求自己，做孩子的表率，通过注意自己的言行举止来影响孩子、教育孩子。

其次，学会用表扬和鼓励。

虽然孩子辨别是非的能力比较差，但他们对于大人的表扬和鼓励是非常重视的，对于孩子的这种上进心理，家长应该及时给予肯定，对孩子的讲文明、懂礼貌行为给予表扬和鼓励，这样就能使孩子对正确的行为有足够的认识，进而通过获得的正面强化刺激使正确行为固化下来，逐渐养成一种行为习惯。

知书未必就能达礼，不懂礼貌的孩子，世界就为他关上了一扇门，空有一纸文凭和一身本领却难以施展。所以，家长在教育孩子的过程中要认识到道德的重要性，要引导孩子明辨是非，爱憎分明，明确告诉孩子哪些事能做，哪些事不能做。不能眼睛光盯着孩子的学习，应认识到培养孩子的社交礼貌更重要，在日常生活中加强孩子热爱他人、尊敬师长、团结同学、对人有礼貌、有责任感、不歧视弱势群体的教育。

6. 引导孩子建立健康、和谐的人际关系

无论在什么时候，那些拥有健康、和谐人际关系的人都是站在时代最前列的人，都是成功的宠儿。成功学大师卡耐基曾经说过，一个人的成功主要依靠的就是他的人际关系。所以，在孩子很小的时候就应该注意培养其建立健康、和谐人际关系的能力，这有利于孩子未来的发展。

健康、和谐的人际关系，影响着孩子进入社会后的身心健康发展。如果孩子在社会化过程表现出任性、事事以自我为中心、不合群、霸道、有攻击性等行为，往往在团体中比较不受欢迎，很难有良好的人际关系互动。一旦孩子丧失了他人的信任及安全感，爱与尊重的基本需求自然就无法得到满足，这样很容易引发他的情绪困扰，也有可能影响身体生理的健康，甚至影响人格发展与对未来社会生活的适应。只有在与朋友、成人的友好交往中，孩子才能学会协调各种人际关系，对自己有正确的认识和评价，从而形成积极的情感，为将来正常地进入社会、更好地适应社会生活打下良好的基础。

在现代社会，健康、和谐的人际关系逐渐展现出在一个人走向成功过程中所起的重要作用。因此，引导孩子建立健康、和谐的人际关系是家长重要的责任。

周日的时候，几位朋友带着孩子到嘉颖家玩。吃完饭，大人们在聊天，

孩子们在一边做游戏，在游戏活动中，嘉颖小朋友在认真地搭建积木，她搭得非常投入。

空闲时间，雨晨妈妈走过去欣赏她的作品，她自豪地说："阿姨，看我搭的高楼，高楼下面还有树木和小花。"雨晨妈妈认真欣赏并赞扬了她："你真棒！"

然而没多久，众人就听到嘉颖哭的声音，一起玩儿的几位小朋友跑来对嘉颖妈妈说："阿姨，嘉颖她哭了。"

嘉颖妈妈询问原因："怎么了？"

"她搭的房子被雨晨弄坏了。"来告状的小朋友着急地说。听到是自己女儿惹事了，雨晨妈妈走了过去，看到嘉颖原来搭好的积木已经撒在了桌面上，地上也有，高楼坍塌了，小树、小花也不见了。

这太让人生气了。雨晨妈妈气冲冲地对雨晨说："你怎么把嘉颖辛辛苦苦搭建的高楼破坏了呢，你不能再玩游戏了。"听了雨晨妈妈的话，雨晨也很不高兴，自己闷闷不乐地坐在椅子上。

嘉颖妈妈哄好了嘉颖走过来说："对孩子不能这么嚷，孩子们以后还要在一起玩儿呢，再说孩子们在一块儿玩难免会出现这种事情，不用太生气。"

嘉颖妈妈来到雨晨旁边，对她说："雨晨，你看嘉颖花了很长的时间才搭出了那么高的楼房，却被你一下就破坏掉了，她心里会怎么样？"

"伤心、不高兴。"雨晨想了想小声说。

嘉颖妈妈又对她说："你把她的房子弄坏了，这样做对不对呢？"

雨晨摇摇头说："不对。"

"既然这么做不对，那你要怎么办呢？"

"我跟嘉颖道歉。"雨晨飞快走过去向嘉颖道歉。

嘉颖妈妈又问雨晨："好了，你也道歉了，嘉颖也原谅你了，那你愿意帮嘉颖重新再搭一座高楼吗？"

雨晨高兴地点点头说："我会的。"

于是，嘉颖和雨晨开始一起合作盖高楼。不久，她们又造好了一座新的高楼，比原来的还高，还漂亮。她们两个的脸上都露出了笑容。

嘉颖妈妈在嘉颖和雨晨的相处中，起到了引导的作用，让她们之间的关系变得和谐起来。有的时候，在孩子之间产生矛盾，家长需要帮助孩子去解决与同伴之间的关系，让孩子懂得怎样去化解矛盾，怎样去和睦相处，让孩子之间相互理解、快乐相处，教会孩子在人际关系中学会宽容和原谅，让他们建立起健康、和谐的人际关系。

为了让孩子建立良好的人际关系，家长可以从以下几方面去引导孩子：

首先，让孩子知道，要处理好同学间的关系必须坚持与人为善的交往原则。要择其善者而从之，择其不善者而弃之。还要告诫孩子，建立和发展人际关系时，要有所选择地进行，要考虑这种交往是否对社会、对他人有益，如果是有益的，就采取积极态度；如果是有害的，就要坚决放弃。

其次，必须坚持尊重、理解、宽容、谦让的态度，善于换位思考。这样，不管孩子是在平常交往，还是在发生矛盾、产生冲突时，都能妥善处理好人际关系。在交往中，孩子们还能学会互相取长补短，提高人际交往能力及社会适应能力，养成良好的性格。

最后，学会真诚，懂得赞美别人。真诚是做人的基本要求，也是人际交往的基本原则，而一句简单的夸奖、一个简洁的赞美词语都会拉近人与人之间的心灵距离。还要学会主动和别人打招呼，一个平常的微笑、一句普通的问候，能让人际关系更和谐，孩子之间的友谊更深厚。

在引导孩子拥有健康和谐的人际关系时，家长起到的是一个指引的作用，家长需要利用恰当的方式对孩子的人际关系进行调整，培养其美好心灵，帮助孩子们健康快乐成长。

7. 孩子有社交恐惧症，家长该怎么办

与人交流是每个人在生活中必不可少的活动，然而有一些孩子怕见生人，在陌生环境中表现得过分害羞，甚至与熟人谈话时都感到紧张和脸红，对自己的行为过分关注，尤其不愿到人多热闹的场合。在公众场合，如幼儿园、游乐场、公园、商场或亲戚家，会感到恐慌、紧张，感觉到痛苦和身体

不适或哭闹、不语、退缩。严重时，在与人交往中出现惶恐不安、出汗、心跳加快、手足无措等现象。孩子对新环境或陌生人产生的恐惧、焦虑情绪和回避等行为，被专家称为"儿童社交恐惧症"。

这是由于孩子缺乏独立的生存能力和社交经验，一旦离开父母，独自面对陌生人的时候，就会产生焦虑。大多数孩子会随着和陌生人交往次数的增加，逐渐降低焦虑感，陌生人最终变成"熟人"。如果某个孩子长时间、反复出现持续的焦虑情绪和回避行为，就表示这个孩子有社交恐惧症的嫌疑了。

那么，孩子在交往中表现出的社交恐惧行为是什么原因造成的呢？

一是性格气质差异的影响。有社交恐惧行为的孩子一般是对陌生的人或事物反应较为迟钝，需要时间来适应；不过也有的孩子因为神经类型弱，对外在表现出过于敏感，易紧张，尤其是对不熟悉的人、事、环境本能地感到害怕。

二是周围环境的影响。在一个家庭中，如果父母不善于对外交往，和外界联系得少，那么孩子也就没有了与外界联系的渠道，当然就缺乏与外界交往的经验；另外，现在大多数家庭中，孩子被圈在室内，没有学习与人交往的生活空间，也就造成了在以后的交往中容易怕生、胆怯。

三是教育上的问题。

（1）曾在以往的交往中受到伤害。比如经常有一些家长会强求孩子叫人、表演等。每当孩子因缺少心理准备或紧张而不遵从时，就会面临父母的责备、训斥，因而造成孩子怕交往。

（2）父母平时对孩子要求比较严格。只要孩子做错了事就受惩罚，导致孩子因怕失败而遇事退缩。

（3）过分疼爱孩子。父母怕孩子做不好，就包办了一切事情，所以一旦遇到新的环境，没有父母代劳，孩子就丧失了适应新环境的能力，不知道该怎么办。

（4）过分放纵孩子。在家里没有规范地约束孩子，使得其不能控制自己的行为，孩子一旦进入集体，因为感觉与家里的差距太大，所以无法适应，产生胆怯。

春天来了，嘟嘟妈妈和几个朋友约好周末带孩子一起去植物园游玩。一听说能够去植物园玩，嘟嘟高兴得跳了起来，周末还没到就开始追问爸爸妈妈："我要带些什么东西？"并按照爸妈的要求开始收拾自己的"行李"。收拾完了又跑过来问："妈妈，在植物园我能看到小蜜蜂采花蜜吗？"各种各样的问题，纷纷冒出来。

终于，到了周末。

一大早，嘟嘟就自己背着一个装着零食、水、小人书的小书包，跟着妈妈一起出发了。一路上，嘟嘟还在不停地问："妈妈，你的包包重不重，我来帮你拿吧？"周围人纷纷羡慕嘟嘟妈妈有福气，女儿这么小，就已经是一个贴心的小棉袄了。

到了植物园门口，嘟嘟妈妈的朋友也都带着孩子集合了。几家会合后，场面顿时就无法控制了，几个年纪相仿的孩子很快就玩在了一起。但嘟嘟妈妈发现，女儿一直站在自己身边，没有加入这场"战斗"之中。

"嘟嘟，怎么不去和大家玩呢？"嘟嘟妈妈问她。

嘟嘟摇了摇头，只是拉着妈妈的手，使劲地把她往人少的地方拽："妈妈，我想到那边去玩。"几个阿姨看到了，纷纷让自己的孩子和嘟嘟玩儿，但嘟嘟谁都不理。

一天下来，她几乎一直待在妈妈身边，紧紧地抓着妈妈的手不放。哪怕妈妈上厕所，嘟嘟也会跟进去。有一次，她在旁边看牡丹花，忘了拉妈妈的手，一回头没看到妈妈，便放声大哭起来，任凭那些阿姨怎么哄都不行。一直等到妈妈回来，嘟嘟才不哭了，紧拽妈妈的手，一刻都不放下。

现在，嘟嘟的妈妈很纠结：嘟嘟这么胆小，不敢和其他人交流，这可怎么办呢？该如何让胆小的嘟嘟懂得交际，和小伙伴自然地融在一起呢？

面对孩子的社交恐惧行为，作为家长一定要注意开导，这里给大家介绍几种方法：

（1）每天给孩子一个赞

每天睡觉前跟孩子说：你是最棒的，只要你肯努力，保持积极乐观的心态，就一定会发现生活的美好。还可以让孩子在睡前和早起时，找一个地方，大声地告诉自己："我能行，我一定行！"

（2）多看一些励志的书

没有人能随随便便成功，都会经历挫折，甚至经历不堪，让孩子多看一些成功人士的辛酸历程，有助于孩子告别社交恐惧症。

（3）多带孩子参加一些集体活动

对于那些不能主动参加集体活动的孩子，家长可以带孩子去参加，让孩子感受到集体活动的乐趣，让他们自己慢慢体会，与人接触多了，也就好了。

（4）寻求医生帮助

如果孩子一直拒绝与人交往，那就应该找个医生，介入治疗。听从医生的建议，制定一个适合孩子的疗法。

尽管有研究表明，社交恐惧症与智商没有多大关联，但儿时的社交恐惧症也会对其成人后的社交生活产生一些不利影响。对于大部分人来说，那些有社交恐惧症的人，常常会被同事或上司误认为"难以沟通""没有团队精神"等，最终给他们的事业发展带来一些不好的影响。所以，要重视孩子的社交恐惧症，及时改变孩子的恐惧心理，让孩子更好地融入社交活动中去。

第十二章

榜样的力量：父母做什么比说什么更重要

1．诚信品质：做人要言而有信

做人一定要言而有信，这是为人处世的基本原则，是一种高尚的品质和情操。"言必信，行必果"，体现了对他人的尊重，也体现了对自己的尊重，孩子们一定要养成言而有信的好习惯。言而有信是中华民族的传统美德，自古就有不少学者将诚信描绘成"一诺千金""君子一言，驷马难追"。从古人对诚信的坚持与传承，足见诚信在立身处世中的重要性。

李扬是一个非常讲诚信的孩子，在小学毕业的时候，李扬和同窗好友张科站在学校门口久久舍不得离去。张科说："李扬，我是插班生，因为我妈妈需要照顾年迈的姥姥，我才来这里上学的。现在我要回到自己家了，我的家在千里之外的广东，估计我们今生无缘再见了。"说着，张科难过得掉下了眼泪。李扬拉着张科的手说："兄弟别难过，我们是好朋友，一辈子都是好朋友。等到三年之后中考结束时，我一定会去看你的……"

时间过得真快，一眨眼三年过去了。中考结束之后，李扬就对父母说："爸爸妈妈，我曾经在三年前对张科许下过一个承诺，答应他中考结束后去看望他。现在中考已经结束，我必须履行自己的承诺。"听完孩子的话，李扬的父母表扬了孩子，他们对李扬说道："孩子，你这样做是对的，男子汉就必须言而有信。尽管咱家的条件不好，但是爸爸妈妈非常支持你去实现自己的承诺。"就这样，李扬在父母的陪同下来到了张科的家乡。两个孩子如约见面，紧紧地拥抱在了一起。孩子们的父母也激动地拥抱在了一起。从此，两家人常来常往，生活上互相帮助，相处得像亲人一样。

李扬遵守承诺的事情被同学们传开，很多人都因此而高看李扬，愿意与他交朋友。生活总是愿意照顾那些遵守承诺的人，事例中的李扬因为信守承诺而结识了很多好朋友，人际关系特别融洽。

言而有信是立身处世之道，是一种非常高尚的情操，能够为自己赢得很多机会。因此，孩子们必须要养成言而有信的习惯，在生活上和学习上必须做到说话算话。无论是对老师、同学还是对家长、亲朋，都不能随便许诺，而一旦许下诺言就必须履行。人生没有任何事情比说话不算话更加让人失望的了。失信于人的后果就是别人不再相信你，不再愿意和你真诚相对，不再愿意与你共事，长此以往，势必会得不到任何人的帮助。试问，一个孤军奋战的人，在激烈的竞争中能够走多远呢？

因此，作为家长，一定要帮助孩子养成言而有信的好习惯，具体做法如下：

（1）让孩子增强责任感，多为他人着想

失信于人的根源在于孩子对他人的不重视、不在乎，认为失信于他人没有什么了不起的，这是典型的缺乏责任感的表现。作为家长，需要教育孩子从小懂得设身处地地替他人着想，既对他人负责也对自己负责。如果一个孩子丝毫不懂得尊重别人、替他人着想，那么不要说是那些毫无血缘关系的旁人，即便是自己的亲人也会渐渐疏远他。没有任何人可以脱离群体而独立生存在这个世界上。因此，孩子一定要学会为他人着想，不能失信于人。

（2）不轻易许诺，说话办事要谨慎

话说出去了就必须做到，但是很多事情能不能做成功却不是由人的主观意愿决定的，其中存在着很多不确定因素。因此，家长们需要告诫孩子说话要严谨，不要轻易许诺。

（3）不要诱导孩子许诺

很多家长总会在无意识中问孩子："等你长大了给妈妈买大房子好不好？"孩子天真地回答道："好的。我给妈妈买大房子。"这样无心的一句话，家长可能并没有打算真的让孩子给自己买大房子，却极有可能陷孩子于失信的坏习惯中。很多孩子在对父母说出这句话时并没有想过要实现它，只是为了哄父母开心而已。这便在无形中诱导了孩子轻易许诺的行为。

家长们一定要从小事抓起，在点滴中培养孩子言出必行的好习惯，让孩子在潜意识中认定失信是可耻的、是非常痛苦的，帮助他们成长为讲诚信的好孩子。

2. 同情品质：培养孩子的同情心

同情是人类的重要情感之一，具有同情心的孩子更能体会他人的感受，更能包容、体谅他人，更容易建立良好的人际关系，拥有幸福的人生。同情心不是一朝形成的，需要长期的、潜移默化的熏陶，从外入内，在孩子的潜意识中形成。在这个过程中，父母是孩子的启蒙老师，需要重视孩子的情感发展，抓住生活中的所有细节，丰富孩子的情感，帮助孩子培养出同情心来。

在一个温暖的午后，欢欢和爸爸在郊区的公园里散步。看着眼前鲜花灿烂、绿树成荫的迷人景致，欢欢和爸爸有些流连忘返。

忽然，欢欢大叫道："爸爸，爸爸，你看那边的老太太多好笑。"爸爸顺着女儿手指的方向望去，只见一位白发苍苍的老人，穿着厚厚的冬衣，一只手扶拐杖，另一只手颤颤巍巍地想要摘一束花。

"年纪这么大了，还想要摘花，看她的样子走路都有些困难了。"欢欢嘲笑道。听着女儿的话，父亲脸上的笑容消失了，他狠狠瞪了一眼女儿，快步走到老人的身边，问道："老人家，您想要做什么？我可以帮助您。"老人抬头看了看欢欢爸爸，说道："我想要摘一枝花，今天是我那老头子的生日，他瘫在床上 10 年了，不能出屋，就想看看春天里的鲜花。"看着老人眼睛里打转的泪花，欢欢爸爸难受极了。他将老人扶到座椅上坐下，转身走到花丛中摘了一束美丽的鲜花，对老人说道："我送您回家吧。"老人点了点头。

之后，欢欢和爸爸在谈起这件事情时，爸爸责备了欢欢，他对欢欢说道："天气那么热，那位老人还穿得那么多，肯定是身体不好。他颤颤巍巍地想要摘一束鲜花，随时都有摔倒的可能，你不仅没有要帮助老人家的想法，反而去嘲笑老人家，太没有同情心了。"

欢欢默默地低下了头，她觉得爸爸批评得对，她需要好好反省一下。

事例中欢欢的行为并不是一个特例，现在的很多孩子都缺乏同情心，如公共汽车上一些孩子从不给老人让座。这种现象不能不让人担忧，孩子们是祖国的下一代、未来的希望，他们如果缺乏同情心，社会上还会有爱吗？作为家长，有责任培养起孩子的同情心来。

（1）不要扼杀孩子的同情心

很多小朋友都非常有同情心，如他们不愿意妈妈杀鱼，会因为妈妈杀鱼而痛哭，看到别的小朋友哭泣也会跟着伤心，这些都是孩子同情心的表现。作为家长，不应该因为孩子的这些行为而训斥孩子，否则便会扼杀孩子的同情心。

（2）潜移默化地影响孩子

想要培养孩子的同情心，家长首先应以身作则，富有同情心。这样才能在生活中潜移默化地影响孩子的情感世界。

（3）面对孩子的破坏行为，家长要采取怀柔战术

草坪中经常会有这样的提示："不要踩我，我怕疼。"这是一种非常好的方法，会让很多行人脚下留情。对于正在实施破坏的孩子，家长也可以采用这个方法，告诉孩子："不要再摔它了，它快哭了。"这样更容易引起孩子的同情。

（4）鼓励孩子多帮助他人

例如，在生活中，看到小朋友摔倒，家长可以鼓励孩子去帮助一下他们，让孩子在帮助他人的过程中建立起同情心。

（5）经常向孩子求助

家长也有需要帮助的时候。这时，我们可以向孩子求助，告诉孩子自己的状况，让孩子感受到自己是被需要的，让孩子有机会表现一下自己的同情心。

著名教育家陈鹤琴先生说过："同情行为在家庭里、在社会上都是一种非常重要的美德。若家庭里没有同情行为，那父不父、母不母、子不子，家庭就不能称其为家庭；若社会上没有同情行为，尔虞我诈，每个人都十分自私，社会也就不能称其为社会了。"由此可见，家长们一定要从小培养孩子的同情心。

3．自尊品质：请保护好孩子的自尊心

"你真笨，长大了能做点什么？""去去去，别烦我，一边玩去""别废话了，赶紧去""什么都做不好，你看看人家"……在说这些话的时候，家长们，你们有没有考虑过孩子的自尊心？请立即停止这种无心的伤害吧，好好保护孩子的自尊心！

小明非常贪玩，做作业总是不认真，经常出错。小明爸爸是个非常严肃的人，看着儿子错误连篇的作业，他愤怒地指着孩子大骂："你这个笨蛋，做个作业出这么多错儿，真没出息。"久而久之，小明有些害怕做作业了，因为爸爸的指责让他觉得很痛苦。后来，小明开始不写作业了。

在父亲的责骂之下，小明的自尊心受到了很大伤害。为了防止出错，在一次考试中，小明竟然一题未答。老师觉得很奇怪，仔细询问之后，找到了根源。老师将小明的父母叫到学校，介绍了小明的现状之后，指出了小明爸爸的不当行为，并要求他向孩子道歉。

在老师的教导下，小明爸爸也认识到了自己的错误，他主动向孩子道歉。接着，老师做了一件令所有人都很吃惊的事情——老师对小明说："老师知道你是最棒的，这些题目你都会做，现在你能重新做一遍吗？"在老师鼓励的眼神下，孩子终于拿起笔，认认真真地做了起来。

小明做完之后，交给了老师。老师认真地阅读之后，将试卷递给了小明。小明惊讶地发现，每道题的后面都打着对号，卷子上清清楚楚地写着一百分。就这样，小明当着家长和老师的面重新补考了一次。这次补考对小明而言，不仅仅是成绩的重新计算，更是自尊心的重新建立。看着试卷上醒目的一百分，小明欢快地蹦了起来，脸上重新洋溢出孩子应该有的灿烂笑容。

什么是笨，笨的标准是什么，什么又叫没出息？家长们在给孩子打上这些标签时，有没有想过自己的行为会带给孩子怎样的伤害？！家长们的一些不当行为，对孩子产生了极其严重的心理暗示，孩子会根据家长的行为、言

语来评估自己。孩子做一件事是否成功，不仅受其自身因素影响，同时还受周边环境和他人的影响，尤其是父母。作为孩子的直接监护人，家长应该怎样保护孩子的自尊心呢？

（1）不要让消极暗示伤害孩子的自尊心

在日常生活中，类似"你真笨""做什么错什么""我怎么生了你呀"之类的话不要对孩子讲，否则会在孩子的心里种下自卑的种子，深深地伤害孩子的自尊心。在与孩子的接触中，面对各种突发状况，家长都应保持冷静和理智，慎重处理，既要及时纠正孩子的不良习惯，又要保护好孩子的自尊心。因为，孩子远比我们想象的更加敏感与脆弱。

（2）优秀的孩子是鼓励出来的，不是羞辱出来的

对孩子的教育绝对不能掺杂羞辱的成分，要多鼓励。只有鼓励才能让孩子相信自己能够做好，只有鼓励才能让孩子更具信心，也只有鼓励才能让孩子变得更优秀。羞辱对孩子的成长有百害而无一利，它会深深伤害孩子的自尊心。孩子没有成年人坚韧，他们不懂也做不到知耻而后勇，自尊心一旦受到伤害，孩子便会变得很自卑、很暴躁。一个充满了自卑和暴躁情绪的孩子，他们会做出很多伤害自己和他人的蠢事来。因此，家长要懂得保护孩子的自尊心，不要在无意中羞辱孩子。

（3）帮助孩子树立正确的荣辱观

对于孩子而言，保护自尊心的最好方法就是树立正确的荣辱观，形成强大的自我保护，这样才能抵抗来自外界的各种干扰因素。家长应科学教育孩子，让孩子认清哪些行为是可耻的，哪些行为是高尚的。

研究表明，在成长过程中得到家长尊重的孩子，其自尊水平会比较高。因为家长尊重孩子，从而保护了孩子的自尊心，让孩子的自尊心得以健康地发展，避免自尊心太弱导致自卑、自尊心太强导致自负和虚荣。因此，在教育过程中，家长应放低姿态，与孩子平等沟通，不要居高临下地命令、斥责孩子，要适时让步，给孩子留面子。

4．爱心品质：带孩子去参加慈善活动

康康妈妈的单位总是会不定期地举办一些慈善活动，如帮助孤寡老人、看望贫困山区的小朋友、给孤儿院里的孩子送温暖等等。每当有这样的慈善活动时，妈妈总是会带着康康一起前往。

今天，康康和妈妈一起前往贫困山区，去看望那里的小朋友。车刚停下来，康康就迫不及待地跳了下来，看着路边一个个脏兮兮的小朋友，康康愣住了。寒冷的冬日里，孩子们的身上只穿着薄薄的一层单衣，而且还是补丁摞着补丁，脚下的鞋子也都开着口，小脚趾冻得通红通红的。车上的叔叔阿姨们赶忙下车，陪着孩子们进屋。而屋里的情景更是让人不忍直视，窗户用破塑料布勉强封住，个别破洞的地方北风呼呼地往里灌。孩子们上课没有桌椅，就坐在地上听老师讲课。

康康从来没有见过这样可怜的小朋友，他从书包里掏出了给小朋友带来的礼物，有棒棒糖、巧克力、铅笔、橡皮和康康最喜欢的米老鼠玩具。他将这些礼物全部都送给了这里的小朋友，并对妈妈说："妈妈，我以后再也不乱花零花钱了，我要攒钱，下次来多给小朋友们带些礼物。"看着儿子真诚、坚定的眼神，妈妈点了点头。

如今的孩子大多是独生子女，过着饭来张口、衣来伸手的幸福生活，整天被各种关心、爱护包围着。家长想方设法地满足孩子的一切要求，孩子们在家里独特的地位让其缺乏分享和照顾的对象。久而久之，他们便不懂得如何照顾别人、如何关心别人。在这样的家庭教育下成长起来的孩子最大的特点就是缺乏爱心。他们的心里只有自己，不能与其他伙伴友好相处，经常会发生打架的现象，严重影响到了孩子的情感发展。因此，爱心教育迫在眉睫。

孩童时期是一个人性格、品质定型的重要时期，该如何引导孩子充满爱心、完善情感世界呢？

第一，家长应该用自己的实际行动来影响孩子，让孩子充满爱心。

父母是孩子的第一个老师，是孩子的榜样。想要让孩子充满爱心，首先父母就必须充满爱心，用自己的实际行动在孩子幼小的心灵深处种下爱的种子，让孩子从小学会关爱他人，关心身边的亲人和朋友。

第二，为孩子营造和谐的家庭环境。

家庭是孩子的第一所学校，家庭环境是否和谐直接影响着孩子的情感发展。和谐的家庭环境有助于孩子爱心的形成，不和谐的家庭环境会让孩子长期处于一种焦躁不安的不良情绪中，这样的家庭环境熏陶出来的孩子往往更具攻击性，对他人缺乏信任，为人处世冷漠无情、缺乏爱心。也许在这些孩子看来，这个世界并不美好，处处充斥着暴力和粗俗，因此他们对这个世界缺乏爱。一个没有爱心的孩子，又怎么会拥有他人对自己的爱呢？没有爱，又何言幸福呢？

因此，作为父母，既然将孩子带到了这个世界上，就要对孩子负责任，给孩子一个完整、幸福、和谐、温馨的家庭是父母最应该做的事情。只有这样，孩子的情感才会健康地发展，孩子才会充满爱心，才能过得幸福。

第三，良好的校园环境。

学生时代，孩子的大部分时间都是在学校里度过的。因此，优良的校园环境对孩子的影响也很大。学校不仅仅是孩子完成学业、学习技能的地方，也是孩子成人的地方。孩子的思想品德教育也是学校教育的重点。因此，家长在为孩子择校时应综合考虑学校的各个方面，不要只关注学校的升学率。要知道，对孩子而言，成人比成才更重要。

第四，周围的生活环境。

周围的生活环境主要是指周围的朋友、邻居、商业及各种社会活动场所。这些是孩子每日都需要接触的环境。净化周围的环境，让孩子在健康、和谐的大背景下成长，对孩子的爱心成长非常重要。古有孟母三迁，今天的家长可以效法古人为孩子提供一个良好的成长环境。

对孩子进行爱心教育是家庭教育的永恒话题，也是保证孩子健康成长的基本工作。培养孩子的爱心对孩子的心理健康会起到促进作用。孩子们就像一个个小天使，需要家长们百般呵护及正确引导，只要在孩子的心灵深处播下爱的种子，就一定会收获爱的果实。

5. 谦虚品质：懂低头才能站得更高

该怎样培养孩子谦虚的品质呢？圣贤常常教育我们："谦虚使人进步，骄傲使人落后。"骄傲的孩子会给自己的双眼蒙上一层眼罩，看不到更高、更远的地方，变得自私狭隘、目中无人、见识短浅。即使一个人非常优秀，在某些方面的造诣很深，他也不能骄傲自大。因为，仍然有很多知识是他不知道的，需要他低头学习，向他人请教。谦虚，是一种美德，是人们不断进取的一种态度。生命有限，学海无涯，任何一个具有谦虚品质的人都有进步的动力，都会不断进步。

兰兰是个漂亮可爱的小女生，不仅成绩优秀，家庭条件也好。兰兰的父母都是做大生意的，家里经济条件非常好，所以兰兰从小就是穿着一堆名牌衣服长大的。在学校，兰兰是班里的文艺骨干，是同学们眼中的小明星；在家里，兰兰是父母的掌上明珠，集万千宠爱于一身。在这样的环境下，兰兰开始自命不凡了，她变得有些狂妄自大，骄傲的情绪不断膨胀。只要一有机会，兰兰就会显摆自己、贬低他人，惹得其他同学都非常不喜欢她。

一次，一个小朋友问了兰兰一个问题。没想到兰兰竟然大声说道："你可真笨呀，连这个问题都不会，笨死了。"结果，那位同学生气了，说道："你这个人怎么这么没有礼貌，我不过是问了你一个问题，你竟然如此不尊重别人，难怪大家都不喜欢你，你的确挺讨厌的。"说完，那位同学从兰兰手中扯回作业本离开了。班上的同学也纷纷指责兰兰，有的同学甚至挖苦她道："有什么了不起的，以为自己是谁呀？"气得兰兰大哭了起来。

接着班里开始选班长，兰兰一直都是班长，但这一次她落选了，而且输得很惨，全班同学竟然没有一个人投她的票。看着其他几名竞选人的名字下面都横七竖八地画着计票的标记，而只有自己的名字下面干干净净，一个标记都没有，兰兰无比尴尬。

回到家里，兰兰伤心地哭了起来，连晚饭都吃不下去，边哭边嘟囔着：

"为什么不选我呀，他们的能力都没有我强，凭什么都不选我？"兰兰的爸爸听完兰兰的讲述后，明白自己孩子的身上出现了问题——孩子有些骄傲，总是瞧不起同学，那么同学们又怎么会喜欢她呢？他耐心地向孩子分析缘由，含蓄地指出了兰兰的毛病。兰兰听完之后，羞愧地低下了头。

骄傲是一种不良的心理状态，作为家长，应该给予孩子正确的引导，使孩子养成谦虚的品质。那么，父母应怎样培养孩子谦虚的品质呢？

（1）让孩子认识到骄傲的危害和谦虚的好处

培养孩子谦虚的品质，首先需要向孩子讲清谦虚和骄傲对孩子成长的不同影响。谦虚使人进步，骄傲使人落后。谦虚的人时刻都保持着空杯心理，不自满，总会不断地学习，充实自己；而骄傲的人则自大自满，总是高看自己，觉得谁都不如自己，看不到他人的优点，不屑于向他们学习，因此，他们不仅不会进步，还会倒退。

除此之外，谦虚的人更容易建立起良好的人际关系，他们懂得尊重他人，有亲和力。而骄傲自大的人，则总觉得高人一等，看不起身边的人，导致人际关系很糟糕，得不到大家的喜爱与认可。

（2）教会孩子客观评估自己

任何人都有自己的优点和缺点。对此，每个孩子都应客观、全面地认识到：自己的优点再多，也有不如别人的地方；别人的缺点再多，也有值得自己学习的地方。培养孩子谦虚的品质，首先应该让孩子学会客观地评估自己，看到自己的不足之处，看得见他人的过人之处，取长补短，不断进步。

山外有山，人外有人。带孩子多见识见识外面的世界，开阔孩子的视野，才能让孩子认识到自己还差得远呢，才能避免盲目的骄傲，避免孩子成为井底之蛙。

6. 善良品质：教孩子做一个善良的人

现如今，家长们更重视孩子的身体是否健康、智力发展是否良好，而很少有家长关注孩子是否具有善良的品质。著名教育家苏霍姆林斯基曾说："善良的情感是良好行为的肥沃土壤。"对于孩子而言，成人远比成才更重要。

针对现状，我们对家长们提出五点建议：

（1）让孩子懂得关心亲人

在孩子成长的过程中，教育孩子做一个善良的人应成为家庭教育的重点。情感教育的第一步，家长应该让孩子懂得关心别人，平衡自己的需求与他人的需求，让孩子明白不能只想着自己，也要惦记他人。例如，在日常生活中，很多孩子有好吃的只顾自己吃，而不愿意分享给自己的亲人和朋友，连爸爸妈妈吃一点都不行。这种现象需要家长从小加以纠正。很多家长对孩子吃独食的习惯不以为然，认为孩子还小，等到他大一点就懂得给家人吃了。这个想法是错的，如果在孩子小的时候没有及时予以纠正，等到孩子长大之后就更不懂得关心家人了。一个不懂得关心他人的孩子，是不会成为一个善良的人的。

（2）让孩子学会关心更多的人

大多数孩子对自己的家人都有一定程度的关心，然而这却是不够的。作为家长，应该引导孩子学会关心更多的人，如老师、同学、朋友。在平日里，家长可以从与孩子平等的沟通中获知孩子身边人的情况，鼓励孩子多帮助需要帮助的朋友、多关心生病的朋友，可以通过探望、打电话慰问等方式表示自己的关心。久而久之，孩子们就会学会关心更多的人了。

（3）让孩子学会感恩

父母养育孩子，付出了很多很多，作为子女，应该懂得感恩父母；老师教育学生，传授了很多知识，同样付出了很多很多，作为学生，应该懂得感恩师长；有了朋友的陪伴，才有了很多快乐，作为朋友，应该互相感恩……人这一生需要感恩很多人，没有这些人的付出就不会有今天的我们。让孩子学会感恩是幸福的开始。一个不懂感恩的人，他的心里就没有爱，更不会成为一个善良的人。

（4）培养孩子的同情心

"只要人人都献出一点爱，世界将变成美好的人间。"人在社会中生活，从来都不是独立的，需要大家互相帮助，互相帮助的基础在于有同情心。例如，汶川大地震发生后，很多志愿者自发组成了团队前往灾区，去帮助那些受难的同胞。这些志愿者都有一颗赤诚的同情心，因为同情灾区的同胞，所以他们牺牲了自己的利益去帮助他们。试想，如果我们的孩子没有同情心，那么这个世界将会变得多么可怕！当有一天，他们也需要帮助的时候，又有谁会来帮助他们呢？

（5）上行下效，父母首先应成为善良的人

每一个孩子都是上帝送来的小天使，这句话是有一定道理的。孩子刚来到这个世界上时就是一张干净的白纸，至于后天能否成长为拥有高尚道德情操的人，很大程度上要取决于其父母。而想要培养出善良、充满爱心的孩子，父母首先应成为善良的人。因为父母是孩子模仿的对象，从小到大，父母对孩子的熏陶和影响无时不在，其程度是无法估计的。因此，父母要以身作则，拥有善良的品质，如此才能拥有善良的孩子。

事实上，每一位父母都希望自己的孩子是一个善良的孩子，拥有丰富的情感世界。那么，从现在开始，就应教会孩子懂得爱、发现爱、付出爱，从生活中的点滴开始，从阻止孩子的每一个攻击性行为开始，从劝说孩子分享一颗草莓开始，从孩子第一次伸出小手为父母拭去脸上的汗水开始，从孩子第一次对身边的人说出"谢谢"开始……让我们的孩子拥有一颗善良的心，带着这颗善良的心去感受生活。

7. 感恩品质：言传身教的教育最有效

记得有这样一则公益广告——一位母亲带着真诚的微笑为她的母亲端来一盆热水，缓缓蹲下，轻轻地为母亲洗脚。这位母亲和她的母亲脸上都洋溢着幸福的微笑，因为她们都觉得温暖。一个年幼的孩子在一旁，静静地看着眼前的一切。然后，孩子跟跟跄跄地同样给自己的母亲端来了一盆洗脚水，当孩子稚嫩的脸上挂满汗珠，并喊出"妈妈，洗脚"的时候，我们都感动了。

是呀，传承是最好的教育。随着生活水平的提高，很多孩子得到了父母、爷爷奶奶、叔叔阿姨等人无穷无尽的关爱。那么，反过来呢？孩子对这一切，懂得感恩吗？

一次活动中，主持人提问："谁能回答我，你们的爸爸妈妈记得你们的生日吗？"

孩子们异口同声地答道："记得，爸爸妈妈从来都没有忘记过我们的生日。"

"哦，那么爸爸妈妈都怎么给你们过生日呀？"主持人又问道。

这一次，答案却是五花八门了。有的小朋友说"给我买了一个大生日蛋糕"，有的说"带我去游乐场了"，还有的说"给我买了一个芭比娃娃"，等等。孩子们的生日礼物可以说是花样繁多，家长们也是挖空心思地带给孩子快乐。

接着，主持人故意咳嗽了一声，问道："哪位小朋友知道自己父母的生日是哪天呢？"

这个问题一出，场上顿时鸦雀无声。孩子们你看看我、我看看你，谁也回答不上来。

看到这一幕，场下刚刚还欢声笑语的父母们也都安静下来了，若有所思地沉默了。

"孩子们，父母给了你们最真诚的爱，他们养育了你们，把自己的一切都给了你们，为什么你们连他们的生日都记不住呢？难道你们只知道一味地享受父母的关爱，而不知道感恩、不懂得回报吗？小乌鸦尚且懂得反哺老乌鸦，聪明伶俐的孩子们，你们又为父母做了些什么呢？"说着，主持人转过身来，面对着台下的父母，意味深长地说道："家长朋友们，孩子们今天的表现你们满意吗？对于孩子们的行为，你们又该负何种责任呢？"

是呀，乌鸦尚知反哺，但我们的孩子是怎么了？这个问题值得每一位家长深思。教会孩子感恩，让孩子成为一个心中有爱的好孩子吧，家长朋友们不要再犹豫了，正如前面提到的公益广告——传承是最好的教育方式。

（1）言传身教，感恩自己的父母，有助于让孩子学会感恩

家长作为自己父母的子女，孝敬父母是应该的。有好吃的东西要想着老人，经常看望、关心老人，帮老人洗洗涮涮，经常带着老人出去游玩，家长的这些行为，孩子都会看在眼里记在心中，久而久之，孩子耳濡目染，便会逐渐养成孝敬父母的好习惯。

孝是中华民族的传统美德，是需要国人一代一代传承下去的。想要孩子成为一个有孝心的好孩子，作为家长，我们首先应孝敬自己的父母。

（2）言传身教，感恩自己的伴侣，有助于孩子学会感恩

夫妻是家庭的主要成员。父母之间如何相处，直接影响到了孩子的情感成长。因此，家人之间、夫妻之间友好相处、互相帮助，有利于孩子将来合理处理自己的家庭问题。

8．诚实品质：不撒谎才是好孩子

哲哲妈妈最近发现了一个现象，让她有些担心——儿子开始说谎了。

小孩子总是爱犯懒，随着年龄的增长还总是不断地为自己争取犯懒的机会。

"妈妈，哲哲今天不洗脸了好不好？""当然不行了，必须要天天洗脸，经常洗手。"这样的对话，从孩子能够独立洗漱开始就不断地出现在哲哲妈妈的家庭生活中。这一天睡觉前，哲哲妈妈问儿子："你洗漱了吗？"儿子坚定地说道："洗漱了，姥姥帮哲哲洗的。"看着儿子坚定的样子，哲哲妈妈在心里已经相信了他。

为了能够更加确定孩子没有欺骗自己，哲哲妈妈带着询问的眼光看了看母亲，母亲轻轻地摇了摇头。答案已经有了，孩子说谎了。哲哲妈妈的心一下子紧张了起来，是什么原因导致孩子开始说谎的呢？面对说谎的孩子，哲哲妈妈应该怎样教育呢？

哲哲妈妈问儿子："为什么说谎呀？明明没有洗脸，为什么要说姥姥帮你洗了？"儿子立即狠狠地瞪了姥姥一眼，意思是质问姥姥："为什么出卖

我，不帮助我一起说谎？"看着眼前的一幕，哲哲妈妈也不知所措了。

诚实是孩子们通往成功的重要品质，不诚实的孩子终将会为自己的行为付出惨痛代价。那么，不诚实会付出什么样的代价呢？

不诚实会降低孩子的诚信度，让孩子的人格受到质疑。

"考上哪所大学了？"高考之后，很多人都会问孩子这个问题。一些考得不理想的孩子会说："挺好的，大学不错，是个重点。"然而，天下没有不透风的墙，很快人们就会知道这个孩子说谎了，大家会在心里鄙视他。其实，考试只是人生关键几步中的一步，考不好没有关系，更没有必要欺骗别人。生活是自己的，高兴与痛苦只能自己承担，按照自己的规划好好生活就够了。何必为了他人一句夸奖而让自己陷入说谎的困境中呢！

很多时候，因为一个人长期说谎，人们对他的信任度几乎降为零了，当这个人真的需要他人的帮助，向他人求助时，别人也会认为他在说谎而拒绝帮助他。如此一来，这个说谎的人可能会因为说谎而失去很多重要机会。

因此，作为家长，绝对不能纵容孩子的说谎行为，应从小培养孩子诚实的品质，这就要求家长注意以下几点：

（1）以身作则，首先自己要以真面目示人

社会很复杂，已经有了一些经历的成年人，出于各式各样的原因总是会将自己伪装起来，不愿以真面目示人。这在无形中会影响到孩子的性格特征，导致孩子爱说谎。这里给父母提个建议：是什么样子就表现出什么样子，需要改进，我们就去改进，不要顾虑其他。生活原本并不复杂，只是人们把它想复杂了，不仅自己不能幸福还会觉得很累。当人们放下伪装的面孔，以真面孔示人时会发现，真实其实很好。

（2）勇于说真话

任何一个谎言都需要更多的谎言来维持，终有一天，我们会被这无数的谎言压垮。告诉我们的孩子，想不出更好的答案时，说真话是最好的解决方法。

一个人很难应对说谎带来的后果，因为任何谎言背后总是有更多的谎言。谎言多了，担心就多。整日心惊胆战地生活可以击垮一个意志坚强的成人，更别提孩子了。因此，作为家长，要从小培养孩子说真话的勇气，尽管说真话可能会让孩子受到一些惩罚，但是远比说假话后果到了不可收拾的地步要好。另外，及时说出真话，及时发现问题，及时纠正问题，对孩子的成长也非常有利。

（3）防微杜渐，重视孩子每一个不起眼的说谎行为

"人之初，性本善"，没有任何孩子一出生就是邪恶的。很多不良的习惯，都是从微不足道的小毛病发展起来的。作为家长，在发现孩子说谎的苗头时就要及时、坚决地纠正，等到事态发展到不可控的地步再去纠正就晚了。

（4）了解孩子说谎的根源，从根本上解决问题

一味地控制孩子说谎的行为是盲目的，要了解孩子为什么说谎，找到根本原因，有针对性地解决问题。正如前例中的哲哲，其之所以说谎是为了躲避洗漱。作为家长，需要了解一下孩子为何躲避洗漱，是因为玩了一天累了还是因为害怕水进到眼睛里，从而对症下药，从根本上解决问题，纠正孩子说谎的恶习。

第十三章

精准沟通：针对孩子性格给予合理建议

1．敏感型性格：有效的注意力转移法

敏感型的孩子过于喜欢安静，因为置身于热闹的环境会让他们不自在，他们胆小、喜欢沉默，不喜欢出头露面。同时，他们的情感十分细腻，很容易受到外界的影响，比如受到表扬，他们会立刻手舞足蹈，遇到不开心的事情，他们会号啕大哭。他们普遍的优点是安静、遵守秩序、想象力丰富、善于观察细微的变化。但他们也有一个很明显的缺点，就是过于在意外界对自己的评价，因此他们做事情很容易被外界暗示所干扰。所以如果家长能够给予孩子积极正确的引导，那么就可以将这种干扰转变为良性引导。

比如，一个男孩的玩具被抢了，所以他不想再带玩具去幼儿园。妈妈知道后，应该给他支持和鼓励："玩具是你的，你自己决定吧！"男孩说："幼儿园的一个小朋友威胁我说，如果我不让他玩他就打我！我不想让他玩，所以我决定不带玩具去了。"这时妈妈才知道，孩子在学校遇到困难了，但是不知道该怎样去面对。

妈妈觉得是时候让孩子接触一点人际交往中需要的技巧了，于是妈妈对男孩说："你可以告诉那个小朋友，如果他打你，你就更不让他玩。玩具应当借给朋友，如果他能够跟你和平相处，你就可以考虑借给他，但是你已经长大了，你应当自己做决定，不论结果是什么，妈妈都会支持你的！"

男孩说："妈妈，我改变主意了，我要带玩具去幼儿园，如果那个小朋友不威胁我，能够跟我和平相处，我就让他玩，如果他威胁我，我就不让他玩。"

小男孩之所以改变了主意，就是因为在妈妈的正确引导下懂得了在和其他小朋友的相处中，不能选择逃避的方式，而应当主动解决遇到的困难，试着化敌为友，与人为善，只有秉持这样的信念，才能够正视别人的威胁。小男孩找到了维护自身权利的方法，并且得到了妈妈的支持，那么他更会勇敢地面对困难。可见，如果父母能给孩子精神上的支持，孩子的心灵就能变得强大。

一个人之所以敏感，是因为他的脆弱。我们必须面对一个事实，那就是每个人都曾经是脆弱的。几个月大的婴儿，甚至不能忍受一点点的不舒服，当他饿了、热了、冷了，或听到很响的声音，就会以哭的方式进行反抗。此时如果有人能够给这个脆弱的孩子以理解，并采取适当的措施去安抚他的焦虑，就会对孩子产生重要的影响。假设一个婴儿，每当脆弱时都能够得到及时准确的抚慰，那么他便逐渐地内化了这种品质，具有了自我安慰的能力。相反，如果婴儿得不到或很少得到抚养者准确的安慰与理解，那么他便会经常体验到强烈的受挫感，无法很好地发展出自我安慰的能力，成年后的他们在每一次受挫情景中均会唤起婴幼儿期那些受挫体验，表现出来的，便是敏感的反应了。

比如，一个四岁半的男孩非常活跃，感觉自己是个小男子汉了。一天，全家人到湖边散步，小男孩显得很兴奋，不是在这里蹦蹦，就是在那里跳跳……突然，小男孩在往前跑的时候，不小心跌了个跟头，虽然有点疼，但是他并没有哭，因为他觉得自己已经长大了，应该自己爬起来。

这时，妈妈快步走过去，说："你是小男子汉，一定会自己爬起来的。"这句话正说到小男孩的心坎儿里去了，于是他立马站起来，拍拍裤子上的土，刚要继续往前走的时候，奶奶来到身边说："哎哟，好孙子，摔疼了吧。来，让奶奶看看，一定很疼啊！"听了奶奶的话，小男孩竟然忘了刚刚是自己爬起来的，突然委屈得大哭。奶奶赶紧把孙子搂在怀里，说："宝贝不哭，都是这路，竟然把我的宝贝孙子给绊倒了，奶奶给你打它……"听奶奶这么说，小男孩哭得就更伤心了……

为什么小男孩刚开始的时候没有哭，反倒站起来之后哭了呢，事实上，小男孩刚开始觉得摔倒就是一件小事，不值得哭，但是在奶奶话语的引导下，他产生了怀疑，觉得要不是地面的原因，自己根本不会跌倒的，于是他就开始委屈。他觉得，遇到这种情形，就应该大哭，而且会感觉妈妈不爱他，不关心他，而奶奶却很在乎他。其实，敏感型的孩子对于委屈是非常敏感的，有时候即使他没有感受到委屈，但如果周围的人，如父母、爷爷奶奶等用话渲染出这种委屈来，孩子就会表现得非常"委屈"，就会哭泣。

出于对敏感型孩子心理保护的目的，父母要多对他们进行鼓励，否则他们会因为父母无心的负面评价，最终成为一个"坏孩子"。如果父母能够经常鼓励他们，在他们遭遇挫折、失败的时候，通过有效的注意力转移法，帮助他们摆脱当前不好事情的影响，转而产生更加积极乐观的想法，或者进行更加有益健康的活动，他们就会产生积极的动力，努力朝着好的方向前进。另外，良好的家庭氛围对于这类孩子来说至关重要，父母要尽量创造一种轻松、欢乐的家庭氛围，帮孩子克服过于敏感的情绪反应。

2. 扬长避短，性格也需要锤炼

孩子性格的形成并不是一蹴而就的，从出生开始一直到青春期结束，才能形成一个比较稳定的性格。性格的形成过程是非常复杂的，个性的组成因素包含了认知、思想、情感、目的、行为、语言、形体、精神、信仰、追求等多个基本层面，而随着时间、环境、情绪、年龄等变量的改变，孩子的性格也会呈现出不同的特点。

值得各位家长注意的是，孩子的性格并不是僵化的、固定的，纵观同一个人的不同时期，其性格也不尽相同，童年时异常调皮的开朗孩子，青春期时很可能变得忧郁、多思；凡事争第一追求完美的孩子，到了初中后很可能会变得平和……

孩子健康性格的形成，并不是仅靠父母的有意识培养就可以做到的，更需要孩子自身在实际学习和生活中的锤炼。

艾小小性格比较斤斤计较，尤其爱记仇，哪怕一丁点大的事也能记很久，她的优点就是凡事仔细小心，很少出差错。小小妈也发现了这个问题，但几次和小小谈论这件事，小小根本不当回事，态度都很敷衍。

既然教育的办法行不通，小小妈就另辟蹊径，想结合小小的实际生活采取针对性点拨的办法，来帮助孩子在性格上扬长避短。

小小妈在最近一周接小小放学的时候发现了一个新情况，小小和关系很要好的同学 A，以前每天都是一起走出校门，在校门口分别的时候，还要专门打招呼，可是现在小小妈已经接连一周没看见两人一起出来了，有时一前一后，就算一起走出来，也彼此不说一句话，和陌生人一样。

在回家路上，小小妈询问小小和同学 A 的关系究竟怎么了。小小气愤地说："哼，我好心把故事书借给她看，她居然把书弄脏了，我很生气，就质问她为什么把书弄脏，她说我小心眼，说我以前把她作业本弄坏，她都没计较，这次不过是不小心在书上画了一笔，我却不依不饶的。看我的书，还说我小心眼，我一生气就说了绝交……"

"和 A 闹得这么不愉快，你有没有后悔？"

"你想和 A 和好吗？"

"为什么 A 会说你小心眼呢？其他同学说过吗？"

"你觉得自己小心眼吗？"

"同学们喜欢和小心眼的人一起玩吗？"

……

小小妈通过上述一步一步的引导，让小小真正从内心认识到了自己性格中的不足，从而发生了良性转变。第二天，经过反复思考后，小小主动和同学 A 认了错，然后两个人又恢复了往日的友谊。自此以后，小小每次想生气的时候，都会特地想一想，这是一件大事还是小事，别人会不会觉得自己小题大做、小心眼？久而久之，小小性格上就变得大气起来了，不再因为小事斤斤计较，与同学产生摩擦和矛盾了。

尤其是在稳定性格形成以前，孩子的性格更需要在实际生活中锤炼，家长要做的就是像小小妈一样加以引导，让孩子自己吸取教训，意识到性格中的长处和短处，从而有意识地扬长避短。

孩子的性格是不断发生变化的，影响其变化的因素又是多种多样的，价值观、经历、认知、年龄、环境、重大事件等都会让孩子的性格产生或多或少的变化。孩子性格的变化是非常微小的，它在循序渐进中发生，绝大多数父母对此都毫无察觉，要想养出好性格的孩子，就一定要时刻关注这种微小变化，并随时进行点拨式教育，只有这样才能做到防微杜渐。

家庭是孩子的第一所学校，家庭环境、父母性格秉性也会对孩子性格的形成起到非常关键的作用。温馨和谐的家庭，孩子大多性格开朗、乐观；争吵不断的家庭，孩子大多性格消极、悲观；父母太纵容溺爱孩子，孩子性格会依赖性强，没有独立思想和独立能力；父母对孩子太过严苛，孩子则容易自信心不足；父母经常夸奖孩子，孩子的性格则会更自信、更有优越感。

"种瓜得瓜，种豆得豆"，父母给予孩子怎样的家庭、怎样的教育，就会得到怎样性格的孩子。所以，要想让孩子形成好性格，父母首先要从自己做起，从营造温馨和谐的家庭氛围做起。

3．冲动型性格：数豆子的耐心训练法

有句名言："上等人，有本事没有脾气；中等人，有本事也有脾气；末等人，没有本事而脾气却大。"坏脾气的人其实未必脾气有多坏，往往是过于冲动，因此，虽然本质不坏，却因为被情绪左右，难以拥有快乐和幸福。因此，对于孩子的冲动性格，家长应该多加关注。避免孩子因为冲动而养成坏脾气，不利于今后的发展。

冲动型性格的人会因为微小的刺激而突然爆发非常强烈而又难以控制的愤怒情绪，并且往往伴有冲动行为，主要特征为情绪不稳定及缺乏冲动控制能力，暴力或威胁性行为的突然爆发也很常见，这种情绪与行为变化和平时有些不一样。所以事发之后，他们常常对自己的行为感到后悔、懊恼。

小雷是个脾气暴躁的孩子，经常容易冲动。有一次，吃过晚饭，他和爸爸一块儿下五子棋。他们你一步我一步，有条不紊地较量着。突然，眼看着小雷就要胜利了，没想到爸爸的黑子一落，小雷的队形就被打乱了，还没等他反应过来，爸爸的黑子已经抢占了先机，最终爸爸反败为胜。

小雷顿时耷拉下脸来，气急败坏地冲着爸爸嚷道："爸爸，你肯定要赖了，这局不算，我们重来。"说着就伸手将眼前的棋局弄乱了。爸爸对小雷

的行为很生气，觉得孩子太任性，不能惯着，于是拒绝再来一次。这时，小雷居然起身打起了爸爸，然后将爸爸轰了出去。过了一会儿，他又自己一个人躲在角落里哭，说自己也不想那样对爸爸的。

众所周知，生气是一种负面情绪，但我们又总是被生气困扰，这就需要我们时刻观察克制自己的情绪。俗话说，"忍一时风平浪静，退一步海阔天空"，放纵脾气的爆发，只能让事情越发难以控制，同时把自己的心态推向负面。不仅成人如此，孩子也是这样，只有教会孩子拒绝冲动，学会忍耐，才能够让他们避免麻烦，同时修炼较为平和的心态，为以后的发展提供帮助。为了避免孩子像小雷一样冲动任性，家长需要利用多种方法帮助孩子走出冲动的旋涡。

方法一：用沉默化解冲动

很多时候，孩子都会表现出强烈的逆反心理，你越是告诫他不要做什么，他越是跟你对着干，家长如果依靠打骂来解决的话，争执的烈火会越烧越旺。其实，面对孩子的一些冲动行为，家长大可不必大动肝火，相反，此时最应该做的就是提醒自己要理智，不要被孩子的情绪激怒。沉默是避免争执的最好办法，选择在适当的时候沉默和在适当的时候进行教育，反而会使孩子更容易认识到自己的错误，从而自觉地进行改正。

方法二：用意念控制冲动

这个方法对于小孩子来说也许还有些困难，但是如果家长能够加以正确引导，还是可以起到很好的作用。如果孩子时常冲动，可能是自制力不够强，这时家长应当教育孩子学会积极的自我暗示和激励，控制自己。比如，当孩子要参加一项很重要的活动时，家长要教会他在心里默念那些能给他带来激励的话，让他在内心产生力量。

方法三：进行有效的移情训练

人们在情绪控制力量减弱的时候，冲动行为的力量就会增强。此时做出的一些行动，在事后就容易感到后悔。专家所倡导的最简便易行的移情方法就是让孩子学会数豆子。所谓数豆子，就是把一堆豆子摆在孩子的面前，让孩子一个一个地数，开始时，冲动的孩子往往没有耐心，也许数到十就会显得很不耐烦，这时候就需要家长对其加以引导，帮助孩子克服内心的烦躁，学会沉下心来。久而久之，孩子就会变得有耐心，在以后的生活中，当面临问题的时候，就能够学会先进行独立的思考，然后再采取行动，从而逐步摆脱冲动。

这种移情训练简单好学，家长可在平时的生活中有针对性地加强。根据孩子的兴趣，家长可以选择一些其他的磨炼耐性的活动，比如弹琴、绘画、写字等，既能增强孩子的控制力，又能陶冶孩子的心性。

4．性格优化法：性格并无好坏之分

"性格本身没有好坏之分，乐观和悲观对这个世界都有贡献，前者发明了飞机，后者发明了降落伞。"虽然这个说法多少有些戏谑的成分，但确实道出了性格的真谛，不管你的孩子性格是怎样的，请都不要用"好""坏"去评价，身为父母，最应该做的就是从中立、客观、旁观者的角度去看待孩子的性格，去引导孩子的人格发展方向。

性格与成才之间并没有必然的联系，家长不必强迫孩子去改变自己的性格，只要家长真正了解孩子的闪光点和真实性格，并在此基础上加以引导，因材施教，那么孩子自然能够得到自己真正想要的。

阿山和阿水是一对双胞胎，两个人在同一个家庭长大，从幼儿园到大学，就读的都是相同的学校，不过这对长相非常相似的姐妹，性格却是大相径庭。阿山能歌善舞，活泼好动，嘴巴甜，从小就特别招人喜欢；阿水则是个闷葫芦，不爱说话，也不太热衷于参加聚会等社交活动，小时候就喜欢闷在房间里临摹漫画。

阿水不爱说话，和长辈们说话也少，阿山性格活泼但有点冒冒失失的，时常闯点小祸，尽管两个孩子性格都有不足的地方，不过父母却从没有因为性格责备过任何一个孩子。

在教育方式上，父母采取因材施教的办法。阿山活泼，喜欢唱唱跳跳，于是父母给阿山报了才艺班，鼓励她去争取更多的公开演出机会；阿水比较闷，她不想出门去玩、串亲戚等，父母也从不强迫她，看到阿水爱漫画，父母专门给阿水买了不少漫画绘画技法等学习书籍，还专门带她去看偶像的画展。

转眼 20 年过去了，阿山凭借自己的才艺进入了一家不错的文艺团，时常到全国各地演出，不爱说话的阿水则成了一个小有名气的漫画作者。

这对双胞胎姐妹的不同性格以及不同的发展方向十分耐人寻味，尤其是阿水，性格内向不爱说话，父母却并没有强迫她改变安静内敛的性格。事实证明，这样的教育方法是非常正确的，阿水不仅没有因为内向变得自卑，反而在自己喜欢的领域做出了非常不错的成绩。

性格没有好坏之分，重要的是，家长怎样去培育孩子的性格闪光点，怎样在孩子原本性格的基础上去强化他们的优势，这才是性格教育的精髓。

(1) 正视孩子的性格

不同性格的人，有不同的处世方法，有不同的适合从事的职业。所以，父母们不要把时间和精力都浪费在纠正孩子性格这件事上，这不仅是最没有效果的做法，还容易激起孩子的叛逆心理，造成亲子关系越来越疏离。与其纠正孩子不完美的性格，不如想一想怎样优化孩子的性格，怎样培育孩子擅长的能力。

(2) 让孩子学会反思

世界上没有完美的性格，任何一种性格的人，都会遭遇性格短板所带来的"事故"。不要过多指责孩子性格中的不足，说教式的教育，孩子只会左耳朵进右耳朵出，很难有效果。让孩子去经历，在经历中真实感受到性格短板，自己产生反思，只有这样切身的感受，才能真正让孩子更成熟地思考自己的性格，以及如何规避性格当中的短板部分。

(3) 偶像激励法

对于孩子来说，没有什么比偶像更"伟大"了，偶像对孩子的影响力是巨大的。父母可以通过帮助孩子树立具有某一性格特质的偶像来实现"润物细无声"的性格教育。比如孩子内向而忧郁，喜欢诗歌，那么我们就要帮助孩子树立辛弃疾这类豁达的诗人偶像，这样一来就会对孩子的忧郁性格产生一定的良性影响，消减孩子性格中悲观的部分。

如果反其道而行之，把海子等悲观性格的诗人当作偶像，那么很可能会强化孩子忧郁的个性，对其形成健康性格反而不利。偶像激励法要视每个孩子的喜好而定，对一个喜欢体育的孩子，非要帮他树立手无缚鸡之力的人为偶像，自然很难有效果，父母要注意对症下药。

第十四章

与自己对话：引导孩子客观评价自我

1. 孩子过度膨胀，家长该怎么办

继"只批评不表扬"的传统教育方式之后，人们似乎在教育孩子的问题上走向了另一个极端，即"多赞扬少批评"。尤其是在西方"鼓励式"教育观念的影响下，如今表扬孩子似乎已经成为一种潮流，可是，这样的做法真的是正确的吗？

长期的"批评式"教育传统，很容易让我们走上矫枉过正的道路，事实上，绝大多数家长都没有意识到，过多的赞扬以及没有足够缘由的赞扬反而会对孩子造成一些性格上的不良影响，即很可能会让孩子变得自大、过度膨胀，甚至陷入"自负偏执"的另一个泥潭。

如果家长总是在持续不断地向孩子灌输他有多棒、他有多好这样的想法，那么他很可能会对自己有过高的期望值，而这种期望值和他的能力是不相匹配的，这就是自大，而自大又会导致他对别人的感受不那么敏感和在乎。

改变孩子狂妄自大性格的一个好方法就是教导他对别人的帮助心存感激，并让他认识到自己也有能力不足的时候，谁都不需要时时刻刻保持完美。如果孩子有一颗谦和的心，就能更快地融入环境，交到朋友，并且感受到团队工作的意义。同时，那些能正确估计自己实际能力的孩子，在今后的学习和生活中能更好地面对挑战。

孩子自大、过度膨胀时，会高估自己的能力，还会看不起别人，他们始终活在自己的世界里，与外界隔着一道隐形墙，这对孩子的性格和未来发展是十分不利的。

那么，孩子过度膨胀、自大，父母应该怎样去帮助孩子进行矫正呢？

（1）进行挫折教育

过度膨胀、骄傲自满的孩子往往看不到自己的不足，也看不到别人的优点，总觉得自己比任何人都强，挫折教育能让孩子立竿见影地认识到自己的不足。如生活中遇到的挫折少，家长可人为设置挫折，并在此过程中引导孩子看到"天外有天，人外有人"，认识到自己的缺点和不足。挫折教育在培养孩子抗挫能力的同时，还能扭转他们过度膨胀的性格发展趋势。

(2) 给孩子提出更高的要求

自我过度膨胀的孩子大多是同龄人中的佼佼者，他们能力比较强，各方面也比一般孩子优秀，这也正是他们产生骄傲自大情绪的重要因素。所以，我们不妨给这样的孩子提出一些更高的要求，增加任务难度，让他们感到自己能力不足，需要寻求他人的指导和帮助，只有付出更多努力，集合多人力量才能获得成功。如此一来，孩子的自大、骄傲程度就会得到明显改善，同时团体合作意识也会得到十分有效的培养和训练。

2．与自我沟通：帮孩子找到准确定位

希腊帕尔纳索斯山麓的阿波罗神庙有这样一句箴言："认识你自己。"最好的性格教育不是告诉孩子你要做些什么，你应该怎样去做，你需要什么时候开始做，而是引导孩子认识自己，帮助孩子找到自己的人生定位。

在现实生活中，绝大多数父母都大大低估了孩子自身的主观能动性，总是认为孩子还小，什么都不知道，也没有什么自己的想法，实际上这种错误的认知正是家长们大包大揽、溺爱孩子的罪魁祸首。心理学研究表明：儿童很早就会表现出要求独立的愿望，不管是自己能做的或者不能做的，他们都有强烈的行动渴望。

尤其是进入青春期后，孩子开始进入"第二分离期"，他们开始逐渐远离父母，并开始独自去探索社会和人生，如果不能在这个时期很好地完成与父母的分离，那么他们的独立人格就得不到更好的发展，即便年龄不断增长，也始终都是依赖性的"孩子状态"。如果你不希望孩子成为"奶嘴男女"，请不要随意拒绝孩子独自逛街、独自玩耍、与同学出游等要求。

青春期是人生观、价值观、世界观形成的关键时期，在这一时期，孩子会逐渐形成完整的自我认知，并探索自己的角色定位。身为父母，需要格外关注孩子的定位问题，并给予及时有效的指导。

就读于初三的阿蒙最近情绪十分烦躁，他十分清楚，自己必须要进入一所重点高中才会有光明的前途，可他现在好几门课都不及格，根本无法实现这样的目标。

事实上，阿蒙并不是一个贪玩的孩子，为了提高自己的成绩，他学习很刻苦，奈何一个个题目就好比天书一样，不管他如何努力都很难搞懂这些题目究竟是怎么一回事。学业上的屡次受挫让阿蒙备受打击：难道我天生智商低吗？我是不是原本就比别人差？就像同学 ×× 说的那样，我这辈子注定只能做个差生……

人最宝贵的就是自知，如果连自己都认定自己会一事无成，那么就真的无可救药了。幸运的是，阿蒙的父母看到了他的烦恼，一番深入交流后，爸爸拍着他的肩膀很有智慧地说道："天生我材必有用，成绩只是很小的一方面，不擅长考高分没什么大不了，这就和有些人不擅长玩游戏、不擅长体育一样，两者没什么差别。重要的是，你知道自己擅长什么吗？怎样才能发挥自己的特长呢？为了发扬自己的优势，你想去做点什么？"

爸爸的话，让阿蒙豁然开朗，他平常很喜欢各种机械类的东西，遥控车、自行车坏了自己就能捣鼓好，为此小伙伴们都非常佩服他，有什么机械类东西坏了，都会找阿蒙帮忙修理。既然自己这么擅长机械，而且也很喜欢与它们打交道，那么为什么不把它发展成未来的职业呢？

中考结束后，阿蒙主动找到父母，表明了不读高中读机械类中专的想法，而且他早早就挑好了学校，通情达理的阿蒙父母不仅没有训斥孩子没出息、成绩差，反而赞成他对自己的准确定位和想法。

8 年后，早已经进入职场的阿蒙如鱼得水，凭借自己对机械的喜爱和这方面的专长，在行业内崭露头角，被某集团聘请专门从事智能机械的研发工作，收入不菲。

人贵有自知之明，非让成绩不好的孩子考名校，就好比让一条鱼学会在陆地上生活一样不可靠，身为父母，不仅要了解自己的孩子，还要让孩子了解自己，知道自己的优势、劣势，客观认识自己的性格特征，只有这样才能让孩子对自己有一个准确的角色定位，这也正是培养孩子高情商的基础。

那么，具体来说，父母应该怎样做呢？

对孩子最好的教育，不是上哪个重点学校，拿多高的文凭，正如事例中阿蒙父母的做法，客观引导孩子认识自己才是最重要的。

一个没看到自己优势的孩子，很可能会因为成绩差而彻底否定自己，将自己定位为一个失败者，永远丧失进取心；一个没看到自己劣势的孩子，也很可能仅仅因为成绩好而盲目自大，将自己定位为一个无所不能的常胜将军，结果站得高、跌得惨。所以，父母一定要客观引导孩子，教会他们与自己的内心对话、与自己的大脑沟通，从而更全面、准确地认识自己，最终找到一条适合自己的人生道路。

3．让孩子拥有自我纠错的能力

"上学马上要迟到了，赶紧起床！""这都半夜了，你怎么还在打游戏？""你这么做不对！""早都告诉你不要这么干了。"现实生活中，绝大多数父母都在扮演着孩子的"纠错器"，告诉孩子这样做是错的，那样做是错的，可是这种教育办法管用吗？

事实上，父母眼中的"错"，在孩子看来并不是什么大不了的事，他们压根就不认为自己错了，因此常常会反抗父母的管教，或者表面上顺从行动上坚决不改。这也往往是令很多父母大动肝火的重要原因之一。

谁也不能陪伴孩子一生，除了他们自己，所以最明智的教育不是处处挑孩子的错，督促孩子改正，而是让孩子拥有自我纠错的能力。

小丫已经上小学三年级了，可每天早晨起床都要"七叫八喊"，小丫妈为了让孩子上学不迟到，简直各种招数都用了，但效果并不显著。

早起一边做早饭、收拾孩子书包，一边叫小丫起床，然后给迷迷糊糊的小丫穿衣服、洗脸刷牙，一看时间，早饭根本来不及吃，只能匆匆忙忙带好早饭，赶紧送孩子去学校……小丫妈每天早晨都是这样"一地鸡毛"。

虽然针对小丫不起床的问题，小丫妈三令五申，讲了迟到的各种坏处，奈何小丫"死猪不怕开水烫",不管家里人怎么说,一到早晨照样"赖床不误",后来越发变本加厉,常常对喊她起床的妈妈恶语相向:"你怎么这么烦啊!""我就不起床,怎么着吧?"这让小丫妈十分受伤。

小丫妈深知这么下去可不行,听说同小区的男孩 Y 上学就从不赖床,于是小丫妈特地向 Y 妈请教秘诀。

"我哪有什么秘诀呀!上学本来就是孩子自己的事,他自己都不着急,我急有什么用?迟到几次,被老师批评了,自己就知道错了,所以自然而然就知道要按时起床,不迟到了……"Y 妈回答道。

当天晚上,深受启发的小丫妈特地和小丫声明,明天绝对不会再喊她起床,让她自己定闹钟,迟到也是她自己的责任,被老师批评了不要回家哭鼻子。妈妈一反常态,居然不喊她起床了,小丫顿时十分高兴。第二天,小丫和往常一样睡到很晚,睁眼一看居然都九点了,上学已经迟到了,其间妈妈居然真的没来叫她。

以前有妈妈各种催促、提醒,小丫虽然晚起但从没迟到过,这天,小丫第一次迟到了,教室里老师在讲课,同学们都安安静静地坐着,小丫站在门口,好不容易鼓起勇气喊"报告",声音太小,老师根本就没听见……

因为这次迟到,小丫被老师批评了,而且进门的时候,全班所有人的眼睛都在看她,课下好几个同学都问:"小丫,你今天怎么迟到了?"红着脸的小丫哪里好意思说自己睡过头迟到呢,所以只好支吾着不说话。

自此以后,小丫深刻认识到了自己"赖床"的问题,所以开始有意识地改正,毕竟她可不想天天因为迟到被老师批评。

孩子晚上不早睡、早晨不早起、书包乱、课桌不整齐、抽屉乱七八糟、不写作业、做事拖拉……很多家长都在为孩子这样或者那样的问题发愁,其实批评孩子,督促孩子改正并不是最有效的教育办法,让孩子认识到自己的错误和问题,拥有自我管理能力,这才能从根本上解决问题。

要想让孩子拥有良好的自我管理能力,首先,父母必须要转变教育观念。不管孩子写作业慢不慢,书包、书桌是不是足够整齐,请不要着急,更不要直接批评孩子,批评指责会打击孩子的行动主动性和积极性,也不要代劳，代劳不是心疼孩子，而是毁灭，替孩子做得越多，孩子的自我管理能力就会越差。

其次，要想让孩子懂得自己纠正错误，就必须允许孩子犯错，孩子犯错后不要急着为其善后，要给他空间和时间，让孩子试着自己去处理，父母在一旁指导就行。

最后，孩子从出生起就是一个独立的个体，身为父母，千万不要以为给孩子提供了生活、学习的必要条件，就有权利去指挥孩子。学会用平等的态度尊重孩子，理解他们的想法、做法，让他们在跌跌撞撞的实践中树立起自我管理的能力，这才是最高明、最直接、最有效的教育。

4. 孩子自我认可度低，家长该怎么办

自我认可度低非常不利于良好性格的形成，这种孩子大多内心自卑，遇事总是抬高别人，否定和贬低自己。由于不自信，他们对自己的能力常常持怀疑态度，办事总是思前想后，害怕被人讥笑、挖苦，做事缺乏毅力，遇到挫折会退缩不前，且往往转而责备自己。身为父母，一定要常常留意孩子的心理变化，避免孩子陷入自我认可度低的情绪当中。

可是，父母该如何判断孩子的自我认可度呢？自我认可度低的孩子都有哪些外在表现呢？

通常来说，自我认可度低的孩子主要有以下三种表现：

一是内心敏感多疑。常伴有不安、焦虑、恐惧等不良情绪，对他人的评论十分敏感，难以接受他人的批评，呈现出一种病态的耿耿于怀的自我保护心理，甚至会无中生有，认为别人都不喜欢自己。

二是过分追求表扬。越是自我认可度低的孩子，越需要依靠来自外界的肯定来弥补自己的价值感，所以往往会比普通孩子更渴望获得他人的赞扬，甚至会为赢得赞扬而不择手段、不顾底线。

三是常常会产生消极的自我心理暗示。忽视客观因素，将所有失败都归因于自己的错，成功了也不认为是自己努力的结果，而是归因于虚无缥缈的

运气，排斥鲜花、掌声以及欢呼声，过于低调，因为他们害怕以后失败时会被嘲笑。

孩子自我认可度低与先天因素关系不大，这主要是源于不良的成长环境。总的来说，这个问题的成因比较复杂，我们只对核心因素做简单介绍，以便给家长提供必要的参考。

首先，孩子不够自信，这与家长的教育和影响是分不开的。如果父母本身就是缺乏自信的人，遇事总是"我不行"的态度，那么孩子必然也会受到影响，"连父母都做不到，我肯定更不行了"，从而导致孩子对自我能力的怀疑和不确定，另外父母对孩子期望过高也会让孩子对自己产生怀疑。

其次，不当的教育方式也是造成孩子缺乏自信的罪魁祸首。父母、教师长期训斥孩子，批评责备过多，而认可赞扬较少，那么负面语言说多了，就会让孩子形成"我就是没用"的心理暗示，从而变得胆怯多疑、谨小慎微、自卑心重。此外，父母总是拿孩子与别人家的孩子攀比，这也会对孩子性格造成不良影响。

最后，孩子生活在什么样的环境里就会养成什么样的性格。父母离异、父母去世、家庭暴力等破裂的家庭环境，会导致孩子得不到足够的爱，感受不到温暖，产生"我是多余的"等被遗弃的想法，因此自我认可程度低也就不足为奇了。

自我认可度低的孩子，对自己的实际能力和品质评价偏低，如果被这种消极情绪笼罩，那么其身心发展和社交能力都会受到非常严重的制约，其闪光点也得不到正常发挥，所以，家长对此一定要重视。

那么，面对自我认可度过低、不自信的孩子，家长究竟该怎么办呢？

（1）慎用批评，赏识有度

经常被批评的孩子，很容易变得怀疑自我。谁也不喜欢总是被父母数落、指责。孩子越表扬越上进，越批评越下滑，所以一定要慎用批评，多发现孩子的闪光点，少抓住无关大局的小缺点大做文章。当然，表扬也要有度，以免孩子从这个极端走到盲目自大的另一个极端。

（2）给予锻炼，提升能力

孩子自我认可度低，很大程度上是因为他们失败得多，成功得少，家长可以多给孩子一些锻炼的机会，不要嫌孩子手脚不灵活、动作慢，结果就大事小事全包揽。让他们去独立完成自己力所能及的事情，在这个过程中，孩子会体验到成功的感觉，并体会到成就感所带来的精神激励。

实践出真知，反复多次的实践能更好地帮助孩子客观、全面地认识自己，提高做事情的能力，自我认知也会得到更完善的发展。如此一来，自我认可度过低的状况就会逐渐得到改善。

5. 人有自知之明才能有正确判断

期末考试成绩下来了，和女孩 T 一直较劲的同学小 W 考了年级第一，还挑衅地冲 T 扬了扬成绩单，女孩 T 气呼呼地说道："哼，不就是考了年级第一吗？有什么了不起，我下次也能考第一。"女孩 T 学习成绩一直平平，在下一次的考试中，自然没能考到第一名，为此又被 W 嘲笑了一番。

10 岁的男孩小勇看到运动场上有人在举重，非常威风，自以为一定能举起来，不顾妈妈劝阻就冲了上去，该杠铃是成年人举重用的，小勇费尽力气才挪动一点，结果还不小心碰伤了脚。

……

孩子的自我认知能力不足，在成长的过程中，出现上述这种夸大自己能力、自以为是、不听劝告、骄傲自大、盲目乐观的情况是在所难免的。尤其是在孩子年龄较小的时候，他们的认知能力还没有发育完全，对自我以及周围环境的判断常常会出现较大的偏差，这就使得他们常常会做出一些蚍蜉撼树、螳臂当车等明知不可为却偏要试试的事情。

对于这种现象，父母一定要足够重视，千万不可因此而嘲笑、讽刺、挖苦孩子。对自我的认知能力是性格组成的重要部分，倘若处处"夜郎自大"，事事"以我为尊"，孩子是难以形成一个好性格的。

那么，孩子究竟为什么会在自我认知上出现偏差呢？

一是受"儿童自我中心"的影响。

近代著名儿童心理学家皮亚杰曾提出"儿童自我中心"这一概念，他认为儿童在 2 ～ 7 岁，只会以自己的立场与观点去认识事物，而不能以客观的、他人的立场和观点去认识事物。这是儿童认知能力尚未发育完全的表现，与利己主义无关。

处在这一阶段的儿童，认知事物的方式会非常有意思。当他自己水杯里的水是热的时候，也会认为别人的水都是热的；当他认为自己能完成某事时，也会自动认为别人也觉得他有完成某事的能力。这种认识是根深蒂固的，所以父母去劝说他放弃完成某事，他自然很难听得进去。

所以，如果你的孩子正处在这个年龄段，请不要因为他没有自知之明而生气、训斥孩子，也不必太过紧张，怕影响孩子未来的性格形成。这是每个孩子成长过程中都必经的阶段，父母随时注意引导，用爱陪伴孩子顺利度过这一阶段即可。

二是外在原因的影响。

如果孩子已经过了以自己为中心的阶段，仍然自我认知能力不足，那么身为父母就要高度重视了。

缺乏自知之明，除了孩子自身不够成熟以外，还有其他的外在原因。家庭条件过于优越，父母溺爱，对孩子夸奖过多等，都容易让孩子变得自视甚高，认为自己比别人强，并夸大自身能力，久而久之就会形成骄傲自大的性格。

一个有自知之明的人，才能审时度势，做出最正确的决定。所谓知己知彼，方能百战不殆，如果孩子不能正确地认识自己，那么势必会影响其健康性格的形成，影响其以后面对重要选择时的判断和反应。所以，家长一定要重视孩子自我认知能力的培养，应做好以下几点：

（1）客观评估孩子

不管是一味地进行批评式教育还是夸奖式教育，都是有弊端的，长期批评会让孩子自信心不足，大大低估自己的能力，而夸奖式教育恰恰相反，容易让孩子骄傲自大。

要想培养出一个有自知之明的孩子，就一定要耐心引导孩子认识自己的优点和长处，同时也要帮助孩子认识到自己的缺点和不足。如此一来，孩子对自己的认知也会变得更客观、更真实。

（2）不过分娇惯孩子

如今，每个家庭最多只有两个孩子，父母爷爷奶奶都把孩子当作手心里的宝贝，但是娇惯溺爱反而会害了孩子。

父母应营造一个民主、平等、彼此尊重的家庭环境，不要因为孩子年龄小就给予太多特殊待遇。如此一来，孩子自然能学会心平气和地与人交流，也能比较客观地听取他人的意见，接受不同的思想，从他人的眼中更全面地认识自己、了解自己。

6．让孩子接纳真实、不完美的自己

世界上没有绝对的完美，但却有追求完美的人。你的孩子是完美主义者吗？"要么不做，如果做就必须要做到最好。"这是完美主义者惯用的行事标准和口头禅。

"天啊，同学居然是这样看待我的？""怎么老师对我的看法和我想象的一点都不一样？""我是这样的吗？怎么可能？"收集评价法的结果往往会令孩子非常震惊，有时候他们会觉得他人对自己的评价完全无法接受，简直是对自己的"人身攻击"。如果父母处理不当，那么很容易让孩子产生消极情绪。

任何一个人都不可能是十全十美的，性格、身高、体重、外貌、家庭、学习、工作……我们所遭遇的不完美的情况实在是数不胜数，而"追求完美型"性格的孩子，大多无法忍受这些不完美，面对不完美常常会变得情绪烦躁、易怒，甚至因害怕不完美而缩手缩脚，丧失执行力，造成拖延，最终严重影响学习效率。

陈森是就读于某重点中学的一名初中生，尽管他学习成绩名列前茅，表现堪称完美，但在同学们的眼中，他却并不是一个很好相处的人，而且大家也并不愿意和他一起玩，这究竟是为什么呢？

固执地坚持完美主义有时候会让人彻底沦为完美的奴隶，因为无法做到让自己满意，结果越来越自卑，越来越不敢积极主动，到最后往往就会彻底丧失前进的动力。追求完美的人，非常容易滋生出恐惧失败、恐惧不完美的消极心理，陈森就是"恐惧不完美"的真实受害者。

在学校里，他是公认的优秀学子，学业上认真上进，并凭借不断的进步和努力多次名列全校第一名。初三的一次期中考试，成绩公布后，陈森一看到自己竟然没能考到年级第一，而是下滑到年级第五名，顿时他的眼泪就下来了，周围同学一看，立马上前安慰："你成绩比我们好多了，这次没考好，就下次努力嘛！你看××都倒数第几名了，不也没哭吗……"周围同学的好心安慰不仅没能起到正面作用，反倒让陈森突然爆发："我怎么能考这么差呢？我应该考第一的！你们真是自甘堕落，考这么差，居然还有脸在这里嬉皮笑脸，怎么可能理解我……"一边说着一边回到自己的座位上，趴在桌上哭得更凶了。

同学们好心安慰他却碰了一鼻子灰，"简直莫名其妙"，于是自然就没有几个人愿意和陈森一起玩了。

很多家长认为孩子追求完美，对自己高标准、严要求，这明明是一件好事，为什么非要转变孩子观念，让孩子接纳自己不完美的地方呢？追求完美的孩子，通常自制力很强，时间管理能力和学习效率都很高，非常勤奋，无法忍受懒惰和安于现状，表面看起来这似乎是一个非常好的趋向，但事实上，这种性格也存在着比较大的缺陷。

就像事例中的陈森一样，他不仅对自己要求非常高，对别人也相当苛刻，当同学好心安慰他时，他甚至直接指责同学不思进取，这对建立健康和谐的社交关系是非常不利的。这是一个讲究合作的社会，你希望自己的孩子成为孤家寡人吗？你愿意自己的孩子不受大家欢迎吗？

要想让孩子避免走上事例中陈森的道路，就一定要让孩子接纳真实、不完美的自我。金无足赤，人无完人，能接纳真实自我的人往往会活得更洒脱、更自由、更开心。

相关数据显示：超过 63.8% 的拖延者都有或多或少的完美主义性格倾向。接纳真实自我，有利于孩子克服对失败的恐惧，避免因为失败而怀疑自己的能力，从而帮助孩子远离拖延。

此外，还要有意识地培养孩子宽容的品性。对自己要求高没关系，但一定要学会宽厚待人，千万不能用自己的标准去要求别人，只有懂得宽容，才能在人际交往中赢得大家的认同，被他人友好相待，从而获得更好地与他人合作的能力。

第十五章

培养包容心态：教孩子学会包容与原谅

1. 小测试：看看孩子的豁达指数

家长们一直关心的问题就是培养孩子的良好性格。其中，豁达是孩子成长中一个必备的性格品质，它对于孩子日后生活具有至关重要的作用。那么，到底什么是豁达呢？你的孩子具备豁达的性格品质吗？

豁达，是指在与别人相处中，在人际交往中，在面对人生逆境时的一种宽容、大度的心态。豁达的人能够时刻保持乐观、积极向上的心态，不会只盯着人的短处，会把自己的眼光放长远，不计较眼前利益的得失。

在生活中，可以从孩子的语言、性格表现、与人交往的艺术上观察孩子是否具有豁达的心态。孩子的性格品质，需要从两个方面去观察：一是孩子面临自己的问题时所持的人生态度，二是在人际交往中的行为表现。

其中，孩子在面临自己的问题时所持的人生态度，主要有以下几方面：

（1）自己能够独立，不处处依赖父母

现在大多数孩子都在充满溺爱的环境下生长，几乎所有的事情都被家长包办，没有遇到过生活的风浪，父母早已为孩子准备好了一切。

作为家长，要在生活中培养孩子的独立性格，就要从孩子上幼儿园起培养他的自理能力，争取做到自己的事情自己做。这样的话，孩子在处理自己的问题时，能够逐渐体验到成功的喜悦，产生自豪感，久而久之，孩子遇到问题时首先会想办法自己解决，而不是寻求父母的帮助。这样的孩子才能够在生活中拥有自信、豁达的心态。

（2）面对困境，拥有积极的心态

面对困境，能够积极地想办法解决问题也是孩子豁达心态的一部分。对于人生的态度是从小时候就开始形成的，父母要拥有一颗敏锐的心去观察孩子、培养孩子。

家长可以回想一下，你的孩子在成长过程中遇到各种问题时，是怎样表现的。当他不小心摔倒时你是否第一时间去安慰他，而不是让他自己站起来重新迈步？当他搭积木时一次又一次地失败，你是否看到他会放弃？当他考试遇到难题时，是否会自暴自弃不愿意正视每一道难题？这些都是他是否具有豁达心态的行为表现，我们要及时观察孩子，要通过自己的语言引导、行为示范来教育孩子，面对一次又一次的难题时应该拥有什么样的心态。

孩子的生活大部分是处在一个大环境中，在与人交往中可以看出孩子的豁达指数到底有多少。

（1）尊敬父母和长辈，不抱怨生活

孩子对家长的态度、对长辈的态度就是他性格的完美诠释。自古以来，尊老爱幼是中华民族的传统美德，孩子对待父母的态度就暗含着对待他人的态度。试想一下，一个不懂得感恩、体会不到父母辛苦的孩子怎样能够做到关心他人、包容他人呢？

在生活中，父母就是孩子的榜样，父母对待他人、待人接物的方式直接影响着孩子的交际。比如观察孩子是否懂得感恩。当你每一次为孩子买衣服，当你每一次为孩子做好可口的饭菜，当你每一次为孩子洗衣服，当你每一次为孩子悄悄地准备好了一切时，你应该细心观察孩子是否懂得感恩，是否也在尝试着以自己的方式把同样的爱回馈给父母。

（2）能与同伴和谐相处

同伴关系的处理对于孩子成长具有非常重要的作用。有关研究表明，孩子成绩的好坏也受到孩子人际关系的影响。其实，成绩固然重要，我们在关注孩子成绩的同时也应该把心思放在孩子的同伴交往上。

当有同伴来到家里做客时，孩子是否能够主动与他人分享自己的玩具和零食？当同伴取得好成绩时，孩子是真心地为他感到高兴还是产生嫉妒心理？当受到同伴不小心的伤害时，他会选择主动去原谅吗？……这些点滴的小事其实并不是小事儿，这都是影响孩子性格的因素。作为家长，你是否真的留意过这些小事儿？

你真的了解你的孩子吗？你真的了解孩子是否具有豁达的心态吗？作为家长，要全方面地关注孩子的生活，用自己的眼光和视野去拓宽孩子成长的道路，去培养孩子的好性格。

2. 越包容的孩子越受欢迎

在日常生活中，在孩子与同伴的交往中，我们会发现、会好奇，为什么有些孩子会受到大家的欢迎呢？为什么有些孩子会拥有好多好朋友呢？为什么有些孩子会如此受长辈和老师的喜爱呢？

其实，孩子并不是自己想办法去博取大众的喜爱，而是他拥有一个好性格，因为他学会了包容，拥有宽广的胸怀。

具有包容心态的孩子懂得如何与他人正确交往，在与人相处中往往能够付出，而不是一味地去索取，这样才能够让同伴信任。具有包容之心的孩子会体谅他人，会处处为他人着想，而不是斤斤计较，为自己的利益而绞尽脑汁。具有包容之心的孩子，常常是自信的，始终相信通过自己的努力总会获得成功，这样，在看到同伴的好成绩时不会产生嫉妒心理。

相反，一个自私、处处为自己着想的孩子，凡事都是以自己的利益为重的孩子会得到大家的认可吗？他们的狭隘往往会影响其一生的发展，不仅是成绩，更关系到一生的幸福。

利己主义的孩子，在小事上就能显露出自己的真性情。他们生活在温室中，从来不会受到风吹日晒，在生活中衣来伸手、饭来张口，他们先想到的永远是自己，不会为别人着想。这种自私的性格在与同伴交往中会显露出来。

小淼上幼儿园中班了，幼儿园的张老师经常会向家长了解小淼在家里的情况，经常会问小淼在家里是如何成长的，是在怎样的家庭环境下长大的。小淼妈妈对此感到好奇，为什么张老师会如此关心他的家庭情况呢？

经过与张老师交谈，小淼妈妈得知，小淼在幼儿园里经常会出现与其他小朋友争抢玩具的情况，当他遇到自己喜欢的玩具时从来不会分享给别人，别的小朋友想要看玩具的话他就会哇哇大哭。这样一来，无论是玩积木，还是玩玩具，小淼渐渐地都远离了大家，总是活在自己的小世界中。

得知情况后，小淼妈妈明白了事情的严重性，责怪自己和家人平时太宠溺孩子了，这样非常不利于孩子社会性的发展。小淼妈妈改变了以前对孩子处处依顺的态度，锻炼孩子自己动手的习惯，通过讲故事来教育孩子与人分享的好处，让他明白自己不能太自私。

从上面这个事例中可以看出，孩子包容的性格是从小形成的。如果一个人常常以自我为中心的话，往往只会活在自己的小天地中，会遭到同伴的抛弃。我们要通过生活中的小事，让孩子明白包容的作用，让孩子感受到以自己的力量帮助他人的快乐。

在与同伴相处中，双方需要共同付出与包容才能建立良好的同伴关系。通过实践可以发现，包容的人往往能够知道人无完人，明白每个人都有缺点和优点，不要只关注对方的缺点而忽略优点。在小组学习中，小组成员需要发挥各自的长处才能快速地找到问题的答案。在团队合作中，大家需要集思广益才能高效地执行计划。如果一个人只关注对方的缺点，那么又该如何团结在一起呢？

在与朋友相处时，懂得包容才会受到大家的欢迎。包容是不计前嫌，包容是向前看，不计较眼前的利益得失。当听到朋友一句无心的话而受到伤害时，当同伴因为重要的事情而忘记约定时，你的孩子是否会为之恼怒不止呢？懂得包容的孩子会呵呵一笑，不放在心上，朋友也会为他的大度而感到敬佩，这样的人难道会不受大家的欢迎吗？

懂得包容的孩子也是家庭的润滑剂。父母为孩子提供的环境也许不是一流的，父母也会有错怪孩子的时候。如果孩子能够体谅父母的不容易，能够换位思考，不随便发脾气，会不受父母的喜爱吗？

由此可见，一个良好的性格会对孩子的同伴交往、家庭关系具有深远的影响，它的影响绝不是暂时的，而是伴随孩子一生的。当我们知道好性格对于孩子的巨大作用时，就应该反思自己的教育，就应该从现在开始，用自己的智慧去培养孩子包容的性格，让他成为一个受大家欢迎的人！

3. 教孩子学会包容与原谅

好性格将会伴随孩子的一生，在社会交往过程中，由于受年龄特点和生活经验的影响，孩子经常会遇到矛盾和冲突。对于孩子来讲，在解决矛盾和冲突的时候，蛮不讲理、任性是解决不了任何问题的。

从孩子出生的那一天起，家长对孩子就倾注了汗水和希望，教给了孩子很多东西。要注意，在教育孩子学会道歉的同时，也要教育孩子学会包容和原谅。

包容和原谅是孩子良好性格的重要表现，对于孩子生活和成长具有重要的作用。懂得原谅的孩子会受到大家的欢迎，会建立相亲相爱的同伴关系。

一个不会原谅的孩子是无法与同伴友好相处的，是不会受到大家欢迎的，是无法成就他人的，只是活在自己的狭小天地里。

学会了原谅，可以帮助孩子摆脱自私的性格；学会了原谅，可以帮助孩子与人正确相处；学会了原谅，可以让孩子懂得换位思考；学会了原谅，可以让孩子为他人着想，树立责任意识。它的作用是无法用语言来形容的。

家长是孩子人生中的第一任导师，应该用自己的智慧和才能去教孩子学会包容和原谅。

（1）增加孩子与同伴接触的机会

所谓的经验是在解决一个又一个矛盾的过程中积累起来的。孩子正确对待事情的人生态度也是在解决矛盾的过程中形成的。家长要为孩子提供充足的机会，给予孩子空间去接触同伴，接触不同的人。家长可以主动邀请孩子的好朋友到家里来做客，让孩子主动分享自己的玩具和零食。在交往中出现了问题，让孩子以自己的方式去解决。带孩子去走亲访友，让他接触不同的环境，多参与社会性活动，体验不同的人和事。通过观察可以发现，经常带孩子接触社会、接触大自然，孩子会拥有宽容博大的胸怀，面对生活中的小事时不会斤斤计较。

（2）了解人无完人

让孩子明白每个人都有不同的特点，每个人都有自己的境遇和环境，每个人都有自己做事情的出发点。处理事情的方式不同是很正常的，不一定别人都会按自己的方式去做，要包容别人处理事情的方式。每个人都有犯错误的时候，自己也会有失误的时候。

（3）让孩子理解原谅别人的作用

当朋友犯了错误时，选择原谅就意味着给对方一个改正错误的机会，这样的话会让朋友知道自己所犯的错误，从而在实际行动中改变自己的行为，改正自己的错误。选择原谅，可以帮助对方重新建立自信心。这样，不但可以让对方获得成长，还可以让自己获得友情。

（4）让孩子明白是非对错的标准

作为父母，要让孩子从小就明白是非对错的标准，在与人交往中，当对方犯错误的时候，让孩子明白其所犯错误的大小，若对方做了有损道德、触犯法律的事情自己心里要有数，不能助长对方的行为。这时候可以采取灵活的手段，请求老师、同伴的帮助，劝解、引导帮助对方改变想法，从而降低对方犯错误的可能。要建立一道自己的内心防线，在自己可以承受、可以原谅的情况下去原谅，而不是任何事情都原谅，做一个老好人。

（5）父母要做好榜样，遇到事情时不要冲动

父母是孩子一生的榜样，孩子从一出生就受到家长言行举止的潜移默化的影响，孩子处理事情的态度和方式也深受父母的影响。父母要时刻警醒自己，提高自己的思想修养，在夫妻相处过程中，在与同事、邻居相处过程中，要保持宽容的心态。当别人犯错误时，自己要冷静，不要大声斥责、埋怨。自己先学会原谅后才能教会孩子怎样去原谅别人。

原谅和包容的性格品质对于孩子的成长和孩子的人生具有重要的作用，它有利于孩子形成良好的同伴关系，关系到未来的生活与工作，关系到孩子将来的幸福。学会原谅与宽容是孩子一生的必修课，孩子的学习与成长都需要一定的时间，我们要增强自己的耐心，留给孩子成长的空间。

4．遗忘是医治创伤的良药

任何事情都不是一帆风顺的，孩子的成长也是如此。从孩子出生的那一刻起，如果想要获得真正意义的成长，他的道路必定不是平坦的。孩子在成长过程中，总会遇到泥泞和坎坷。

在面对坎坷时，有的人选择了逃避，从此一蹶不振；有的人选择了直面困难，用自己的双手拨开乌云见月明；有的人被困难击倒，被拍在了沙滩上。

在面对困难、失意创伤时，孩子的态度决定着一切。其中，选择遗忘就是很好的办法，能够让孩子重整旗鼓，直面人生的波涛。

孩子也许会因为一场考试的不如意而郁郁寡欢，也许会因为与同伴间的矛盾而闷闷不乐，也许会因为家长没有满足自己的小愿望而不开心，也许因自己的病痛而惴惴不安……作为家长，在这样的关键时刻，要拥有一双善于观察的眼睛，通过自己的智慧去培养孩子面对困难的勇气，让孩子在遗忘中成长，拥有大度潇洒的乐观心态。

遗忘是一种人生智慧。孩子在面对创伤时，选择遗忘可以帮助他忘记烦恼，摆脱让他烦躁的环境；遗忘可以让他原谅朋友的过错，不会因为一件小事而斤斤计较，从而保持宽容大度的胸怀；遗忘可以让他重新开始自己的人生与梦想，让他明白每一个今天都是一个新的开始，从而形成豁达的人生态度。遗忘是医治一切创伤的良药。

那么，作为家长，该如何培养孩子学会看淡坎坷，在遗忘中奋力前行呢？

（1）培养孩子的兴趣爱好，转移注意力

每个人都有自己的特点，都有自己感兴趣的事情。培养兴趣是忘记烦恼的好办法。当孩子为自己的成绩不理想而哭泣时，家长可以适时让孩子选择忘记，让孩子暂时离开使他感到有压力的地方。可以让他听一听平时喜欢的音乐，看一场自己喜欢的电影，弹一弹自己喜欢的曲子。让孩子做自己平时感兴趣的事情，可以让他看到自己的闪光点，重拾自信心，可以分散注意力，把自己的不如意转化为前进的动力。

（2）引导孩子学会倾诉，分享自己的心情

当下孩子的学习压力过大，家长尤其重视孩子的成绩问题，往往会与孩子产生矛盾和冲突。家长在关注孩子成绩的同时，也要关注孩子的情绪。家长要学会察言观色，通过与孩子平和的交流，了解孩子的日常行为表现和在学校中的事情，这样可以帮助家长了解孩子的近况。当孩子遇到问题时，在学校与同伴起冲突时，家长可以引导孩子学会与人交往。孩子在分享、倾诉了之后自然就会忘记烦恼，忘记自己遇到的坎坷。

（3）家长要做好榜样，遇到事情时要豁达

家长的行为对于孩子来说就是一面镜子，如果平时不注意自己的言行举止，那么就很有可能会误导孩子，对孩子产生不利的影响。试想一下，夫妻之间，如果一方对另一方犯的错误一直耿耿于怀，那么又该怎样教导孩子宽容别人呢？在面对裁员、批评、不顺利的事情时，作为家长，自己首先要学会忘记，不要把不如意时刻写在脸上。这样，我们的孩子面临坎坷时才能够豁达对待。

（4）帮助孩子确立目标，为了目标而努力

孩子在遇到坎坷时，可能一时会有失意的表现，会丧失信心。身为家长要时刻鼓励孩子，结合自身情况，帮助孩子确立人生的目标，忘记那些阻碍自己前行的坎坷，朝着梦想迈进。当孩子有了自己的人生目标后，面对挫折就会重整旗鼓，继续前行。

在面临人生困境时，选择遗忘，可以收获豁达；在与同伴发生冲突时，选择遗忘，可以拥有美好的心情，收获友情。遗忘，可以让自己收获自信，相信一切都可以重现开始。在生活中，家长要时刻关注孩子的行为表现，帮助孩子形成乐观的心态，选择忘记生活中的不愉快，教育孩子做事情不能太斤斤计较。

5. 不要一心执着于成就与收获

在孩子的成长过程中，大多数家长把孩子的成绩放在第一位，总是看重孩子的成绩，却忽略了孩子是否生活得快乐。这样极其不利于孩子身心的健康成长。

有多少学生还没有到中学，就已经背上了沉重的书包，背负着父母的梦想；有多少家长为孩子报了各种各样的培训班，担心孩子会输在起跑线上；又有多少孩子为了所谓的学习失去了人身自由。这样的例子实在太多了。

一心关注孩子的成绩与成就，会在无形中增加孩子的压力，会让他在追梦的过程中背负太多的包袱。这时候，家长的关注对他来说就是一种负累，这样反而不利于他的成长。

一心关注孩子的成就与收获，会让孩子忘记为何而出发，忘记享受生活中过程的美丽，对他们来说，眼中只会有无数次的成功和失败。他们会为了达到父母的期望，强迫自己去放弃自己喜欢的东西，而无法体会到生活中的快乐。

一心关注孩子的成就与收获，会让孩子放弃自己的爱好，失去自我。如果一个人没有自己的爱好，只是无休止地学习、做题，那么生命又有何意义呢？试想一下，孩子们都成为考试的机器，那么人和人之间怎么去相互交流、分享人生中的精彩？

一心关注孩子的成就与收获，会让孩子只关心自己。如果每一个人都只是奔着第一而去，那么他还会关心周围的人和事吗？他还会体谅、包容他人吗？当他步入社会后，还能够与人友好相处吗？

一个只关注成就和收获的人，也许在学生时期能够获得骄人的成绩，可能会得到老师的夸奖与欣赏，可能生活在周围同学羡慕的眼光中。在学生时代，他可能会是一帆风顺的，但是作为家长，我们能够守护孩子一生吗？

他终究还是要步入社会，生活在与人相处的真实世界中。当他遇到困难，他又该如何化解？他能够经受得起生活中的失败与打击吗？答案是否定的。这时候，家长又该如何帮助他学习与人交往的技能，重拾直面生活困难的勇气呢？

可能身为家长的我们，真的没有想那么远，真的没有想过孩子的以后，真的没有想过除了学习理论知识外，他还应该学习豁达的人生态度，和面对挫折重新站起来的勇气。

身为家长，你可能也会采用同样的方法，打着"一切为了孩子好"的幌子去剥夺孩子的自由，你是否已经忘记了孩子无奈的表情？

其实，父母那份望子成龙、望女成凤的心情大家都会懂，我们都希望孩子能够有所作为，都希望孩子能够取得傲人的成绩，都希望不惜一切代价让孩子取得成功，都希望孩子成为家长的骄傲。

但是，反过来想一想，我们一心让孩子执着于成就和收获的初衷又是什么呢？答案只有一个，不是满足自己的虚荣心，不是让自己脸上有面子，不是为了得到别人表面上的夸赞，而是让孩子收获快乐，让孩子在快乐中成长。这才是孩子应该得到的，这才是孩子想要的。

人生需要放下，需要放下压力，放下虚荣，放下表面的浮华，从而回归生命的本质，那就是去包容，去体谅，去收获豁达潇洒的人生。

所以，从现在开始，家长要摒弃以前固有的观点，在关注孩子成就和收获的同时，也要关心孩子的生活。督促孩子学习的同时，也要让孩子懂得过程才是最重要的，懂得享受为目标奋斗的过程，而不只是个没有分量的结果。

我们要给予孩子自由和空间，让他在与人相处中收获意想不到的惊喜，让他知道除了学习，还要懂得为人处世的道理。我们要通过自己的行为示范，让孩子收获人生中该有的那份勇敢、自信和坦然。这才是最重要的。

6. 对别人要求少一点，对自己要求多一点

在孩子的成长过程中，在孩子与人相处的过程中，你是否会发现他往往会忽视自己的缺点和错误，不懂得体谅和宽容别人？

"严于律己，宽以待人"是我们为人处世的行为规范。在与人相处中，要对自己要求多一点，对别人要求少一点，这样才能够成为一个有担当、勇于付出的人。

严格要求自己，就是学会律己，学会自己管理自己。宽以待人，就是学会要原谅别人的错误，对待别人要有一颗宽容之心。

严格要求自己，就是正确认识自己，知道自己该做什么和能做什么，并且能够付之于行动；宽以待人就是对别人不斤斤计较，不要盯着别人的错误不放。

对别人的要求少一点能够让自己养成宽容的心态，不苛责别人，能够帮助自己形成不抱怨的豁达人生态度；对自己要求多一点，能够让自己有责任心，明确人生的目标和方向。

那么，作为家长，我们该如何培养孩子多付出、有责任心的良好品质呢？

（1）给予孩子付出的机会，让他做力所能及的事情

孩子的成长深受家庭环境的影响，这也是对于孩子成长具有重要作用的外在因素。虽然现代社会中，溺爱孩子的现象不胜枚举，但是作为家长应该坚守自己的教育观点。家长要让孩子从小做一些力所能及的事情，让孩子懂得自己作为家庭的一分子，有义务分担家务。让他从小就参与打扫卫生，像擦桌子、扫地等，让他知道没有付出就没有收获。让孩子从小锻炼自己穿衣服、系扣子、整理玩具等，让他知道自己的事情要自己做。长大后要让他为家庭贡献自己的一份力量，帮助父母布置家庭环境。这样，孩子在小时候就能树立主人翁意识，就能从实际行动中明白责任的意义，在劳动中体验到成功的喜悦。

（2）帮助孩子学会换位思考，站在对方的角度去思考问题

在与人相处中，孩子遇到问题时通常只会站在自己的角度去思考，不会站在对方的角度去思考。在幼儿时期，当你的孩子与别人争夺玩具时，家长就应该教育孩子："如果你的玩具被别人抢了你怎么想？""当小朋友撕你的书时你是什么感受？"……通过不同的问题来引导孩子学会站在对方的角度去思考问题。

站在对方的角度看问题，会更加了解对方，理解对方的立场。这样在长期的相处中，就会减少对对方的要求，逐渐形成宽容、包容的心态。

（3）学会原谅，懂得感恩

教育孩子学会感恩是孩子成长当中的必备之课。一个不懂得感恩的孩子是不会付出的，只有懂得感恩才能够体会到父母和长辈的不容易。家长的言传身教对于孩子的成长具有非常重要的作用，家长自身要学会感恩，自己要以身作则，承担起家庭的责任，孝敬老人，让孩子在良好的家庭教育环境中耳濡目染获得成长。当孩子长大后，也会以自己的父母为榜样，用自己的付出来换得家庭的快乐与和睦。

（4）教会孩子正视别人的错误

人非圣贤，孰能无过。从小就让孩子知道每个人都有缺点，要学会正视别人的缺点。别人犯错误时不要用自己的行为方式去苛责别人，尤其是面对别人的错误时不要喋喋不休，没有必要抓住别人的错误不放，要学会用宽容的心对待别人，只有宽容才能够建立友好的感情。

也许我们会因为工作忙碌而忽视对孩子的教育，也许会因为疏忽而忘记对孩子性格的培养。但是身为家长，一定要端正自己的态度，要意识到孩子性格对于成长的重要性，一个懂得付出的人才能够真正获得生活中的快乐，一个懂得宽容、懂得原谅的人才能够获得别人的好感。

对别人要求少一点能够培养海阔天空的心胸，对自己要求多一点才能够真正懂得付出的意义。所以，要想让孩子拥有快乐、知足的人生，那就让他先学会付出和原谅吧！

第十六章

读心术：针对孩子焦虑提出应对之法

1. 别让孩子陷入焦虑的泥沼中

焦虑分为两种：长期焦虑和短期焦虑。如果孩子的情绪得不到很好的梳理很有可能会长期陷入焦虑中，也就是长期焦虑症。长期焦虑的孩子，心理发展呈现畸形，严重时需要借助心理医生的专业治疗手段，即使最终痊愈，也会留下心理阴影。

因此，在亲子沟通中，父母要密切关注孩子不良情绪的疏导沟通，别让孩子陷入焦虑的泥沼中。

彤彤觉得自己陷入了焦虑的泥沼里，不能自拔了。原来，彤彤最近总是感到焦虑，上学焦虑、和朋友交往时焦虑、放了学回到家里还焦虑。好在彤彤和妈妈是无话不说的好朋友，她决定将自己的状况告知妈妈。

"妈妈，我最近总是觉得焦虑，很不开心。"彤彤说。

"那你能和我详细谈谈你的感觉吗？"妈妈说道。

"比如去上学，我会感到很焦虑，因为我很怕上数学课，我的数学成绩不好，老师还经常提问题，我担心自己回答不上来被大家笑。还有和小伙伴们一起玩也感觉焦虑，前段时间和丁丁闹别扭了，很担心遇到她。还有放学回家后，我也觉得很焦虑。因为我一想到第二天还要去面对这些就不开心。"彤彤说道。

"确实很复杂，但是我觉得难不倒你。因为你已经搞清楚自己为什么而焦虑了。"妈妈说道。

"是的，我是搞清楚原因了，可是我不知道怎么解决问题。"彤彤噘着嘴说道。

"因为数学学得不好、和丁丁闹别扭而感到了焦虑，首先解决丁丁的问题吧，你有什么想法？我觉得朋友之间有矛盾是很正常的，如果能够换位思考一下，可能就能理解对方了。你觉得呢？"妈妈问道。

"是的，我觉得也是，一会儿我去找她谈谈心吧。"彤彤说道。

"至于数学嘛，妈妈觉得你应该和老师沟通一下，看看问题出在哪里，是方法不对还是其他方面的问题。不管怎样，害怕、逃避的心理不要有，要相信自己。妈妈上学的时候，数学成绩非常好，基于遗传，你也一定不会差，只是还没有找到方法。"妈妈说道。

彤彤听完，感觉焦虑的情绪似乎全都消失了。

孩子陷入了焦虑的泥沼中，是亲子沟通出现了问题，父母要及时反省、调整沟通的方式方法，引导孩子向自己打开心灵之窗，做孩子的情感专家。下面帮助父母克服两个沟通的难题：

（1）孩子不愿意说时，父母可以点拨孩子

"和妈妈说说你的心事。"看到孩子无精打采的样子，妈妈说道。

"哎呀，你别问了，我不想说。"儿子说道。

"好的，不勉强你。不过孩子，妈妈想告诉你，不管遇到什么问题了，别胡思乱想，思考怎么解决就行了。"妈妈说。

其实，孩子随着年龄的增长，心中的秘密也会越来越多，涉及隐私和尊严的事情，越来越不愿意告诉父母，但是他们又渴望与父母沟通。对此，父母不要逼迫孩子，也不要觉得沟通进行不下去了。与孩子沟通不一定非要听孩子说很多很多的话，了解孩子所有的事情。事实上，孩子的那点事并不复杂，父母们都是过来人，孩子不说，父母说，说一些指导性的大原则。这些原则是父母多年的心得和体会，完全可以作为孩子的做事标准。至于具体的环节，只要孩子在这个大原则之内，给孩子空间，让孩子自己处理。

（2）孩子拒绝沟通时，父母要学会曲线沟通

"你最近心情不好，和妈妈聊聊吧。"妈妈说。

"不聊，不用你管。"孩子直接拒绝了妈妈。

"那这样吧，我最近也有些烦躁，你陪妈妈一起去郊外走走吧，看看蓝天、白云，感受一下青草和泥土的气息。"妈妈说。

孩子拒绝与家长沟通，一定是因为父母没有走进孩子的世界。两个世界的人，沟通有什么意义呢？这是孩子的想法。但是父母想要走进孩子的世界，给孩子一些帮助。事实上，孩子也确实需要父母的帮助和引导。多听、

兼听原本就是好习惯，尤其是父母的建议，比任何人的建议都真诚。因此，父母面对孩子关闭的"门"，不要灰心，更不要放弃，换一种敲门的方式，也许孩子会自愿开门。

2．帮孩子养成提前准备的好习惯

"虫虫，明天我们早上去上跆拳道课，记得把东西都准备好。"虫虫妈妈提醒道。

"好的，我知道了。"虫虫回答道。

其实虫虫只有四岁半，与同龄的孩子相比，他的自理能力非常强。不仅是上跆拳道课的准备工作，其他事情的准备工作做得也非常好。

每天晚上上床前，虫虫总是习惯将第二天上学需要穿的衣服和袜子准备好，放在床头，养成这个习惯已经有一年多的时间了。那时的虫虫刚满三岁，妈妈为虫虫准备了一个独立的柜子，里面有四个柜格。妈妈告诉虫虫：第一个格子放帽子，第二个格子放上衣，第三个格子放裤子，第四个格子放袜子，就像是人一样，按从头到脚的顺序排列。每天晚上，虫虫都会打开相应的柜格挑选自己喜欢的衣服，自行选择，自行搭配，久而久之，就形成了给自己提前准备衣服的好习惯。

除此之外，虫虫还会提前准备好妈妈要讲的故事。虫虫妈妈会不定时地给虫虫购买一些故事书，也专门放在一个蓝色的盒子里。虫虫每天上床前都会去盒子里挑选一本自己喜欢的书，放在枕头边上，等妈妈上床来给自己讲故事。

还有，妈妈要是计划哪天带虫虫出去玩，都会提前和虫虫打招呼，以方便虫虫提前做好准备工作。例如，妈妈对虫虫说："虫虫，明天妈妈会带你去动物园，你准备一下吧。"于是，虫虫就会准备好自己吃的小食品、水杯、玩具、太阳镜等放进妈妈给自己买的米老鼠包包里。所有的准备工作，妈妈已经根本不用再帮助虫虫做了。

帮助孩子养成提前准备的好习惯，不仅可以解放父母，更重要的是培养了孩子的自理能力。一旦孩子养成了这个习惯，做任何事情都不再需要父母帮忙，他更喜欢自己独立完成。

事实上，孩子们也非常愿意尝试自己独立做事情，这一点相信很多家长都有体会，例如：父母给孩子购买了一个变形玩具。在父母操作示范完成后，孩子一定会迫不及待地想自己尝试，并且在这个过程中，不希望父母提供帮助。这就是孩子的独立意识，尤其是小男孩会表现得更加明显一些。

面对这样的孩子，父母要学会引导，给孩子更多的空间，不要再继续帮助孩子做很多事情了，让他们自己做。这样，孩子觉得很有成就感，父母也给了孩子更多的锻炼机会。在帮助孩子养成这一习惯的过程中，父母一定要注意沟通的方式，通过恰当的语言，激发出孩子的兴趣。只要孩子感兴趣，那么锻炼、培养孩子自理能力的过程，将会是一个非常愉快的过程。

（1）从现在开始，你就是自己的小主人了

首先从日常生活开始培养，就像事例中的虫虫妈妈一样，给孩子准备独立的柜子，将孩子的衣服叠成小四方块摆好，然后告诉孩子，每天穿什么衣服可以自己决定了。通常孩子们见到妈妈给准备好的新柜子，并拥有了可以自己挑选衣服的权利，会觉得非常高兴。于是，一个美好、愉快的开端到来了。之后，父母可以教孩子叠衣服的方法，待孩子学会，就可以在帮助孩子洗好衣服后，通知孩子多长时间后收衣服，接着你就会看到一个只有大约一米高的小家伙在洗衣间和卧室里一趟一趟地跑。

（2）出门的准备工作——吃、喝、用

出门的准备工作非常简单。吃什么？喝什么？用些什么？告诉孩子们思考这三个问题，然后按照答案准备东西就可以了。例如，出门去动物园，那么在这个过程中吃点什么？喝点什么？会用到哪些？也许孩子想吃点零食、水果，再喝点牛奶、果汁，至于用的，因为阳光很刺眼，可能会用到太阳镜，那么，孩子就会按照自己的答案准备好相关物品。

（3）上学的准备工作——书、本、文具、水杯

已经上小学的孩子需要做得最多的就是准备上学用具。这需要从四点

着手：书、本、文具、水杯。基本上，这个时候的孩子已经很独立了，完成这样的准备工作没有什么大问题。父母们需要做的事情就是"袖手旁观"，千万不要代办，一定要让孩子自己去做。

3. 告诉孩子怎样合理排解矛盾情绪

随着青春期孩子心理能力的发展和生活经验的增长，其情绪的感受和表现形式不再像以前那样单一了，但是还远远比不上成人的情绪那么稳定，常常表现出两面性，即我们常说的矛盾情绪，其表现有以下几个方面：

（1）狂暴性和温和性共存

青春期孩子的情绪表现经常是一石激起千层浪，或者可以用疾风暴雨来形容。同样的事情，在他们那里就会产生强烈的反应，甚至达到天翻地覆的程度。但是青春期孩子的情绪表现也并非一成不变，有时候也会呈现出温和细腻的特点。所谓的温和性，指的是个体的某些情绪经过掩饰之后，以一种较为缓和的形式表现出来。青春期的孩子已逐渐克服了儿童时期具有单一性和粗糙性的情绪体验，由于已经有了主观因素的介入，青春期的孩子可以更直接地表达自己的感受，其情绪往往变得更加丰富。

我们经常会看到这样的家庭现象：孩子刚回家打开喜欢看的电视节目，突然间妈妈也回来了，看到孩子正在看电视，顿时火冒三丈，气不打一处来，立马嚷嚷道："马上就要中考了，你不抓紧时间努力学习，只知道看电视，将来能有什么出息！赶紧给我学习去！"孩子的第一反应是翻个白眼，置之不理，这时妈妈大发雷霆，三步并作两步就来到电视机前，狠狠地关掉了电视机。孩子也愤而起身回屋，"砰"的一声把门关上，任由妈妈在门外叫喊……

这就是典型的狂暴性矛盾，解决这一矛盾，不仅需要孩子自身调整，也需要家长做出改变。从孩子的角度来说，孩子要学会合理控制不良情绪，选择合适的宣泄途径，因为人在生活中难免会产生各种各样的不良情绪，如果不能够采取适当的方法加以宣泄和调节，就会对身心产生消极影响，而且不利于以后的人生发展。因此，当遇到不愉快的事情时，作为孩子，不要积压在心里，要学会找人倾诉，学会选择适宜的方法进行宣泄。从父母的角度来说，父母要成为情绪管理的典范，学会以自然适当的方式处理自己的情绪，避免在孩子面前表现自己的反复无常，为孩子树立良好的榜样。

(2) 内向性和表现性共存

情绪的内向性指的是隐藏性的情绪，它拒绝以纯粹的方式表达情感，更多地表现为个体将喜怒哀乐等情绪隐藏在心里。而表现性则与之相反，它是指人总会自觉或不自觉地将某些表演的痕迹带入自己的情绪中，失去了童年时候的自然随性，显得有些矫揉造作。

永泰县东洋中学的初三学生小黄，在结束中考语文科目考试后，剧烈的疼痛让他难以继续接下来的考试，直到此时他才向父母道出了一个埋藏4年的秘密：自小学六年级起，他就经常被其他同学无故殴打，前天晚上，他再次遭到同班夏某、林某和张某的殴打。父母慌忙将他送往医院，检查后却发现他脾脏严重出血，最终进行了脾脏切除手术。

校园暴力威胁着孩子的安全，但是正是由于内向性的矛盾情绪，致使包括小黄在内的很多孩子在面临侵害时，对父母隐藏了自己的真实感受，从而导致了自己的不幸。当然，在这里我们只是就内向性的一个负面影响进行分析。

(3) 可变性和固执性共存

可变性指的是不稳定的情绪体验，经常表现为情绪之间的突然转换，让人摸不着头脑。这种特点使得处于青春期的孩子们的情绪表现缺乏深度，不能够持久下去。固执性指的是情绪体验上的顽固性，主要表现为青春期的孩子对客观事物存在着偏执的特点，比如说孩子们经常因为生活中的一些失败和挫折就失去了自信，陷入深深的自卑和无助之中。

情绪的可变性和固执性最容易导致孩子的自卑心理，为了防止孩子陷入过度自卑之中，父母首先需要加以积极引导，比如教会孩子享受乐趣，对青少年来说，培养健康的兴趣爱好，能使自己获得更多的快乐，从而变得更加自信，形成生活中的良性循环。其次是教会孩子学会自我欣赏，生活因为欣赏而精彩，生命因为欣赏而美丽。"金无足赤，人无完人"，我们没有必要刻意磨平自己的棱角去迎合别人，所以作为父母，要教育孩子不要自卑，要学会保持自己的特色，走出自己的风格。

4．引导青春期孩子正确面对负面情绪

负面情绪在心理学上指的是焦虑、紧张、愤怒、沮丧、悲伤、痛苦等情绪。人们之所以这样称呼这些情绪，是因为此类情绪体验是不积极的，身体也会有不适感，甚至影响工作和生活的顺利进行，进而有可能引起身心的伤害，而孩子一旦产生此类情绪，后果更为严重。因此，作为父母，积极引导孩子正确面对负面情绪尤为重要。但是在此之前，了解青春期孩子的特点是有效沟通的前提，只有对孩子有了全面的了解，才有助于父母对症下药。

石头从小就是个乖孩子，学习上不用家长费心，深得长辈的喜爱。可自从顺利考入重点高中后，他似乎性情大变，因此给父母带来了很大的困扰。他开始沉迷于网络游戏，经常出入网吧，学习成绩也一落千丈。

看着石头日渐沉迷，他的父母心急如焚，但是不论他们怎么劝说、教导、管束，都见不到一点儿成效。石头不仅没有改变，反而脾气越来越大，动不动就跟父母吵架、顶嘴，甚至一不高兴还会摔东西，弄得彼此之间很是不愉快，石头的妈妈因此一下子病倒了。在一次父子冲突后，石头选择离家出走……

是什么导致了这样的局面，是什么使原本乖巧懂事的孩子变得如此暴躁？从孩子的角度来看，因为是处于青春期初期，意志品质发展得还不是很完善，自我调节和自我控制能力还不强。有时候，他们无法控制自己的愤怒情绪，这一点其实他们自己也相当苦恼。如果父母不能理解、引导和帮助他们，反而对其进行打骂、指责，用赞美和羡慕别的孩子的方式来贬低自己的孩子，那么孩子的情绪只会更加激动和不可控制。

因此，为了避免这种情况，我们应当学会分析孩子内心的渴求，正面引导孩子，在孩子人生的岔路口，给他们指出前进的方向。父母要以自己的优

良品格影响孩子，如果父母表现出来的都是负面情绪，孩子的内心深处会留下暗伤，不仅不利于他们的成长，还会影响他们将来的幸福。

林柱的初中阶段是他人生中的一段噩梦，由于他学习成绩差，不仅老师对他视若无睹，同学们也故意疏远他，不愿意跟他一起上课、玩耍。林柱的父母常年在外打工，很少回家，因此林柱缺少家庭的温暖。虽然他很希望父母回家，可是他们基本上每次回来只待一两天，还总因为他的成绩差而教训他。

林柱在学校和家里的遭遇时刻提醒他，自己是一个讨人厌、没人疼没人爱的孩子。他说自己真的在很努力地学习，但是周围的人都没有看到，他们一直把他当成一个糟糕、失败的人，久而久之，他觉得再努力也没有意义，于是他就不把注意力集中在学习上了。他说："我经常一个人静静地坐在角落里，不仅别人不喜欢我，我也嫌弃我自己，我恨自己不争气，我恨自己懦弱，我真的很孤独，我觉得我的人生失去了希望。"

是什么让这么小的林柱就产生了如此强烈的自我否定呢？只是因为他的成绩不好吗？只是因为老师同学的嘲笑吗？毋庸置疑，这些确实是其中的一部分原因，但更重要的是长此以往而滋生的深深的孤独感。

孤独的表现有两方面：一方面是退缩，另一方面是以攻为守。而林柱就是前者，退缩的孩子会在言语和行动上表现退让。在遭受到伤害的时候只会一味承受，退而求其次，这样的态度和行为，虽然不会激怒他人，但是却会使自己陷入更深的孤独之中。

为了避免孩子陷入更深的孤独之中，父母可以从以下几个方面入手。

（1）鼓励孩子表达情绪和感受

这一点对孩子很重要，一方面可以让家长尽早了解到孩子的感受，并及时加以引导。另一方面，孩子对情绪的接纳与合理表达本身就会让负面情绪得以缓解。父母要让孩子觉得任何感受都是可以表达的，切莫简单地压制、批评甚至斥责孩子。

（2）充分共情

共情是亲子沟通的基础。由于孩子语言表达能力有限，简单询问孩子开不开心的作用并不是很明显，父母可尝试帮孩子尽可能地表达出他内心微妙的复杂感受。对不太有把握、难以确定的部分，可以用"你看起来／感觉……是吗"的句式来询问，尽量描摹出孩子细微复杂的情绪和感受，从而给孩子更多的选择空间。

（3）告诉孩子如何处理负面情绪

孩子的所有情绪和感受都可以被接纳，但接纳不等于赞同！与之相反，家长接纳了孩子的感受后，可以引导孩子用正面行为来表达自己的感受，调整自己的行为来改善现状。家长可以引导孩子学会自我安抚，学会欣赏自己拥有的。比如告诉孩子害怕的时候可以抱着自己喜欢的玩偶，看自己喜欢看的故事书，嫉妒的时候可以想想自己拥有什么，这会让自己心情好起来。

5．安抚考试失利的孩子

考试失利是任何一个孩子都可能发生的事情。面对孩子的失利，父母的教育方式决定着孩子是否能够从失败的阴影中走出来，在接下来的学习中再接再厉。因此，父母们要学会安抚考试失利的孩子。

月月的学校管理得非常严格，对孩子的成绩非常重视。每次考试成绩出来后，都会在学校门前贴出成绩单，同时标出孩子们的成绩较上一次考试成绩是上升还是下滑，以方便家长们了解。

月月的学习成绩一直都不错，但是始终没有进过班级前五名。这一次，在期末考试前，爸爸向月月提出了要求：一定要努力进入前五名。

结果，成绩出来之后，月月的成绩不仅没有如愿以偿地进入班级前五名，反而后退了好几名。看到月月的成绩下滑得如此厉害，月月爸爸的情绪有些失控，竟然当着很多家长和同学的面，大声呵斥月月。周围的家长们赶忙劝阻。面对众人的劝阻，爸爸不理不睬，好像铁了心似的故意让月月当众出丑。

爸爸足足训了月月半个多小时。面对爸爸的咆哮，月月觉得非常下不来台，她根本没有注意父亲都说了什么，只顾着揣测同学们是不是都在嘲笑她。回家的路上，月月一句话也没有说，一直默默地低着头。回到家里，妈妈看到月月沉默的样子，忙问发生了什么。

"别管她，让她自己反省吧。"一旁的爸爸显然还没有消气。

第二天，父母发现月月没有早早起床上学，而是躺在床上发呆。无论父母怎样劝说，月月就是不肯去上学了。看到女儿如此反常，月月爸爸也有些后悔。

"胜败乃兵家常事"，考试失利也是很正常的事情。事例中的爸爸因为孩子一时的考试失利，对孩子大加斥责，深深地伤害了孩子的自尊心，导致孩子对学习失去了兴趣，产生了排斥心理。这位家长的行为非常不当。生活中，父母们一定要引以为戒，在孩子考试失利的时候，不仅不能责备孩子，还要安慰孩子，帮助孩子尽快走出失败的阴影，重整旗鼓。

（1）不要太过在意孩子的考试分数

家长对待孩子的学习，一定要保持平常心，顺其自然就好。关键是孩子在学习的过程中是否掌握了一些技能，成绩是其次。如果父母能够保持这样的心态对待孩子的成绩，那么孩子也会摆正心态，更加关注学习的过程，就不会因为一两次的考试失利而沮丧、失落，这样的学习态度才是正确的。

（2）帮助孩子分析考试失利的原因

考试没有考好，原因是什么？这是孩子需要总结的经验和教训。父母在孩子考试失利后，应该主动帮助孩子分析原因，该鼓励的地方鼓励，该批评的地方批评，以防止孩子被同一块石头绊倒两次。其实，考试的真正目的在于查漏补缺。通过考试，暴露出一些不足之处，也不是坏事。

（3）鼓励孩子均衡发展

成绩代表着过去。父母在帮助孩子分析考试失利的原因时，应该多鼓励孩子，不要因为一次的失利就怀疑自己，同时引导孩子均衡发展，全面发展综合能力，眼睛不要只盯着成绩。

第十七章

非语言沟通，无声抚慰孩子的心灵

1．抱抱宝贝，心领神会

教育学家孙云晓说："没有被父母拥抱过的孩子都是有问题的。孩子需要我们的拥抱、抚摸，这有利于他们的心理健康发展。我建议，孩子让你拥抱，能抱多大就抱多大。"的确如此，父母经常抱抱孩子，有利于孩子的身心健康。

心理学研究表明，孩子刚出生时，心理上并没有认识到还有一个外部世界，他们只是生活在自己的心理世界里。在之后的很长一段时间里，孩子需要完成的任务就是从对自我的依赖转向对父母及其他人的依赖。如果在这段时间里，父母表现得对孩子疏于照顾、冷漠，经常让孩子处于饥饿、寒冷、口渴的状态下，那么孩子就不能很好地信任他人、依赖他人，就会出现心理发展滞后，甚至心理出现严重缺陷的情况。

心理学家哈洛等人曾经做过这样一个实验：

他们为一只刚刚出生的小猴子做了两个猴妈妈：一个是用铁丝编成的猴子，身上挂着奶瓶；另一个是用海绵和长绒布缝制成的猴子，抚摸起来感觉软软的，很舒服，但是身上没有奶瓶。这两个猴妈妈，各有各的功能，各有各的缺陷。铁丝编成的猴妈妈，虽然摸起来硬邦邦的，也没有温度，但是却有小猴子急需的乳汁。而另一只软绵绵的猴妈妈，虽然摸起来很舒服，却没有乳汁。

把两个猴妈妈放进小猴子的笼子里，奇怪的现象出现了。小猴子饿时，就会跑到铁猴子妈妈那里喝奶，一旦吃饱就会立即离开，一刻也不多停留。而布猴子妈妈那里虽然没有奶，小猴子却总是依偎在这个妈妈的怀抱里，感受着母亲的关怀和温暖。甚至当小猴子在外面淘气顽皮，忽然受到惊吓时，它也会立即跑回布猴子妈妈的身边，跳进妈妈的怀抱里，而惊恐不定的情绪也会渐渐平复。如果工作人员将布猴子妈妈拿开，只留下可以哺喂小猴子的铁猴子妈妈，情况就不一样了。当小猴子受到惊吓后，它会因为恐慌上蹿下跳，吱吱乱叫，但无论怎样，也不会去找铁猴子妈妈。

由此可见，小猴子对猴妈妈的依赖，不是因为妈妈可以哺乳，而是因为妈妈能够带给它安全感和爱，这些感觉则需要父母们用拥抱、抚摸、亲吻等肢体动作表达出来，特别是拥抱。孩子在母亲温暖的怀抱里，就如同在母亲的身体里，感受到的是无限的母爱和安全感。

所以，对孩子的照顾和教育，仅仅用语言是不够的，孩子们还需要父母的拥抱、抚摸、亲吻等等。也就是说，孩子们需要父母的爱和接纳。在父母拥抱下长大的孩子，才能与父母和他人建立良好的沟通，才能形成健康的性格。这种拥抱，父母能抱多久就抱多久，孩子们永远都会喜欢的。

拥抱是无声的语言，父母对孩子的拥抱，就是通过身体的接触让孩子感受到血脉相连的情感，从而获得很多无形的力量，比如：

（1）拥抱可以让孩子感觉到安全

孩子在成长的过程中，会遇到一些让他感觉害怕的事情。无论多大的孩子，只要父母在场，当他们感觉害怕的时候都会做出一样的本能反应——寻求父母的庇护。这时，如果父母能张开双手，给孩子一个拥抱，孩子们一定会感觉到安全，从而缓解恐惧的情绪。

（2）拥抱可以安慰孩子

在成长的过程中，无论是孩子沮丧还是无助的时候，父母的拥抱都可以给孩子最完美的心灵安慰，让孩子那颗正在经受痛苦的心知道：父母是爱他们的，是可以为他们做任何事情的。

（3）拥抱可以鼓励孩子

孩子的成长过程，伴随着父母的鼓励和支持。当孩子需要父母的鼓励时，给孩子一个拥抱，会让孩子感受到鼓励的力量。孩子需要爱，尤其是父母的爱。因为孩子对父母有特殊的依赖心理，所以，孩子更希望得到父母的鼓励。有些时候，再华丽的语言也会显得苍白无力，而一个拥抱，却能让孩子从中体会到父母无尽的爱。

2．用眼神与孩子沟通

人们常说："眼睛是心灵的窗口。"准确地说，应该是："眼神是心灵的窗口。"眼神会说话，说的都是心里的真话。同样，倾听眼神说话的人也是用心来倾听的。

童童的妈妈最近学会了用眼神与孩子沟通的方法，别说，效果还挺显著的。

"我都说了我想吃馅饼，你没有听到吗?"童童又在对姥姥吼叫。

也不知道从何时开始，童童经常对姥姥大吼大叫。妈妈发现了这个问题之后，三番两次地与童童谈过话，指出他这样的行为是不对的，不能这么不尊重老人。可是，孩子的自控力是有限的，没过多久，又开始对姥姥吼叫起来。为此，童童妈妈很是苦恼。

一次，童童妈妈无意间接触了"用眼神与孩子沟通"这个教育方法，觉得很实用，她认为，自己和孩子多次沟通都未见其效，不妨换一种方式，说不定孩子能认识到自己的错误，并加以改正。

于是，当童童又对姥姥大喊大叫时，妈妈没有像以前那样训斥孩子，而是用犀利的眼神盯着他。一开始，童童冷不丁地被妈妈的眼神惊住了，接下来，他逐渐恢复了理智，意识到了自己的错误，默默地低下了头。从那以后，童童再也没有对姥姥大喊大叫，他自己说："只要我一想对姥姥喊叫，就会想起妈妈那犀利的眼神。"

尝到甜头的童童妈妈，开始在多种场合应用这种教育方法。无论是孩子做错事，还是值得表扬时，抑或是需要鼓励时，等等，她都会用眼神与孩子交流。而孩子也学会了用眼神和母亲说话。对于孩子的眼神，妈妈通常能够读懂。就这样，这对亲密的母子，经常面对面地看着对方，一句话也不说，可是，不一会儿，他们就会相视而笑。也许别人搞不清他们是怎么回事，可是，童童和妈妈却已经完成了一次心灵上的沟通。

正如童童妈妈一样，如果父母们都能巧妙地运用眼神和孩子沟通，并通过眼神正确传达自己的意愿，就会在无形中与孩子产生一种默契，这种默契可以加深亲子关系，在亲子沟通中起到意想不到的作用。

事实上，不光是孩子，每一个人都在用眼睛感知世界。人与人之间对视的第一眼就是在用眼神交流，这一点，可能连我们自己也没有意识到。因此，作为父母，一定要搞清楚：和孩子沟通不光是语言上的，还有眼神的交流。不要忘记这个不会说谎的沟通方式。

眼神会"说"很多话，下面简单介绍两种：

（1）孩子的眼神在问："妈妈，我可以去做吗？"

小孩子总是对世界充满着好奇和恐惧心理。他们既想一探究竟，又或多或少有点害怕。于是，当孩子想做一件事情时，为了保证自身的安全，他们会向父母投去询问的眼神："妈妈，我可以做吗？"对此，细心的家长是一定可以发现的，并给予孩子积极的回应。在成长的过程中，孩子们经常会这样用眼神和父母交流，所以，父母们一定要学会用眼神与孩子交流，才能更好地给予孩子指引。

（2）孩子的眼神在问："妈妈，我有能力完成吗？"

孩子不够自信，这是很常见的。当孩子向我们投来自我怀疑的眼神时，他们在问："妈妈，我有能力完成么？"父母要能读懂孩子的眼神，及时给予孩子鼓励。也许，这个过程只是一瞬间，但是亲子间眼神交汇的那一刹那，母亲读懂了孩子的顾虑，孩子得到了母亲的鼓励。

3．拍拍孩子的肩膀

一个叫程志的不良少年，经常遭受酒鬼父亲的毒打。自打程志小时候起，他家就是全村里最穷的人家，母亲因为忍受不了父亲酗酒的恶习，所以在程志很小的时候就离开了。俗话说："人穷志短，马瘦毛长。"村里的很多人都瞧不起他们。压抑的生活，让父亲变得越来越暴躁，动不动就拿程志出气。这一天，程志又被父亲暴打了一顿，他哭着离开了家门，一个人坐在村头的石墩上哭泣。

不知何时，一个满头白发的老人悄悄地坐在了程志的旁边。长时间积压的委屈，使程志也不管认不认识对方，就一股脑儿地倾诉起来。老人微笑着静静地倾听着。说到伤心处时，程志忍不住痛哭。这时，老人会拍拍程志的肩膀。说来也是奇怪，整个过程，老人没有任何话语，可却深深地触动了程志的心。他喜欢老人拍拍自己的肩膀。这个不起眼的动作，让他感觉到温暖和莫名的鼓励。在那一天，程志知道了，在这个世界上还有一个关心他、支持他的老人。

从此，程志一改从前的恶习，不再逃学，不再和同学打架，不再自怨自艾，不再仇恨父亲……无论环境多么糟糕，他总是面带笑容地默默努力着。他认真上学，团结同学，尊重每一个人。没过多长时间，村里人发现：这个"坏"孩子竟然成了谦虚有礼的高才生。平时大大小小的考试，程志总是稳居第一名。程志的变化，让终日浑浑噩噩的父亲也看到了希望。父亲不再酗酒耍钱，当大家像从前一样招呼他喝酒时，他总是高兴地说道："不去了，我儿子有出息，我得给孩子攒学费，将来供他上大学。"最终，程志通过自己的努力，以全省第一名的成绩考入了清华大学，震惊了村里所有人，包括曾经瞧不起他们的那些人。在接到通知书的那一天，父亲落泪了，他觉得对不起孩子，为孩子做得太少了。程志却很平静，他像以前一样，独自一人来到村头，在石墩上坐下，回想着老人当年就是在这里拍着自己的肩膀。这些年来，每当程志遇到难事时，总会想起那夜与老人在一起的情景，这总能给他无限的力量。

一个简单的触摸就能给人带来无限的力量。由此可见，肢体语言是非常重要的。心理专家指出：在亲子沟通中，父母不经意地拍拍孩子的肩膀，就会让孩子感受到强烈的幸福感，同时，也能向孩子传递权威的力量，让孩子在感受父母关爱的同时，更加尊重父母。所以，父母不妨多采用这种无言的语言，与孩子进行更多的心灵沟通。

（1）拍拍孩子的肩膀，向孩子传递你的期望

"一定要好好学习，妈妈对你抱了很大的期望。"这样的语言，孩子们听多了也就麻木了，甚至感觉烦了。"你能不能别说了，叨叨得我头都疼了。"

孩子不耐烦地答道。显然，妈妈的话不仅没有向孩子有效传递期望，反而引起了厌烦。是的，在亲子沟通中，父母不能只是用语言和孩子交流。当言语苍白无力时，不妨尝试一下拍拍孩子的肩膀，一样也能向孩子传递你的期望。

（2）拍拍孩子的肩膀，向孩子传递你对孩子的肯定

"宝贝呀，你做得很对，妈妈为你骄傲。"这样的话，几乎天天回荡在孩子耳畔。"好了，好了，我知道了。"孩子面无表情地点点头。显然，母亲说的话没有带给孩子太多的冲击。此时，父母为何不尝试一下拍拍孩子的肩膀呢？这个不起眼的动作，不仅能让孩子感受到父母的肯定，还能带给孩子足够的信心和力量。

（3）拍拍孩子的肩膀，向孩子传递你的无条件支持

"放手干吧，妈妈支持你！"无论何时，父母说出这句话，孩子总能找回失去的信心。可是，有一种交流方式，比这句话还有力量，更能向孩子传递父母的支持。那就是：拍拍孩子的肩膀。这个动作，可以让孩子切切实实地感受到父母支持自己的力度和决心，家长们不妨试一试。

4．亲子游戏学问大

"玩、玩，你就知道玩，我正事还做不过来，哪有闲工夫陪你玩呢……"父母一回到家里，孩子就缠着父母和自己做游戏。最终，父母有些急躁了。为什么不能和孩子玩一会儿呢？难道陪孩子一起做游戏就不是正事了吗？

爱玩是孩子的天性，父母们在教育孩子的过程中，一定要学会尊重孩子的天性，这样才能更好地教育孩子，不激起孩子的叛逆心理。

"妈妈，你和我玩一会吧。"乐乐说道。

"好吧，那我们一起阅读这本画册，然后按照书上说的步骤，搭个小房子吧。"妈妈说道。

乐乐高兴地点了点头："好呀，好呀，我们一起搭房子。"于是，妈妈和乐乐一起坐在地板上，挑选着建房子用的材料的颜色和样式。没过多久，小

房子已经成形了。

"妈妈，房子的门前应该再种一些草。"乐乐表达着自己的想法。

"嗯，我觉得你说得很对。"妈妈说道，"可是我们没有草怎么办？"

"没关系的，妈妈，我们可以自己画一些草。"乐乐说完，连忙找来彩笔，"小草是绿色的，这支笔的颜色合适。"听着孩子自言自语，妈妈的脸上露出了一丝笑容。"对了妈妈，天空上再有一道彩虹桥就更漂亮了。"乐乐突发奇想地装点着房子四周。最后，一栋美丽的雨后小房子呈现出来，天空中挂着一道美丽的彩虹，房子的四周有绿草、树木和小路。看着女儿按照自己的想象制作出来的杰作，妈妈开心极了。

搭房子的游戏，无形中培养了乐乐的想象力，锻炼了孩子的动手能力。不仅如此，乐乐在与妈妈一起做游戏的过程中，自我认知能力、观察能力、立体思维能力都得到了提升。做游戏不仅可以锻炼孩子的能力，还可以促进孩子与父母之间的信任和依赖关系，为亲子沟通打下良好的基础。

孩子的游戏内容是非常丰富的，可简单分为三种：

一种是智力开发型的游戏，比如拼图、纸牌、变形等等。这些游戏有利于孩子智力的开发。

另一种是模仿性的游戏，比如过家家、看病的游戏、买卖东西的游戏等等。这些游戏有利于孩子了解现实生活。

最后一种是锻炼性的游戏，比如跳远、赛跑、打拳等等。这些游戏最大的作用就是锻炼身体，让孩子在锻炼中享受竞争的乐趣、友情和成就感。

因此，做游戏不是简简单单的玩耍、胡闹，不是浪费时间，这里面的学问很大，对提升、锻炼孩子的各方面能力均有好处。那些反对孩子玩耍的家长们，不要再闭目塞听，多看看书、多听听专家们的解读，真正了解了解，怎样才是对孩子好，不要让自己的无知毁掉孩子。

（1）父亲是最有魅力的游戏伙伴

一位教育家曾经说过："做游戏是需要伙伴的。其中父亲是最有魅力的游戏伙伴。"父亲应该多抽时间和孩子做游戏，在这个过程中，父亲和孩子的关系往往会更加牢固。因为，对于幼小的孩子来讲，爸爸陪伴在身边的时间总是不如妈妈多。因而，孩子和爸爸的关系会比和妈妈的关系疏远一些。而陪孩子做游戏正能够弥补这一不足之处。

（2）做游戏有助于父母和孩子保持平等地位

在游戏中，父母和孩子都是参与者，没有长辈和晚辈之分，父母们通常会放下架子，和孩子打成一片，这是一个非常自然的过程，是在其他场合无法做到的。经常和孩子做游戏的父母，更懂得尊重孩子，将孩子视为独立个体，平等对待，这是亲子沟通的重要基础。

（3）游戏是父母与孩子愉快交流的另一种方式

父母和孩子在做游戏的过程中，都会觉得开心、轻松，尤其是孩子。事实上，在这种愉快、轻松的游戏过程中，父母和孩子的沟通达到顶峰。在游戏中，父母可以看到孩子的另一面，深入了解孩子的思想，大大拉近与孩子的距离。如果父母能够稍稍动点心思，将想要对孩子说的话与游戏融合起来，相信孩子们接受起来会更容易。

5．手拉手，心连心

新学期开始了，阳阳看了看周围的同学，心想："唉，一个也不认识呀。"这时，班主任王老师走进来说："同学们，大家好，新学期开始了。我们相遇在这里，在接下来的一年时间里，大家要互相帮助，互相关心，共同进步。"

"老师，我们谁也不认识谁，怎么相互帮助、共同进步呀？"一个调皮一些的学生说道。

"是的，同学们都还不熟悉呢。下面我们一起做个游戏，大家看一看身边的同桌，伸出你的小手，手拉起手。"老师边说边示范着。同学们学着老师的样子，和身边的同学手拉起手。刚开始，同学们还都有些不好意思，一个个笑脸红彤彤的。接着没过多久，孩子们之间开始熟络起来，不像刚才那样陌生、有距离感了。

"好的同学们，接下来我们和身后的同学手拉手。"老师说道。于是，同学们又开始和身后的同学熟悉起来。随后是前面的同学、左边右边的同学，之后是任何一个还没有拉过手的同学。一堂课四十五分钟，同学们行走在各个不熟悉的同学之间，相互拉手。从陌生到熟悉的过程，原来竟然如此容易，只需拉拉手就解决了。

众所周知，手是人类用来触摸世界的主要器官之一。但大家还忽略了一点，手还是沟通的重要工具。当父母与孩子手拉手的时候，孩子们感受到的是安全、温暖、爱护、鼓舞等等，其效果丝毫不亚于华丽的语言，甚至比语言更能直击孩子的心灵。

手拉手，心连心。拉手作为一种肢体语言，虽然无声，却蕴含了很多含义。因此，父母们一定要学会运用它，发挥它的作用，促进亲子间的高效沟通。

（1）通过拉手，孩子感受到了父母的鼓励和支持

小刚最开始接触溜滑梯时，内心非常害怕，担心自己会摔下去受伤。是妈妈的手给了他尝试的勇气和力量，妈妈拉着小刚的手，陪着小刚一同溜滑梯。从此以后，小刚再也不怕溜滑梯了。

父母的大手宽厚又有力量，给了孩子足够的安全感。它们就像孩子的拐杖，帮助着孩子成长。当孩子的小手还不能支撑自己时，是父母那双大手为孩子撑起了一片天空。有了父母的支持和鼓励，孩子们才会变得越来越勇敢、坚强。

（2）通过拉手，孩子感受到了父母的认可和尊重

父母与孩子在人格上是平等的，是相互独立的个体。但在情感上，他们又是相互依赖的。因此，父母的每个动作都应该表现出对孩子的尊重和认可。如此一来，孩子们才更愿意与父母多沟通。

比如亲子间合作时，父母伸出手，对孩子说："来，我们拉一下手吧，在接下来的合作中，我们共同努力。"这时，拉手的动作，让孩子感受到了被尊重，他们是独立的，不是父母的私有物品。这意味着他们也将为这次合作付出自己的努力。

（3）通过拉手，孩子感受到了父母的关爱

每个孩子都渴望得到父母的爱，希望和父母多亲近。在成人眼中微不足道的拉手对孩子而言却非常重要。孩子的心非常简单，他们认为拉手就代表着喜欢。因此，父母可以通过拉手这个小动作，让孩子感受到父母对他们的关爱。

6. 传递给孩子爱的笑容

有人说："笑容是不用翻译的语言。"的确如此。当我们身边的人对我们微笑时，我们会不由自主地对他微笑。这种无言的交流，充满了友好、善良和礼貌。经常采用这种交流方式，无论是孩子还是成年人的人际关系都会越来越好。因此，在家庭教育中，父母如果经常传递给孩子笑容，孩子自然能够感受到父母的关爱。同时，孩子也会模仿父母，向身边的人传递笑容。

浩浩出生在一个幸福的家庭里。浩浩的父母都属于乐天派，无论遇到什么事情，总是面带笑容。浩浩出生后，父母商量着怎样教育孩子。他们并不要求孩子长大后要飞黄腾达，只希望孩子能够高高兴兴、平平安安地生活。

记得浩浩三岁那年，和父母一起回到农村老家。老家的院子里有一口盛水用的大缸。浩浩一进院子就被这口大缸深深吸引住了。他围着大缸左看右看，研究了好久。家人见孩子一个人玩得不错，渐渐地放松了警惕。也不知道浩浩用了什么办法，竟然爬上了缸沿。缸里装了满满一缸水。只听"扑通"一声，家人们再回头找浩浩，找不到人了。爸爸妈妈和爷爷奶奶连忙将孩子从缸里捞了出来。看着全身湿透、惊魂未定的孩子，爸爸妈妈并没有板着脸训斥，而是微笑着安慰孩子："没事了，没事了。"一旁的爷爷奶奶倒是一脸严肃，显然是被吓坏了。

等到孩子的情绪渐渐缓和一些，爸爸妈妈才开始给孩子分析他刚才那种行为的危险性。孩子已经有了亲身体验，自然对父母的话感触颇深。从那以后，无论是缸沿还是水井边、河边，浩浩都会远远地躲开。

浩浩父亲曾说："微笑应该贯穿整个亲子沟通过程。"的确如此，微笑应该成为亲子沟通中的主要旋律。因为只要有微笑，家庭就是和谐美好的，成员之间就是轻松愉快的，成员的心理就是乐观向上的。微笑不仅能够促进人与人之间的关系，还有利于自身的身体健康。众所周知，不爱生气的人，健康指数普遍偏高。人生漫漫数十年，难免会有一些磕磕绊绊，当人们处于困难之中，如果能够多多微笑，内心就会变得亮堂起来。心情好了，自然身体就会好。

所以，父母在和孩子沟通的过程中，要尽可能地微笑，让笑容包围着孩子的心灵。孩子们感受到父母带来的轻松和愉快，心情会变得更加轻松和愉快。这样的沟通氛围才是父母和孩子真正期待的。

（1）微笑传递温暖

家庭是温暖的港湾。家庭成员之间应该相互爱护、互相支持，这样的家庭氛围主要由父母营造。试想，当孩子推开家门的一瞬间，看到的是父母和蔼可亲的笑容，孩子的心情将是怎样的？他们会感到很温暖、很轻松，愿意回到这个家，愿意见到自己的父母，当然也愿意和父母交流。由此可见，笑容能够传递温暖和愉快。

（2）微笑传递鼓励

当孩子受挫、心情沮丧之际，是父母的笑容让他们意识到：爸爸妈妈是相信我的。是的，这种感觉相信很多孩子都曾经有过。没有太多的豪言壮语、轻声细语，只有父母憨厚的笑容，却胜过很多很多话，微笑在孩子的心中化作一股暖流，流遍全身，让孩子有了战胜一切困难的勇气和力量。

（3）微笑传递宽容

孩子做了错事，身边的人都疏远他了，可是父母一定还在原地，微笑着注视他。父母的微笑传递给孩子一个宽容的信息：孩子，爸爸妈妈不嫌弃你，相信你可以改好，你在我们的眼中永远是最好的孩子。

这就是父母的微笑，向孩子传递着太多太多的爱意，让孩子如沐浴阳光一样温暖、轻松，充满了安全感。

7．抚摸，也是一种沟通

两三岁的孩子总是不让人省心，动不动就摔倒了，今天把膝盖摔破了，明天把胳膊磕破了，后天又不知道会有什么伤。有些父母看到孩子摔倒，又心疼又生气，气急败坏地把孩子拽起来，嘴里还要骂上一句："该，一点话也不听，说领着走，偏不让领。"孩子听完，哭得更厉害了。最终，父母还是心软了，蹲在地上，检查孩子有没有摔伤。"好了好了，不哭了，看看摔哪里了，妈妈帮你揉揉。"在孩子手指的地方，父母轻轻地抚摸着孩子。说来也是奇怪，父母的手好像带有魔力一样，能减轻孩子的疼痛感，孩子的哭声渐渐小了，最后孩子依偎在父母的怀里，安静地享受着父母的爱。

这是生活中经常见到的一幕，每次见到总是令人觉得心里暖暖的。是的，抚摸也是一种沟通。

事实上，孩子依偎在父母怀中，不是因为感觉冷，而是因为想要通过这种身体上的接触，感受到父母的爱。摔倒的孩子之所以在父母的抚摸中停止了哭声，就是因为他们得到了自己想要的爱。感受到了被关爱后，他们的内心得到了满足，疼痛感自然就减轻了许多。

记得一位上了小学的小女孩曾经说："我的爸爸不喜欢我。"我很好奇，问道："你为什么觉得爸爸不喜欢你呢？""因为爸爸从来都没有抱过我。"小女孩说道，"记得有一次，爸爸出差走了好久，回来之后，我立即扑向爸爸的怀抱，可是，爸爸竟然冷漠地躲开了。通过这件事，我更加确定爸爸不喜欢我了。"

"那你觉得妈妈喜欢你吗？"我接着问道。

"嗯，妈妈喜欢我。她总是抱我，每次我从外面玩耍回来或是放学回来，妈妈总是过来抱我一下，再轻轻地亲亲我的脸。我觉得妈妈最好了，我也最喜欢妈妈。"

看着孩子脸上洋溢着的幸福，我仿佛看到了孩子妈妈那浓浓的母爱。是的，抚摸也是一种沟通。

对！抚摸的确是一种沟通。亲子间的沟通不应该只是语言上的沟通，还应有肢体上的沟通。孩子们不仅仅需要父母的严格管教，更需要父母的关爱。他们还很小，心灵脆弱得就像一块软软的奶油布丁，父母应该把大量的爱给孩子，让孩子们在爱的世界里健康快乐地成长。

（1）没有抚摸的教育，是残缺的教育

"为了孩子的未来，我们要做严厉的父母。"夫妻两个狠心做了这样的决定，认为只要他们足够严厉，孩子的未来定是一片光明。怎么可能呢？太过严苛的父母，会让孩子感觉不到足够的爱。缺少爱的孩子，心理是不健康的，他们缺乏安全感，内心非常脆弱、敏感，性格孤僻，待人冷漠……随着年龄的增长，他们很难被社会接受。

这样的教育是非常失败的教育。作为父母，即便不能把孩子培养成成功人士，至少我们应该培养出一个性格健全的普通人吧？因此，父母们，请不要吝啬给孩子的爱，伸出你们的双手，轻轻抚摸孩子，让孩子感受到足够的爱吧。

（2）抚摸让亲子沟通更顺畅

父母经常抚摸孩子，孩子能够感受到父母的温情，从而使亲子关系更加亲密。当父母发出想要沟通的信号时，孩子们即使再忙，也不忍心拒绝父母，他们不愿意伤父母的心。从这个角度来讲，抚摸促进了亲子间的沟通，加深了亲子间的感情。从父母的角度来讲，经常抚摸孩子，可以充分释放心中对孩子的爱，有助于增加父母对孩子的耐心和提高父母的自我控制力，减少父母的负面情绪对孩子的影响。